이 책을 추천하신 분들

_ **최일도 목사,** 시인, 다일공동체 대표

다일교회 초창기 청년 가운데 한 사람인 이강학 목사님과 오랜 세월 함께 하면서 그를 지켜볼 때마다 제일 먼저 생각나는 단어가 있습니다. '겸손함'과 '꾸준함' 입니다. 다일교회의 청년회장으로, 전도사님으로, 이어 부교역자로 교회를 섬길 때도 그랬지만, 미국 버클리에서(G.T.U) 영성 신학을 공부하고 돌아와 대학의 교수가 된 지금도 여전히 그 모습 그대로 영성의 길을 걷고 있는 모습을 보면서 큰 감동을 받습니다.

다일교회의 교육 목사로서 그 누구보다도 다일의 영성과 정신을 겸손하고 꾸준하게 살아내는 이강학 목사님의 번역서를 추천함에 있어 기쁨과 설레임을 감출 수가 없습니다. 그의 영성지도와 번역서로 인하여 많은 이들이 유익을 얻을 것을 생각하니 또한 고마운 마음이 넘칩니다. 왜냐하면 그가 안내하는 영적지도는 많은 사람들에게 영적 갈등을 해결하는 영성의 물줄기를 제공하고 오직 그리스도 안에서 말씀을 통한 균형잡힌 영성과 건강한 삶을 안내해 주기 때문입니다. 어떻게 기도해야 하며 어떻게 하나님과 동행하는 삶을 일상생활에서 실천할 수 있는지를 친절하게 알려 줍니다.

항상 그가 이야기하는 것처럼 최고의 영성은 일상생활에서 실천되는 것입니다. 일상생활이 영성생활이 되어야 우리는 비로소 성숙한 그리스도인이 될 수 있기 때문입니다. 그런 이유로, 이 책은 일상 가운데에서 주님과 동행하며 주님을 향한 영적 갈망을 이루어가는 길을 좌로도 우로도 치우침이 없이 통합적이면서도 통전적 영성으로 간결하고 적절하게 제시하고 있습니다.

참된 그리스도인이라면 하나님과 더욱 친밀한 삶을 살아가기 위하여 날마다 주님께 한걸음씩 더 나아갈 것입니다. 겸손하고 꾸준하게 또한 거짓없이 정직하게 영성의 길을 한걸음씩 한걸음씩 걷기 원하는 분들에게 꼭 추천해 주고 싶은 책입니다. 이 책이 주님을 갈망하며 그분의 현존을 경험하는 작은 골방이 되길 간절히 기도합니다.

_ **유해룡 교수,** 장로회신학대학교 영성학과

이 책은 영적지도를 전문으로 하는 사람들에게 추천할 만한 교재일 뿐만 아니라, 평신도들도 쉽게 접근할 수 있는 매우 실천적인 안내서이다. 저자는 영적 분별에 대한 전통적이고 신학적인 측면을 깊게 다루면서도 그러한 이론적 담론이 현실적인 유용성을 약화시키지 않도록 매장마다 실습과정을 안내해 주고 있다. 그래서 의식적으로 영적 삶을 살고자 하는 사람들에게 생동력을 전해 주고 있다. 이 책은 분별과 선택에 대한 다양한 방법과 전통을 소개하고 있다. 복잡하고 다양한 환경 속에서 살아가는 그리스도인들에게, 그리고 다양한 습성과 기질을 지닌 사람들에게 각자의 상황에 맞는 분별과 선택을 수행하도록 구체적인 안내를 해주고 있다. 특별히 매 순간 의식적으로 분별의 삶을 통하여 보다 더 하나님께 영광이 되는 삶을 살아가고자 하는 사람들에게 이 책은 마치 사막에서 오아시스를 만나는 듯한 시원함을 전해 줄 것이다.

_ **자넷 러핑**, RSM, 예일 대학교 영성 교수

보석 같은 책이다. 전문용어를 많이 사용하지 않으면서, 사람들이 하나님을 만나는 다양한 방식들을 잘 고려하고 있다. 이 책은 기독교 교파들의 다양성을 존중하면서도 영적 분별을 실습하도록 도와주는 전반적인, 그러면서도 쉽게 접근할 수 있는, 신뢰할 만한 안내서이다.

_ **데브라 페링턴**, 「Hearing with the Heart: A Gentle Guide to Discerning God's Will for Your Life」 저자

이 책은 영적 분별을 실습하는 영성훈련에 관한 대단히 명료하고 실제적이며 현명하고 마음을 끄는 소개서이다. 삶의 중요한 길목에서 특별한 결정을 앞두고 있는 사람뿐만 아니라 보다 분별력 있는 삶을 살고 싶은 사람은 이 책에서 그들이 필요로 하는 안내와 지지를 발견할 것이다.

_ **마가렛 베니필**, 「Soul at Work」, 「The Soul of a Leader」 저자

엘리자베스 리버트는 영적 분별의 실제적인 도구와 건전한 신학적 원리를 결합시킨다. 영적 분별을 가르치거나 실습하기를 간절히 원하는 사람을 위한 필독서이다.

_ **Publishers Weekly**

엘리자베스 리버트의 이 현명한 영적 상담서는 갈등하고 고민하며 살아가는 우리 시대의 많은 그리스도인들과 구도자들에게 큰 유익을 줄 것이다.

The Way of Discernment
: Spiritual Practices for Decision Making
by Elizabeth Liebert

영적 분별의 길

엘리자베스 리버트 지음
이강학 옮김

좋은씨앗

영적 분별의 길

1판 1쇄 발행 / 2011년 10월 10일
1판 4쇄 발행 / 2024년 8월 10일

지은이 / 엘리자베스 리버트
옮긴이 / 이강학
펴낸이 / 신은철
펴낸곳 / 도서출판 좋은씨앗
출판등록 / 제4-385호(1999. 12. 21)
주소 / 서울시 서초구 양재동 바우뫼로 156 MJ빌딩 402호
주문전화 (02)2057-3041 / 주문팩스 (02)2057-3042
페이스북 / facebook.com/goodseedbook

ISBN 978-89-5874-175-6 03230

Originally published in English under the title:
The Way of Discernment: spiritual practices for decision making
by Elizabeth Liebert
Copyright ⓒ 2008 by Elizabeth Liebert
published by Westminster John Knox Press
Louisville, Kentucky, USA

Korean translation Copyright ⓒ 2011 by GoodSeed Publishing

이 한국어판의 저작권은 WJK Press와 독점계약한 〈좋은씨앗〉에 있습니다.
저작권법에 의하여 한국 내에서 보호받는 저작물이므로 무단전재와 무단복제를 금합니다.

목차

감사의 글　9
들어가는 글　11

1부 영적 분별로의 초대
1장　영적 분별이란 무엇인가?　37
2장　영적 분별의 기초　73

2부 결정을 위한 영적 분별 실습
3장　분별할 주제 명확히 하기　103
4장　기억의 안내　127
5장　직관적 지식　147
6장　몸의 인식　169
7장　상상력의 통찰　199
8장　이성의 숙고　223
9장　신앙적 정서의 힘　245
10장　자연의 관점　265
11장　임시 결정 확증하기　287

미주　313

실습 목록

1장	의식 성찰
2장	마음의 갈망 찾기
	개인사 기억하기
	영적 자유함 찾기
3장	분별 질문 만들기
	관련 있는 정보 모으기
4장	기억을 통해 분별에 접근하기
	자유함을 얻는 순간에 이름붙이기
5장	직관을 통해 분별에 접근하기
	명료화위원회
6장	몸을 통해 분별에 접근하기
	당신이 누구의 것인지 알기
	초점 맞추기
7장	상상력을 통해 식별에 접근하기
	이미지 안내
	세 가지 상상 속의 시나리오
8장	이성을 통해 분별에 접근하기
	자신의 분별을 돌아보고 재방문하기
9장	느낌을 통해 분별에 접근하기
	처음, 중간, 그리고 마지막
10장	자연을 통해 분별에 접근하기
	자연의 계시
11장	분별된 결정에 하나님의 확증 받기
	영적 분별 과정을 돌아보고 평가하기
	결정의 실행을 준비하기
	의식 성찰

감사의 글

이 책은 여러 해 동안 그리스도인의 영적 분별을 위해 고민해 온 나의 여정으로부터 나온 결과물이다. 이 여정 속에서 나의 말을 경청하고 도움을 아끼지 않은 친구들과 수도회 관구장, 그리고 특히 영성지도자들께 감사드린다. 또 이 책은 캘리포니아, 산 라파엘의 제일장로교회에서 열린 영적 분별을 위한 모임을 통해서도 시작되었다. 친구이자 그 교회에 있는 캐더린 콜렛(Katharine Collette)이 도움을 주었고 이 모임을 위해 나는 영적 분별에 관한 모든 내용과 과정을 개발했다. 이 첫 번째 모임을 시작으로 많은 교회와 피정 센터, 그리고 강의실에서 수십 차례의 워크샵과 피정들이 이어졌다. 영적 분별을 위한 이런 워크샵과 피정에 함께했던 참석자들은 그들의 경험을 동료 참석자들과 풍성하게 나누었을 뿐 아니라, 우리를 개인과 공동체로 부르시는 하나님의 방법이 얼마나 풍요롭고 창조적인지에 대해 지속적인 깨달음을 얻었다. 나는 이 모든 과정이 그 동안의 참석자들에게 도움을 주었을 뿐 아니라, 그들과의 나눔이 이 책을 보다 깊고 풍성하게 했다는 사실에 크게 감사하고 있다. 내가 제안한 영적 분별 과정을 따르는 이들은 그 과정에서 나를 신뢰해 주었고, 나 또한 그들의 영적 분별 과정으로부터 나온 열매가 삶에 풍성히 자리하는 것을 분명히 목격할 수 있었다. 그들과 함께 하는 과정 자체가 나에게는 영광이었고, 우리의 오류 투성이 선택 속에서도 하나님께서 자유함과 풍성함의 열매를 주시기 위해 일하신다는 사실을 늘 배워가고 있다. 이 책의 편집자인 스테파니 에그노토비치(Stephanie Egnotovich)는 비록 자기가 '해야 할 일을 했을 뿐'이라고 말하지만, 나의 작업과 독자들을 무척 잘 이해하고 있어서, 그녀가 제안한 것들은 피정에서 사용된 귀납적 과정을 오직 이 책을 통해서만 경험하게 될 독자들에게 그 의미가 잘 전달될 수 있게 하는 데 큰 도움을 주었다. 존 엔드레스, SJ 는 바쁜 일정에도 시간을 할애해 이 책의 성경과 관련된 부분에 조언을 해주었다. 캘리포니아 산타크루즈에 있는 빌라 마리아 델 마르(Villa Maria del Mar)에 있는 동료들은 내가 마지막 교정을 끝낼 수 있도록 조용한 다락방을 마련해 주었다. 모두에게 감사드린다. 마지막으로, 우리의 삶을 능히 변화시킬 영적 분별 과정에 참여하고 있는 크리스틴, 마가렛, 그리고 존에게 이 책을 바친다.

들어가는 글

우리는 현대를 살아가는 동안 우리 삶에 영향을 미치는 많은 안팎의 힘과 선택조건들 그리고 결정사항들과 마주치고 있다. 그 가운데서 어떻게 바르게 생각하며 신실하게 우리의 삶을 살아낼 수 있을까? 영적 분별, 즉 우리의 삶을 결정짓는 수많은 선택과 결정 속에서 하나님의 부르심을 찾는 이 기독교적 실천이야말로 우리가 부딪히는 이 시대의 고민과 갈등에 대처하는 가장 중요한 기독교 영성실습이라고 할 수 있다. 우리 모두는 날마다 끊임없는 선택을 내리며 살아가고 있다. 어느 때는 주의 깊은 성찰을 하지만, 많은 경우 깊이 생각하지 않고 즉석에서 결정을 내리기도 한다. 만일 우리가 이와 같은 결정들을 크든 작든 상관없이 신실한 그리스도인의 삶을 평가하는 기준의 하나로 받아들인다면 어떻게 될까? 많은 그리스도인들은 자신만의 신실한 의사 결정 방법을 가지고 있다. 하지만 이미 오래 전부터 다양한 기독교적 영적 분별의 전통이 있어서 우리가 내리는 수많은 결정들을 바로 삶에 통합할 수 있도록 도와준다는 사실은 잘 모르고 있다. 그 전통 가운데 몇 가지를 배우는 것, 아니 그보다 더 중요한 것이지만, 이 중 몇 가지를 내면화하고 개인의 의사 결정 과정에 통합하는 것, 이것이 우리가 지금 수행하려고 하는 여정의 목표이다.

"자연은 진공을 싫어한다." 헨리 나우웬은, 이 잘 알려진 경구를 상기하면서, 그리스도인의 영성생활의 진보를 가로막는 것 중 하나는 빈 공간에 대한 두려움이라고 말했다. 우리에게는 자신을 비우고 하나님으로 채울 수 있는 공간(container)을 제공해 주는 경계선(boundaries)이 필요하다.[1] 내가 영성을 가르치면서 경험한 것에 의하면 나우웬이 옳다. 그리스도인들은 '영적 분별' 같은 것이 존재한다는 것을 인식했을 때조차도, 다음과 같은 간단한 지침들이 부족함으로 인하여 실패하고 만다. "어떻게 시작할 것인가? 어떤 단계들을 밟아나갈 것인가? 내가 올바로 분별하고 있는지 어떻게 아는가?" 이 책은 그리스도인의 영적 분별이 무엇인지를 이해하는 일에, 더 나아가서는 영적 분별을 더 잘하는 사람이 되도록 단계를 밟아나가는 데 도움이 되는 그릇, 즉 일련의 경계선을 제공하려고 한다.

1장에서 보겠지만, 분별의 기본적인 의미는 구별이다. 이 책은 의사 결정에 도움이 되는 충실한 구별(faithful discrimination)에 초점을 맞춘다. 그러나 구별에 앞서, 우리의 밖과 안, 즉 우리의 환경과 우리의 내적 반응 둘 다를 먼저 살펴보아야 한다. 그런 후에 우리는 무엇이 우리의 영성과 삶에 더 이바지하는지 판단을 내려야 하고,

그 다음에 이것이 저것보다 더 나으며, 이 행위가 저 목표를 성취하는 데 있어서 다른 선택조건들보다 더 낫다고 판단해야 한다. 그런데 무엇이 그런 구별을 위한 단초를 제공하는가? 그것은 단지 우리 스스로 파악할 수 있는 것인가? 그것은 좋게 느껴지는 것인가? 그것은 나를 행복하게 하는 것인가? 아니면 다른 사람을 행복하게 하는 것인가? 만약 우리가 고민을 하게 된다면, 그것은 하나님이 우리가 이 방향으로 가는 것을 원하지 않으신다는 표지인가? 이것들은 사람들이 "여기에서 하나님이 원하시는 것은 무엇인가?"라고 심각하게 고민할 때 일어나는 매우 실제적인 질문들이다. 결국, 우리는 선택을 내려야 한다: 저것보다 이것을, 저 행동보다 이 행동을. 그러므로 이 모든 과정에서 영적 분별을 실천한다는 것은 하나님이 세상과 우리의 삶 어디에서 일하시는지를 더욱 더 알아가는 것이고, 하나님이 원하시는 것을 '더 많이' 선택하기를 갈망하게 되는 것이고, 자신의 삶으로 응답하는 것을 의미한다.

결정의 순간에 하나님이 무엇을 원하실지에 대한 감각을 갖는 것도 중요하지만, 영적 분별을 수행하면 얻게 되는 보다 큰 유익이 있다. 영적 분별을 더 많이 실천할수록, 아마도 더욱 영적 분별력이 있는 사람이 될 것이다. 내가 말하는 '영적 분별력이 있는 사람'이란 자기가 행하는 모든 일에서 매 순간 하나님의 부르심에 더 잘 응답하기 위해 헌신하는 사람을 말한다. 영적인 분별을 하는 사람은 하나님이 원하시는 것을 다른 어떤 피조물보다도 더 원하기 시작한다. 그렇게 되면, 하나님의 은혜로, 우리는 정말 영적 분별을 하는 사람이 되어갈 것이다. 이 책을 읽고 나면, 이전에 사용하던 결정내리기 방식은 점차적으로 영적 분별 방식으로 대체될 것이다. 이제까지의 삶도 다른 방향을 지향하기 시작할 것이다. 그리고 이전에 경험하지 못한 상황과 의사 결정 과정 속에서 하나님을 추구하게 될 것이다.

15년 전에 어느 유명한 교회에서 영적 분별에 관한 수련회를 인도하고 있을 때, 한 교인이 질문했다. "영적 분별이란 무엇입니까? 뉴에이지인가요?" 신자들의 교육수준이 높은 이 교회에서 이런 질문이 나왔다는 것은 이 고대의 기독교 실천 방법이 특히 개신교 교인들에게 여전히 의문스러운 것임을 가리켜준다. 이 책은 그런 인식을 변화시키려고 한다. 나는 분별에 대해 설명할 것이다. 왜냐하면 우리가 영적 분별이 존재한다는 것을 알기 전에는 스스로 영적인 분별을 하겠다고 선택할 수 없기 때문이다. 나는 분별을 기독교의 오랜 전통 안에 확고히 자리매김시킬 것이다. 만약 우리가 영적 분별이 정통적인 것이 아니라는 염려와 의심을 품게 되면, 하나님께 더 가까이 가는 데 도움이 된다는 신뢰 또한 가질 수 없기 때문이다. 그러나 나의 핵심 임무는 독자들이 실제로 영적 분별을 실천하도록 초대하는 데 있다. 몸소 영적 분별을 경험해 보지 않는다면, 그 어느 때보다 복잡하고 빨라진 우리의 삶에서 영적 분별이 가져다 줄 영적 깊이를 경험할 기회를 놓치고 말 것이기 때문이다.

이 책은 두 부분으로 나누어져 있다. 1부는 영적 분별의 성경적, 신학적, 그리고 역사적 배경을 설명한다. 첫 번째 장은 영적 분별이 무엇이며 성경 어디에서 분별에 대한 것을 찾을 수 있는지를 보여준다. 우리는 우리가 갖고 있는 하나님과 인간에 대한 개념을 탐구할 예정이다: "하나님은 우리와 대화를 나누실 수 있는가? 우리는 어떻게 듣는가? 영적 분별에서 우리의 역할은 무엇이고 하나님의 역할은 무엇인가?" 우리는 또한 "의식 성찰"(Awareness Examen)을 통해 분별 과정을 시작할 것이다. 의식 성찰이란 우리의 일상 중 하나님이 어디에서 활동하시는지를 알아차리는 데 초점을 맞춘 간단한 매일 실천 방법이다. 이 실습을 해나가면, 우리가 분별에는 별로 중요하지 않다고 종종 간과하는 우리 삶의 평범한 것들 속에서 하나님을 알아차리고, 갈망하고, 선택하는 능력이 깊어지는 열매를 얻을 수 있다. 두 번째 장에서 우리는 영적 분별의 본질적인 성향인 영적 자유함에 대해 논의한다. 그러면서 우리는 이것을 얻고자 추구하기 시작할 텐데, 그것은 항상 하나님이 거저 주시는 선물이기도 하다. 이것이 뿌리를 내리면, 그 열매는 하나님의 부르심을 삶의 우선순위로 놓으려는 갈망이 자라가는 모습으로 나타난다. 다음으로 우리는 갈망이 영적 분별에서 어떤 역할을 하는지를 살펴본다. 함께 실려 있는 실천 방안은 우리 마음의 갈망이 어떤 것인지 살펴보는 데 도움이 될 것이다. 우리는 또한 하나님이 우리 삶에서 이미 어떻게 일해 오셨는지를 보다 분명하게 인식하는 감각을 계발하기 위해 우리의 영적 과거를 잠시 살펴볼 것이다. 이 모든 실습과 그것을 통해 얻어지는 발견들은 분별하는 삶을 살아가기 위한 기초가 된다.

 2부는 이 책의 핵심으로서, 영적 분별을 일반적으로 배우는 것에서 더 나아가 구체적인 사례를 통해 그것을 실습하게 될 것이다. 단순히 분별에 관해 생각하기보다 우리 스스로가 직접 분별 과정을 시작할 수 있도록 초대하는 것이다. 이 과정은 결정적으로 중요하다. 이것을 실천하느냐의 여부에 따라, 분별에 관한 우리의 이해와 경험, 즉 분별을 간접적으로 아는 것과 직접 아는 것의 극명한 차이가 갈릴 것이기 때문이다. 분별을 경험적으로 실습할 때, 영적 분별이라는 전통은 우리 삶에 들어와 우리로 하여금 영적으로 분별하는 사람이 되도록 도울 것이다. 각자의 문제들을 놓고 영적 분별을 실천해 갈 때, 하나님의 인도하심을 따라 우리 삶 안에서 그리고 우리 삶을 통하여 하나님을 만나게 될 것이다.

분별의 첫 번째 단계에서 우리는 분별을 행하기 위한 주제와 범주를 나누게 될 것이다. 3장은 그 과정을 돕는다. 분별을 행하는 주제는 우리가 다룰 수 있을 만큼 충분히 제한적이어야 하고, 다양한 가능성들을 고려해 볼 수 있을 만큼 충분히 구체적이어야 하고, 자신이 무엇을 분별하고 있는지를 알 수 있을 만큼 충분히 초점이 맞추어져 있어야 한다. 그래서 첫 번째 실습은 분별을 위해 문제를 구성하는 것이다. 이것은 간단한 일처럼 보인다. 그러나 분별의 핵심 주제는 분명해 보이는 또 다른 주제 안에 숨어 있다가 우리가 분별에 뛰어들었을 때만 드러날 수도 있다. 또 어쩌면 우리가 분별하려고 하는 주제와 관련된 정보를 모을 때, 다른 새로운 정보가 드러나서 우리가 결정하려는 주제를 밑바닥부터 바꾸어놓을 수도 있다. 3장의 목표는 우리가 실천할 분별에 충분한 경계선과 명확성을 부여하여 이어지는 장들에서 그것을 가지고 작업할 수 있게 하면서도, 또한 충분한 잠정성(tentativeness)을 부여하여 다양한 실행 과정들을 밟아나갈 때 상황에 맞도록 변경시킬 수 있게 하며, 우리가 이 결정 과정을 따라가는 동안 하나님의 부르심에 항상 열려 있게 하는 것이다. 이 장의 남은 부분은 부수적인 실습과 함께, 우리가 정보를 취사선택함으로써 그 중에서 어떤 정보가 우리의 분별과 관련이 있는지를 판단할 수 있게 도와줄 것이다.

4장부터 10장까지는 기도의 형식을 따르는 일련의 실천 방안들을 사용해서 우리의 분별 여정에 깊이 들어갈 수 있도록 안내한다. 사람들이 다양한 도약점(leap-off point)에서 의사 결정을 향해 뛰어 내릴 수 있는 것처럼, 영적 분별도 다양한 출발점을 갖고 있다. 4-10장은 각각 다른 출발점 또는 도입점(entry point)을 사용해서 우리를 더욱 깊은 분별로 안내할 것이다. 이 장들은 순서대로 기억, 직관, 몸, 상상력, 이성, '신앙적 정서' (religious affections)라는 특정한 느낌들, 그리고 자연 등에 초점을 맞춘다. 왜 이런 항목들을 사용하는가? 수많은 사람들이 결정을 내리는 것을 관찰해 보면, 그들이 하나의 주제를 놓고 결정을 내리기 위해 각자가 선호하는 다양한 전략과 기법에 의존하는 것을 쉽게 알 수 있다. 어떤 사람들은 목록을 만들고 하나하나 논리적인 사고를 통하여 결정에 다다른다. 다른 사람들은 그들의 몸을 통해 어떻게 결정할지 알아차린다. 그들은 이렇게 말할 것이다. "나는 이렇게 하는 것이 옳다는 것을 본능적으로 알아요." 다른 사람들은 바닷가에 앉거나 언덕을 오르는 등, 자연 안에서 긴 오후 시간을 보냄으로써 명료함에 도달한다. 나는 내가 다양한 가능성 가운데 있다고 상상하면서 다양한 조건들을 적용할 때 어떤 결과가 일어나는지 살펴보는 방법을 신뢰한다. 어떤 사람들은 직관을 날카롭게 해서 명료한 지점에 다다른다. 그들은 구분되어 있는 여러 단계들을 거치지 않고 마치 그 해결책이 한꺼번에 나타나 결정을 내리는 것처럼 보인다. 어떤 사람들은 그들의 기억 저장고로 돌아가서 과거의 비슷한 결정을 찾아내고 이 기억을 앞으로 갈 길을 정하는 데 사용한다. 또 다른 사람들은 결정을 내리는 데 필요한 그들의 선택조건을 마음 깊은 곳에 간직하고 있는 가치들과 비교함으로써 어떤 조건이 이 가치들을 가장 가깝게 구현하는지를 살펴본다. 우리 믿음의 조상들은 우리와 크게 다르지 않았다. 그들 역시 하나님이 그들로 하여금 어떤 사람이 되며 무엇을 하라고 부르시는지를 이해하기 위해 비슷한 전략들을 시도해 왔다.

4-10장의 처음에 나오는 실천 방안, 즉 도입 실습(the lead practices)은 각자의 다양한 선호도(preference)와 성격(personality)에 따른 차이들을 반영해 놓았다. 각 장은 또한 도입 항목 전체 혹은 도입 실습을 향상시키거나 심화시킬 수 있는 한 가지 또는 더 많은 다른 실습들을 포함하고 있다. 모든 실습을 다 시도해 보아야 하는가? 반드시 그럴 필요는 없다. 그렇지만, 나는 각 장을 도입 실습을 중심으로 기획했으므로, 그것만으로도 영성 분별이 보다 날카롭게 다듬어질 것이다. 각 장의 두 번째나 세 번째 실습은 마음이 끌리는 만큼 사용해 보라. 그것들 역시 영적 분별을 향상시키는 데 도움이 될 것이다. 이어지는 영적 분별에서도, 각각의 실천 사항들은 그 유용성이 입증될 것이다. 그리고 어떤 경우든지, 그 다양한 모습은 기독교 영적 분별의 전통이 얼마나 풍부한지를 드러내줄 것이다.

영적 분별에서, 그 순간에 최선의 결정이라는 느낌을 얻은 후라 할지라도, 우리의 분별은 아직 끝난 것이 아니다. 마지막 단계는 확증(confirmation)이다. 확증은 영적 분별의 독특한 특징 가운데 하나이다. 비유적으로 말해서, 우리는 우리의 분별을 하나님의 발 앞에 내려놓는다. 우리는 우리의 모든 기도와 성찰, 잠정적인 결정, 그리고 명확성을 얻으려는 최선의 노력의 결과들을 하나님께 가져간다. 우리는 두 종류의 확증을 구한다. 첫째, 그 잠정적인 결정이 우리 안에서 확증되었는가? 둘째, 기독교 전통이라는 지혜의 빛 안에서도 그 결정이 여전히 확증되는가? 마지막 장에서, 우리는 이 지혜 중 일부가 어떻게 우리의 잠정적인 결정을 검증하게 되는지를 배우게 될 것이다.

개인적인 관점들

나는 누구이며 왜 이 책을 쓰고 싶어했는가? 사실을 있는 그대로 말하는 것으로 가장 쉽게 답변하겠다. 나는 백인이고, 평생 로마가톨릭의 수녀로 지냈으며, 폭넓은 교회일치 및 초교파 신앙을 존중하는 여러 신학교의 연합체 안에 소속된 장로교 신학교에서 영성을 가르치고 있다. 그러나 내게 일어난 다음과 같은 일들을 설명하기란 매우 어렵다: (1962년 10월에서 1965년 12월까지 열렸던)제2차 바티칸공의회 이전에 받은 전형적인 교육, 내가 수도단체에 들어갔던 초기에 경험한 제2차 바티칸공의회가 준 흥분, 고등학교 과정의 수학과 과학을 가르치기 위해 공부하던 시절의 갈등, 목회 사역이란 단순한 가르침 이상의 많은 측면이 있다는 사실에 대한 발견, 신학교육을 받기 위해 대학원으로 돌아오고 이 후에 내가 속한 수도단체의 새로운 수련자들의 영성형성을 위해 일하면서 동시에 종교학부과정에서 가르치는 일로의 자리 이동, 종교 및 성격심리 연구 박사과정을 위해 대학원에서 보낸 두 번째 기간, 그리고 다음으로 신학교 교수가 되기 위해 옮겨간 일 등.

그러나 이런 내용들은 여전히 나의 인격 형성에 관여했던 갈등들, 즉 많은 실패, 닫힌 문, 죽음, 지루함, 그리고 영적 분별을 이해하고 그것을 나의 삶에 적용하려는 나의 갈망을 부추겼던 노력에 대해서는 말해 주지는 않는다. "하나님, 당신이 여기에서 원하시는 것이 무엇입니까?" 이 질문은 지난 40여 년 동안 내가 계속해서 불러온 후렴구가 되었다. 그럼에도 불구하고 나의 분별 여정은 나 자신만의 것이고, 당신의 분별 여정은 당신만의 것이 될 것이다. 우리 모두는 저마다 다른 사람들이고, 하나님은 우리를 개인적으로 그리고 특별하게 부르고 계신다. 나의 임무는 당신이 온 세상을 궁극적으로 지탱하시는 그 분과 관계를 맺고 살아가면서 귀 기울이고, 알아차리고, 구별하고, 선택하도록 돕는 일이다.

나는 또한 우선적으로 기독교 전통 안에 있는 사람들을 위해 저술을 하는 그리스도인이다. 그러나 이 책에 담긴 실천 방안들은, 적절하게 응용하면, 다른 전통 안에 속한 사람 또는 특정한 전통에 속하지 않은 사람들에게도 유용할 수 있다. 예를 들면, 나는 때때로 어떤 특정한 전통을 옹호하는 것이 적절하지 않은 상황에서 이 훈련을 시도한 적이 있다. 그러나, 분별은 기독교 영성 전통 안에서 일어난 것이므로, 그 전통이 충만하게 표현된 영적 분별은 그것을 실습하는 사람들이 이 전통을 따르고 있음을 전제한다고 나는 믿는다.

나는 이 책을 쓰면서 어떤 특정한 그룹을 염두에 두고 있다. 모든 사람이 결정을 내린다는 것을 가정할 때, 이 책은 자신의 결정이 하나님을 추구하고 하나님께 응답하는 과정의 중심적인 부분이 되기를 갈망하는 모든 진지한 그리스도인을 위한 것이다. 이 일을 시작하기 위해 모든 것을 갖출 필요는 없다. 오직 필요한 것은 우리의 삶 한 가운데에 있는 하나님의 부르심을 들으려는 갈망이다. 그것이면 충분하다. 우리가 단 한 방울의 관대함만 가지고 와도 하나님은 응답하신다. 우리가 영적 자유함을 구하면 하나님은 우리가 그 안에서 자랄 수 있도록 도우시며, 특정한 상황에서 무엇이 더 나은지를 찾으면 하나님은 그 찾는 과정에서 우리를 만나주신다.

이 책에 등장하는 사람들은 실제 인물들이다. 다만 실명은 사용하지 않으며, 그들의 사생활을 보호하기 위해 구체적인 내용은 바꾸었다.

이 책에서 사용된 하나님을 가리키는 언어와 관련해 두 가지 유의사항이 있다. 첫째, 우리의 언어는 무심코 사용하기에는 다소 불편한 측면이 존재한다. 여성들은 때때로 교회에서 사용하는 언어를 통해 차별감을 경험하기도 한다. 그래서 나는 사람들을 가리킬 때 남성 여성을 아우르는 언어를 사용하고, 하나님을 가리킬 때는 성차별을 떠올릴 수밖에 없는 대명사들은 피하려고 노력했다.

둘째, 나의 신학적 입장은 철저한 삼위일체주의이다. 이 책은 삼위일체적 관점을 반영하고 증진시키려는 의도로 쓰여졌다. 그러나 어떤 사람은 '아버지'라는 말을 꽤 편하게 사용하는 반면 다른 사람은 그것을, 미묘하든 그다지 미묘하지 않든, 기도와 영적 분별에 있어서 장벽으로 느낀다. 어떤 사람은 그리스도가 우리의 기도와 삶에서 능동적으로 역사하는 분으로 쉽게 여기는 데 반해, 다른 사람은 성령이라는 말을 더 쉽게 사용한다. 요한복음에서, 예수님은 '그가 말하고 행한 모든 것을 기억나게 하시고' 우리가 '아직 이해하지 못한 것을 실질적으로 가르쳐주실' 보혜사를 기다리라고 말씀하신다. 그러므로 위의 두 가지 기도는 모두 기도의 올바른 전통적 기초 위에 놓여 있다. 나는 당신이 기도할 때 선호하는 하나님을 가리키는 언어가 무엇인지 모르기 때문에, 모든 실습과 설명문에서 '하나님'이라는 매우 일반적인 용어를 사용할 것이다. 다시 말하자면, 우리 각자가 영성수련을 위해 선택하기를 선호하는 하나님에 대한 언어를 대신해서 이 용어를 사용한다는 의미이다. 만약 예를 들어 당신이 각각의 영성실습을 시작할 때 성령을 부르기를 선호한다면, 그렇게 해도 좋다. 당신은 오랜 기독교 전통을 배경으로 지니고 있다. 만약 '아버지'나 '창조주', 혹은 '주님'이나 '그리스도', 아니면 '예수님'이 더 유용하고 더 인격적 관계를 느끼게 해준다면, 반드시 그 언어를 사용하라. 우리의 하나님은 예수님이 아버지라고 부르셨으며, 성경이 창조주와 존재하는 모든 것의 주님으로 불렀던 분이다. 그리고 그분의 영은 아버지와 아들로부터 흘러나와 우리의 생명을 활성화하고 땅의 표면을 새롭게 하신다.

이 책을 사용하는 법

이 책은 최근에 나온 영적 분별에 관한 많은 좋은 책들과 한 가지 본질적인 차원에서 다르다. 이 책은 단순히 분별에 관해 말하는 것으로 끝나지 않으며, 실습을 통해 분별을 배우도록 이끌 것이다. 이런 전개 방식은 독자들에게 예상치 못한 요구를 할 수 있으므로, 당신이 이 책에 담긴 정보와 훈련지침을 잘 활용하도록 도울 지침을 마련했다.

첫째, 이 책을 개인 피정 안내자로 여기라. 피정을 안내하는 사람은 기도나 다른 활동에 대해 제안을 하고, 이어서 당신이 경험한 것에 관해 대화를 나눌 것이다. 나는 이런 역동성을 반영하는 쪽으로 이 책을 구성했다. 각 장은 실습과 함께 시작하는데, 자세한 설명이 있어서 스스로 시작할 수 있을 것이다. 묵상이 끝나면, 다음에 나오는 설명을 살펴보라. 이어지는 토론에는 주석이 붙어 있으며, 그 실습을 기독교 영적 분별의 전통과 연결시켜준다.

둘째, 온 마음을 다해 영성훈련을 실습하라. 각 장의 처음에 나오는 실습, 즉 도입 기도 수련(the lead prayer exercises)은 이 책의 심장이다. 그 실습과 관련한 여러 가지 설명은, 그것을 어떻게 진행하고, 또 경험한 것을 어떻게 해석하는지를 이해하도록 돕기 위한 내용이다. 나는 당신이 보충 실습도 시도해 보기를 권한다. 특히 영적 분별 훈련을 처음 하는 사람이라면, 그 실천 방안들은 영적 분별 능력을 향상시켜주고 기독교 영적 분별 전통의 방대함을 감지하게 해 줄 것이다.

이런 훈련을 통해 알게 되는 분별의 내용을 꾸준히 영성일지에 기록하라. 각각의 분별 수련을 할 때마다 여러 가지 생각과 느낌, 판단과 질문이 생길 수 있는데, 그것들을 기록함으로써 쌓이는 풍부한 자료는 영적 분별을 위한 전체 진행과정 및 방향성과 연결된다. 영적 분별 과정에서 경험하는 새로운 것들과 그 상세한 내용을 잃어버리지 않기 위해, 여러 통찰과 느낌들을 요약해서 기록하라. 이 생생한 삶의 그림물감들은 다음에 당신이 영적 분별이라는 태피스트리를 짜는 데 사용될 것이다. 당신이 행한 모든 분별 실습들을 영성일지에 기록하고 나면 당신 자신과 하나님이 당신을 부르시는 방식 안에 나타나는 일정한 패턴을 깨닫기 시작할 것이다. 또한 핵심적인 은유(key metaphors)와 많은 의미를 지닌 이미지를 발견함으로써 당신의 삶의 과정을 더 깊이 통찰하고 깨닫게 될 것이다.

셋째, 영적 분별은 공동체 안에서 더욱 깊어질 수 있으므로, 당신의 분별과정을 함께 나눌 수 있는 사람을 찾으라. 이상적으로는, 곁에 머물며 당신의 말을 주의 깊게 들어줄 친구나 배우자, 목회자 또는 영성지도자가 좋다. 함께하는 그 사람은 당신의 기도와 묵상을 지지하는 더 큰 기독교 공동체를 대변한다. 자신의 경험을 그 사람에게 소리 내어 말로 이야기할 때, 영적 분별은 더욱 깊어질 것이다. 아니면, 다음에 설명하겠지만, 모든 구성원들이 서로 경청하고 지지해 주는 분별 그룹에 참여해도 좋다.

넷째, 각 수련을 시작할 때마다, 영적 자유함을 누릴 수 있기를 구하라. 왜냐하면 영적 분별은 영적 자유함 안에서 가능하기 때문이다. 각 실습의 첫 번째 단계는 이런 형태의 필수적인 준비과정을 제안한다. 이 시점에서 시간과 자신에 대해 여유를 가져라. "영적 분별을 바로 시작해야지"라는 충동을 거부하라. 이것이 바로 분별이다. 만약 어느 정도의 영적 자유함에 이를 수 없다면, 적어도 영적 자유함을 향한 깊은 갈망을 품으라. 묵상을 진행해 나갈 때, 영적 자유함이 점점 약해지는 것을 느낄 수도 있다. 그럴 때는 진행 과정을 멈추고 다시 영적 자유함 안에서 자라고 싶은 갈망을 새롭게 하라. 2장은 이 중요한 기초를 더 자세하게 다룰 예정이다. 수반되는 훈련

내용은 당신을 친절하게 도울 것이다.

다섯째, 시간을 충분히 가지라. 강물을 위쪽으로 밀어 올릴 수는 없다. 때가 되기도 전에 명확함이 발생하도록 할 수 없고, 성령을 우리의 바람대로 움직이게 할 수도 없다. 분별은 어떤 특정한 결정에 이르는 수단 정도가 아니라, 삶의 방식이다. 물론 때때로 결정이 긴급할 때가 있다. 만약 신속하게 결정을 내려야 한다면, 가능한 많이 묵상하고 기도하라. 그리고, 그 순간에 당신의 지혜에서 우러나오는 최선의 결정을 내리고, 하나님이 당신과 함께 하실 것을 신뢰하라.

여섯째, 분별 과정을 스스로 통제하라. 만일 실습의 한 부분, 또는 전체 실습이 과도한 긴장감을 불러일으키거든, 그 실습을 멈추어도 된다. 영성지도자 또는 목회자와 함께 원래의 것과 다른 주제가 촉발되었는지 혹은 당신의 반응 뒤에 무엇이 놓여 있는지를 성찰해 보라. 이런 종류의 성찰 역시 당신을 긴장하게 하고 저항하게 한다면, 그냥 멈추라. 그리고 다른 단계 또는 다음 실습으로 넘어가도 좋다. 이와 같이, 친구나 배우자, 혹은 영성지도자나 기도 그룹 등과 이야기를 나눌 때, 어떤 내용을 나누고 자기를 어느 정도 개방해야 안전감을 느끼고 동시에 도전이 되는지를 판단하라. 안전감이 확보되지 않는다면 더 이상 나아가지 말라. 만일 해당 주제가 당신의 성장에 중요하다면, 성령께서 당신이 장차 그것을 더 깊이 다루도록 준비시켜주실 것이다.

또한 이 책에 나오는 실천 사항을 개인으로서의 당신 자신 또는 공동체가 처한 상황에 맞게 자유롭게 변경해도 된다. 그 내용들은 다양한 인물과 상황을 염두에 두고 구성되었다. 따라서 분별 과정 가운데 어떤 경우에는 특정 단어나 초점에 불편함을 느낄 수도 있다. 그런 때는 하나님에 대한 호칭을 포함해서 언어를 자유롭게 바꾸어도 된다. 그럼으로써 그 과정이 당신에게 또는 당신이 영적 분별을 위해 고민하는 문제에 더 적합해질 수 있다. 더 나아가, 비록 전통적으로 많은 과정들이 분별에 사용되었지만, 분별의 핵심은 가장 적합한 응답이 무엇인지 무게를 재고 결정하는 가운데 하나님의 부르심을 구하면서 추구하는 데에 있다. 그러므로 이런 식으로 기도와 함께 행하는 추구하기, 무게 재기, 결정하기를 고무시키는 모든 과정들은 분별을 위해 적절하게 사용할 수 있다. 그리고 성령께서는 가장 주의 깊게 구성된 과정의 요소들 밖에서도 역사하실 수 있다는 것을 잊어서는 안 된다. 이 책에 포함된 실습들이 수많은 햇수 동안 효과적으로 사용되었다 하더라도, 그 안에 특별히 신성한 것이 있는 것은 아니다.

여기서 제안하는 어떤 실습은 영적 분별을 훈련하는 사람들의 다양성에 따라 그 선호도 또한 다를 수 있다. 따라서 나는 당신이 어떤 실습을 더 선호하는지 살펴보고 그것들을 각자의 영적 분별을 위한 개인 목록에 삽입시키기를 권한다. 동시에, 어떤 과정도 그 하나만으로는 하나님이 기뻐하시는 미래를 알려고 할 때 우리가 알아야 하는 모든 것을 밝혀주는 충분히 복합적인 수단을 제공하지 않는다는 점을 인식하도록 하라. 그래서 나는 매우 다른 정보를 제공해 주거나 당신이 덜 선호하는 방식에 의존하는 실습을 적어도 한 가지는 정기적으로 해볼 것을 추천한다. 왜냐하면 그것이 당신의 궁극적 결정에 중대한 영향을 미치는, 다른 방식으로는 접근 불가능한 정보를 드러내줄 수 있기 때문이다. 예를 들어, 나는 분별 과정에서 상상력에 크게 의존한다. 나는 가능한 여러 가지 시나리오들을 상상하고 그런 후에 그것들이 잘 맞는지, 즉 그것들이 내 감정과 내 몸에 어떤 느낌을 주는지를 알아본다. 그래서 나는 상상력과 느낌, 그리고 몸에 기반을 둔 실습들을 자연스럽게 사용하곤 한다. 나는 내가 선호하는 것들에 균형을 유지하기 위해, 자주 일련의 행동에 대한 장점과 단점 목록을 적고 그 대안이 되는 것들을 체계적으로 생각해 본다. 더 지적인 실습을 내가 본능적으로 선호하는 감정적이고 신체적인 실습과 통합하는 일은 내 느낌과 상상력이 주어진 상황의 구체적인 특징과 현실적 가능성들로부터 단절될 위험을 줄여준다.

마지막으로, 당신이 내린 결정이 어떤 결과로 이어지든 하나님은 당신과 동행하신다는 것을 믿으라. 이런 의미에서, 우리는 결코 영적 분별에 실패할 수 없다. 형편없는 선택이 반드시 나쁜 분별인 것은 아니다. 왜냐하면 분별은 어떤 결과가 빚어졌느냐가 아니라, 우리의 행복을 위한 하나님의 은혜로운 초대와 갈망에 대한 우리의 민감성이 얼마나 증대되었느냐로 평가받기 때문이다. 우리가 분별에서 실패할 수 있는 유일한 방법은 영적 자유함에 등을 돌리거나 그 상황에서 하나님의 부르심을 전혀 추구하지 않기로 결정하는 것이다. 그러나 그 순간에도 하나님은 우리와 함께 계신다.

이 책을 그룹에서 사용하기

이 책을 처음으로 사용할 때 이상적인 방법은 분별 그룹을 만들어 그 안에서 사용하는 것이다. 분별은 부르심에 관심을 갖는데, 부르심은 공동체라는 환경 안에서 가장 잘 발견되기 때문이다. 이 책은 두 종류의 그룹에서 사용될 수 있다. 첫 번째 그룹에서, 각 사람은 자신만의 분별을 실천하다가, 그룹 모임 때는 자기가 행한 기도의 열매와 성찰을 서로 나눈다. 이때 그룹은 모임 시간 중 일부를 할애해 각 장의 내용을 토론할 수 있으므로 분별을 보다 깊이 배울 수 있는 훌륭한 환경이 마련된다. 구성원들의 적극적인 참여가 있다면, 나눔(sharing)의 효과는 극대화 되고, 각 개인의 영적 분별 향상에도 엄청난 격려가 될 뿐 아니라, 모든 구성원의 분별 활동이 저마다 독특함을 깨닫게 해준다.

두 번째 종류의 그룹에서는, 그룹 구성원들이 한 번에 한 사람에게 초점을 맞춘다. 그리고, 처음부터 끝까지 순서대로 돌아가면서 다른 사람의 분별 훈련을 돕는다. 이 그룹은 성숙한 분별을 완성하는 데 필요한 만큼의 긴 시간 동안 각자에게 집중할 수 있는 여유가 있다는 점에서, 장기간에 걸친 나눔 또는 분별 그룹에 가장 적합하다. 분별 훈련을 수행하고 있지 않은 다른 구성원들은 현재 기도와 관상적 경청(comtemplative listening)을 통해 분별 과정 중에 있는 한 구성원을 도울 뿐 아니라, 나중에 자기 차례가 되면 그와 마찬가지의 지지와 격려를 받게 될 것을 알게 된다. 첫 번째 종류의 그룹은 입문 수준의 학습을 마친 후에든지, 또는 어느 구성원이 새로운 분별 학습을 위한 도움을 요청하여 재소집하기로 결정할 때에, 두 번째 종류의 그룹으로 진전할 수 있다. 이와 같은 다양한 그룹을 시작하기 위한 제안들은 다음과 같다.

첫째, 모임의 횟수를 선택하라. 한 달에 몇 번 만날지를 결정하기 위해서는 이 책의 구성 방식과 그룹의 필요 사이에서 균형을 맞출 필요가 있다. 가장 단순하며 직접적인 활용 방식은 11주 동안 매주 한 장씩 진도를 나가는 것이다. 모임 시간은 가변적일 수 있겠으나 2부에 나오는 각 장의 핵심 부분은 반드시 나눔(sharing)을 가져야 한다. 한 사람씩 나눔을 위한 충분한 시간을 주어야 하며, 2부에서는 각 장을 소화하는 데 최소한 일주일의 여유가 주어져야 한다.

둘째, 그룹의 적절한 크기를 선택하라. 네 명에서 일곱 명 사이의 그룹이 이상적이다. 일곱 명이 넘는 경우에는 네 명에서 일곱 명의 더 작은 그룹으로 나누도록 한다. 이 소그룹이 공부하는 동안에는 인적 구성의 변동 없이 일정하게 유지되는 것이 가장 좋다. 친한 정도에 따라 그룹을 나눌 필요는 없다. 사실, 그룹은 다양할수록 더 좋다. 배우자들은 같은 그룹에 있을 때, 혹은 다른 그룹에 있을 때 더 자유로운지를 스스로 선택할 수 있다.

셋째, 인도자를 선택하라. 인도자는 서로 돌아가며 맡을 수도 있고, 아니면 한 사람이 이 책의 1부를 공부하는 동안 인도자를 맡고, 다른 사람은 2부에서 나눔을 갖는 동안 인도자를 맡을 수 있다. 이 경우에는, 두 명의 인도자가 각 과정에서 필요한 은사를 가지고 있는지를 기준으로 선택하라. 책의 1부를 공부하는 동안 필요한 이상적인 인도자는 주요 핵심 내용들을 요약 정리하고, 구성원들이 각자의 의견을 나누는 동안 서로 집중할 수 있도록 이끌 수 있는 사람이어야 한다. 2부에서는, 사람들이 침묵을 편안하게 받아들일 수 있도록 돕고, 자연스럽게 의견을 나누도록 초대하고, 지나친 충고가 나오지 않도록 분위기를 조절하는 기술이 필요하다. 무엇보다 인도자는 전체 과정이 매끄럽게 진행되도록 이끌 수 있으므로, 다른 구성원들과 함께 자신의 분별 훈련도 수행할 수 있다.

넷째, 함께 협약을 맺으라. 모든 사람이 다음과 같은 다섯 가지 헌신을 약속한다면, 그룹으로 모이는 동안 각자의 개인적 분별 훈련에 도움을 얻게 될 것이다.

1. 모든 사람과 그룹 전체에 충분한 신뢰를 쌓을 수 있도록, 전 과정에 빠짐없이 참여한다.
2. 자신의 기도와 성찰을 바탕으로 적극적으로 참여하되, 자신을 어느 정도로 드러낼 것인지 판단하여 적절하고 안전한 경계와 수준을 유지한다.
3. 모든 그룹 구성원들에게 시간을 주기 위해, 자신이 나누는 시간을 적절하게 제한한다.
4. 다른 사람에게 충고하거나 어떻게 하라고 말하는 것을 (넌지시 말하는 것도) 피한다. 왜냐하면, 충고하는 것은 다른 사람의 분별 과정에 부정적으로 개입될 수 있기 때문이다.
5. 그룹에서 나눈 모든 이야기는 철저하게 비밀에 부친다.

다섯째, 관상적 경청을 실습한다. 이것은 개인의 영성 분별을 가장 풍부하고 깊이 있게 지지해 준다. 갈멜수도회의 영성 저자인 윌리엄 맥나마라(William McNamara)는 관상(comtemplation)에 대한 간단하면서도 심오한 정의를 제시해 준다: 관상은 오랫동안 사랑어린 눈으로 실제를 바라보는 것 (a long, loving look at the real)이다.[2]

그렇다면, 관상적 경청이란 말해진 것과 아직 말해지지 않은 채 남아있는 것뿐만 아니라, 당신 앞에 있는 바로 그 사람에게 온몸으로 사랑어린 현존(presence)을 가져다주는 것이다. 관상적 경청은 말하는 사람 안에, 그리고 듣는 사람과 말하는 사람 사이에 있는 성령의 현존을 존중한다. 그런 경청은 따뜻하고, 사랑스럽고, 참여적이며 기도로 가득한 침묵 안에서 이루어진다. 그 침묵은 종종 몇 마디의 말만 필요하거나 아무 말도 필요로 하지 않는다.

관상적 경청은 단순히 말을 하지 않는 것 이상이다. 그것은 상대방에게 전적으로 집중하기 위해 자기 자신을 옆으로 비켜두는 것을 포함한다. 자신의 현재나 과거의 경험이 마음에 떠오르기 시작할 때, 잠시 그것을 제쳐 두어라. 나는 이 자기 망각을 '괄호묶기'(breckeing)라고 부른다. 이 말은 궁극적으로 자아를 잃어버리는 것이 아니라는 의미를 내포한다. 오히려 이 순간, 경청하는 사람은 다른 사람에게 완전히 현존하기 위해 자신의 관심사들을 옆으로 제쳐 둔다. 당신의 생각이 지금 앞에서 말하고 있는 사람에게서 벗어나 이리저리 방황한다면, 그 때가 바로 당신이 생각에 잠겨 있던 것을 괄호 안에 넣고, 사랑과 기도로, 말하고 있는 사람에게 다시 주의를 집중시킬 때이다. 당신은 나중에 그 생각과 기억으로 돌아갈 수 있다. 이 훈련은 또한 자신의 지혜의 진주를 사용하는 것을 보류해야 함을 의미한다. 그 진주가 얼마나 어렵게 얻은 것이든("내가 이런 문제를 어떻게 다루었는지 말해 줄게요. 그것은 정말 효과적이에요!"); 자신의 이야기와 비슷하든("그와 같은 일이 나한테도 일어났어요"); 그리고 당신이 분명히 알고 있는 지식이든("그게 바로 내가 직장에서 하는 일이에요; 내가 당신을 도울 수 있어요"). 당신이 줄 가장 좋은 선물은 당신의 주의 깊은, 지지를 보내는 현존이다.

어떤 그룹은 개인이 각자의 이야기를 나눌 때 다른 구성원들로 하여금 관상적 침묵 속에서 듣도록 한다. 이 침묵은 매우 적극적이고 지지하는 반응을 제공할 뿐만 아니라, 듣는 사람들이 구성원의 분별에 미묘하게라도 간섭하는 일이 일어나지 않게 한다. 다른 한편으로, 어떤 그룹은 각 사람이 나눈 이야기에 말로 어떤 반응을 해주도록 요청하기도 한다. 이런 그룹은 그들의 관상적 경청에 관상적 반응(contemplative responding)을 첨가하기도 한다. 이런 경우에는, 말을 할 때 간단하지만 어려운 규칙들이 몇 가지 적용된다.

관상적 반응이란 울림통과 비슷하다. 그래서 말하는 사람의 말을 받아들여서, 우리 안에 공명이 일어나게 한 후에, 우리의 사랑어린 집중을 통해 더 크고 더 잘 공감되게 만들어서 돌려준다. 우리는 우리의 반응을 통해, 말하는 사람이 자신이 방금 한 말을 더 깊이 들을 수 있도록 도와준다. 우리는 말하는 사람보다 앞서 나가지 않는다. 또한, 우리 자신이 선호하는 해석이나 결과를 향해 가도록 말하는 사람을 은근하게라도 떠밀지 않는다. 말하는 사람의 말과 그 바닥에 깔린 감정을 함께 요약하는 짧고 간결한 문장들이야말로 가장 효과적인 반응이다. 몇 가지 전형적인 시작 문구는 다음과 같다:

"나는 당신이 …[당신이 들은 것을, 같거나 비슷한 말로 반복한다] 라고 말하는 것을 들었습니다."

"당신은 … [말하는 사람이 행한 것 또는 느낀 것을 반복한다] 때문에 …[당신의 경험에 기초한 추측을 지지해 주는 표현, 행동, 또는 어투를 말한다] 한 것 같습니다."

"나는 당신이 …[상대방이 말하거나 행동한 것을 해석하지 않고 있는 그대로 묘사한다] 한 것을 알아 차렸습니다."

" …[서로 연결된 두 가지 또는 세 가지 양상을 간단하게 묘사한다] 유형(pattern)이 반복되는 것 같습니다."

대개의 경우, 당신의 문장이 더 간결하고 구체적일수록, 말하는 사람의 관상적 분별 훈련 과정에 더 도움이 된다.

그룹으로 모일 때는, 이 단순한 말하기와 반응하기 규칙들이 하나님 앞에서 각 사람이 영적 자유함을 누릴 수 있도록 보호해 준다. 예를 들어, 만약 당신이 기도를 하면서 얻게 된 다양한 선택조건들에 대해 나누고 싶고 누군가의 반응을 듣기 원한다면, 분별 그룹 모임을 마친 뒤에 구성원들 중 한 명(아니면 당신의 배우자 또는 영성 지도자)에게 찾아가서 당신의 분별에 관해 이야기 나누고 싶다고 요청할 수 있다.

마지막으로, 분별에 뒤따르는 모든 것 가운데 가장 중요한 것은 하나님의 생명이 우리와 다른 사람들과, 세상 속에 더욱 충만하게 임하기를 갈망하는 행동이라는 사실을 확신하고 안심하라. 나머지는 하나님이 하실 일이다. 그리고 하나님은 우리가 질문하는 것이나 상상하는 것 이상으로 신실하시다.

이제, 성령의 임재를 구하는 고대 그리스도인의 기도와 함께 우리의 영적 분별 여정을 시작해 보자.

오소서, 성령이여, 당신의 신실한 자들의 가슴을 채우소서.
우리 안에 당신의 사랑의 불을 붙이소서.
당신의 영을 보내소서 그러면 우리가 창조되고
그리고 당신은 이 땅의 얼굴을 새롭게 할 것입니다.

1부
영적 분별로의 초대

An Invitation to Christian Discernment

1. 영적 분별이란 무엇인가?
Discernment: What Is It?

'분별'이라는 단어가 다소 생소하게 느껴질 수도 있다. 이 말의 뿌리를 기독교 영성실습에서 찾으려고 한다면 말이다. 분별은 우리 생활 곳곳에서 이미 흔하게 사용되고 있다. 기업의 이사회실에서, 경영 컨설턴트들은 분별을 로버트가 정리한 '의사 진행 질서 규칙'(Robert's Rules of Order)을 대체하는 말로 가르친다. 동업자들은 새로운 기업 광고 문안을 분별하기 위해 휴가를 떠난다. 병원 관리 책임자들은 건강관리체계를 위한 새로운 사명선언문이 어떤 것인지 분별한다. 청년들은 어떤 대학을 갈지, 그 다음에는 어떤 전공을 선택할지 분별한다. '분별'은 종종 의사결정과 동의어처럼 느껴진다. 그래서 전에는 의사결정을 했지만 이제는 분별을 한다고 생각한다. 그런데 도대체 분별이란 무엇인가? 그 뿌리는 무엇인가? 그것은 어떤 신학적 가정 위에 세워져 있는가? 그리고 우리는 분별을 가지고 어떻게 하려는 것인가? 이런 질문들이 이 장에서 우리가 다룰 내용이다. 우리는, 앞으로 다른 모든 장에서도 그렇겠지만, 영성실습, 즉 여러 단계에 걸친 단순한 기도로 이 장을 시작할 것이다. 이 기도 훈련은 이 책의 경험적 핵심이다. 즉 이 훈련을 통해 당신은 분별에 관해 생각하는 것을 넘어 실제로 분별을 실천하게 될 것이다. 그럼, 이제 잠시 독서를 멈추고 기도를 시작해 보자. 이 영성실습이 끝나면 다시 독서하는 사람으로 돌아올 수 있다.

실습: 의식 성찰

의식 성찰(Awareness Examen)은 우리의 일상에서 하나님의 역사하심의 흔적을 찾을 수 있도록 돕는다. 의식 성찰은 대개 지난 하루를 돌아보는 저녁에 행해진다. 그러나 또 다른 의미 있는 기간 (한 주 또는 일 년처럼), 또는 특정 사건 (회의나 수업과 같은) 에 관해 기도하기 위해 사용할 수도 있다. 이 영성수련을 위해 5분에서 15분의 시간을 할애하라. 이 기도 방법은 매우 융통성이 있다. 아래에서 이탤릭체로 된 부분만 사용해도 좋고, 전체를 사용할 수도 있다.

하나님이 주신 모든 선물과 유익한 것들에 대해 하나님께 감사하라
  예수님, 당신은 오늘 우리가 사는 …세상 안에 현존하셨습니다.
  나는 …으로 인해 기뻐합니다.

> **빛을 구하라**
>
> > 이제 가까이 와 주십시오. 함께 나의 하루를 바라보아 주십시오.
> >
> > 당신의 눈을 통해 …을 보게 해주십시오.
>
> **하루를 돌아보라: 생각, 말, 행위, 갈망, 위로, 고독**
>
> > 나는 오늘 어느 순간에 당신의 음성을 들었습니까?
> >
> > 나는 오늘 어느 순간에 당신의 음성 듣기를 저항하였습니까?
>
> **감사, 슬픔, 개선의 의지를 표현하라**
>
> > 예수님, 모든 것이 당신으로부터 온 선물입니다.
> >
> > 오늘 주신 …선물들로 인해 감사와 찬양을 당신께 드립니다.
> >
> > 나의 …를 치유해주시기를 구합니다.
> >
> > 내가 …한 것에 대해 용서와 자비를 청합니다.
>
> **당신이 내일 받고자 하는 은총을 구하라**
>
> > 예수님, 매일 나의 …삶 속에 늘 나와 함께 해주소서.[1]

많은 실습 중 첫 번째 실습

의식 성찰이라고 불리는 영성실습은 양심 성찰(Examination of Conscience)이라는 고전적 영성훈련을 현대적으로 되살린 것이다.[2]

'양심'이란 옳음을 그름과 구별하여 우리를 옳거나 더 나은 도덕적 행동으로 이끄는 인간의 능력을 일컫는다. 양심 성찰과 분별은 둘 다 신중한 '구별'과 우리의 삶을 어떻게 살지에 관한 '선택'에 의존한다는 점에서 서로 연관되어 있다. 그런데, 불행하게도, 양심 성찰은 우리의 죄악된 행동을 고백하는 것으로 점점 더 제한되었고, 그런 변화가 자리 잡으면서, 이 영성실습은 인간의 죄성에만 초점을 맞추고, 하나님에 대한 시선을 잃어버리고 말았다. 반면 의식 성찰은 우리의 초점을 하나님께로 회복시킨다. 의식 성찰은 이 실습의 주인공과 배경을 완전히 바꾸어놓는다. 우리는 의식 성찰을 통해 우리 삶 속에 계시는 하나님의 현존과 행위를 찾고 기뻐할 수 있다. 그리고 오직 이 맥락에서만 우리의 응답이 얼마나 부족했는지를 알아차리게 된다.

우리는 의식 성찰이라는 단순한 실습과 함께 이후의 분별을 뒷받침할 우리의 지각 능력을 훈련하기 시작할 것이다. 이 실습의 반복을 통해 우리는 하나님의 빛 안에서 우리 자신을 알아가고, 더 나아가 하나님을 알아가게 된다. 또 이 실습을 통해 우리의 갈망들에 주의를 기울이고 그래서 무엇이 우리에게 생명을 주는지 인식하는 법을 배우게 된다. 그것은 하나님이 우리의 삶이라는 구체적인 상황 안에서 무엇을 하고 계신지를 알아차리는 우리의 능력을 예민하게 해 준다. 더욱 중요한 점은, 우리의 삶을 향한 하나님의 갈망에 더욱 깊이 반응하도록 돕는다는 것이다. 피정 지도자 티모시 갤러퍼(Timothy Gallagher)는 그 점을 다음과 같이 잘 말해준다. "성찰 기도는 매일 하나님의 사랑이 오늘 어디에서 활동적인가, 하나님의 사랑이 오늘 어디에서 나를 이끌고 있는가를 구체적으로 찾는 일이다. 그럼으로써, 나는 내 안에 있는 무엇이 그 이끄심에 저항하고 있는가를 분별하고, 하나님이 내일 나를 성숙케 하실 것과, 이 가장 깊은 갈망이 점점 더 성취될 수 있으리라는 것을 발견하게 된다."[3]

16세기 예수회의 설립자인 로욜라의 이냐시오(Ignatius of Loyola)는 성찰의 중요성을 알고 예수회원들에게 사역이 아무리 급해도 결코 성찰을 포기하지 말도록 조언했다. 그는 성찰을 반복해서 실습하면 사역에 필요한 여유와 겸손과 용기, 그리고 자기를 아는 지식과 하나님을 아는 지식을 얻게 될 것을 확신했다.

우리도 우리 조상들처럼 하나님이 이 영성실습의 초점이라는 것을 잊어버리고 자기 중심 성찰로 빠져들 수 있다. 영성지도자 조지 머피(George Murphy, SJ)는 이 실습이 개인적인 부분에 치중하거나 즉흥적인 것으로 변색되면서, 동시에 무용한 자기분석에 빠지지 않도록 몇 가지 간단한 충고를 제안한다. 만일 그의 방법이 이번 장의 서두에 있는 방법보다 의식 성찰을 하는 데 도움이 된다면, 최선을 다해 그것을 사용하도록 하라.

―하나님이 당신과 함께 당신의 하루를 봐주시도록 청하라.
―당신의 하루에 대해 하나님이 당신에게 보여주시는 것은 무엇인가?
―당신의 하루에서 하나님께 중요한 것은 무엇인가?
―당신의 하루에 관해 하나님께 말씀드리라.[4]

의식 성찰을 삶 속에서 매일 매일의 습관으로 삼을 것을 강력하게 권한다. 의식 성찰 실습의 열매는 계속적인 반복을 통해서만 나타나므로 무엇보다 성찰을 계속하는 것이 중요하다. 그러면 분별 실습뿐만 아니라, 전체적으로 성령 안에서 성장하는 보상을 거두게 될 것이다. 사실 의식 성찰은 그 자체로 하나의 강력한 분별 실습이라고 해도 과언이 아니다. 그것도 특정한 의사결정에 대해서만이 아니라 일상의 모든 순간 속에서 하나님의 현존에 대한 실습이 이루어지는 것이다.

실생활에서의 영적 분별
분별은 실제로 우리의 실생활에 변화를 가져다주는가? 분별은 단지 삶에서 가장 중요한 순간만을 위한 것인가, 아니면 삶의 모든 선택의 순간에서도 의미가 있는가?

　남편과 살고 있는 켈리(Kelley)는—그녀의 실제 이름은 아님—지금 갈림길에 서 있는 자신을 돌아보고 있다. 그녀는 오랫동안 박사과정을 시작하기 원했고, 이제 남편이 안정적인 직장을 구했으므로, 두 사람 모두에게 알맞은 때가 온 것 같다고 느낀다. 그러나 켈리의 생체학적 시간도 재깍거리고 있다. 그래서 그녀는 통계학적으로 박사과정을 마치는 데 걸리는 7년이라는 시간 동안 아이를 갖는 것을 미뤄야 하는가에 대해서도 고민하고 있다. 그리고 그 기간이 지나면 다시금 정년이 보장된 안정적인 자리를 얻기까지 비슷한 시간만큼의 수고를 더 해야 할지도 모른다. 이 그림 안에 어떻게 모성을 집어넣을 수 있는가? 아니 그것이 가능하기는 한가?

톰(Tom)은, 장성한 자녀를 둔 상처한 남성으로, 몇 달 전에 직장에서 은퇴했다. 그는 지난 5년간 여러 나라를 다니며 배관 및 난방 설치 감정인으로 일했고, 지금은 더 이상 분주하고 피곤하게 생활하지 않아도 된다는 사실에 감사하고 있다. 시간에 쫓겨 질질 끌려 다니던 생활로는 결코 돌아가고 싶지 않다. 그러나 남는 시간과 에너지를 사용할 곳이 많지 않아서 삶이 조금씩 지루해지기 시작했다. 그는 그 시간을 채울 무언가 가치 있는 것을 찾아야 한다고 느끼고 있다. 그러나 그것이 무엇인가?

테리(Terrie)와 제이크(Jake)는 일 년 가량 진지하게 데이트를 해 왔다. 그들은 서로 깊이 사랑한다. 둘 다 20대 초반이며 제이크는 1년 후에, 테리는 2년 후에 대학을 졸업할 예정이다. 제이크의 전공인 역사는 직접적으로 직장으로 연결되지 못하고, 테리의 전공인 사회봉사는 사실상 장시간 노동과 저임금이 분명하다. 그러나 적어도 아이를 낳기 전까지는 안정적인 생활을 하게 될 거라고 생각한다. 그런데 가까운 장래에 그들이 직면할 모든 변화들을 생각하면, 과연 지금이 결혼할 적기인지, 그리고 인격적으로 충분히 성숙했는지 확신이 서지 않는다.

팀(Tim)과 웬디(Wendy)는 해마다 있는 교회의 단기 선교 여행에서 막 돌아왔다. 그곳에서 그들은 과테말라의 일곱 살짜리 고아인 이사벨리타와 사랑에 빠졌다. 열일곱 살과 스무 살인 그들의 친자식들은 곧 독립해서 자신들의 인생을 살 것이다. 팀과 웬디는 자신들의 소망과 이사벨리타의 필요 사이에 무게를 달아보면서 입양에 대해 의논하기 시작했다. 이사벨리타가 자기 나라에서 잘 자라도록 멀리서 도와주는 것이 나은가, 아니면 그녀를 미국에 데려와 여기에서 함께 사는 것이 나은가?

여든다섯 살인 글래디스(Gladys)는 지금이 가족들과 헤어져야 할 때인지 고민중이다. "지금도 그렇지만 앞으로는 다른 사람의 도움이 더 많이 필요해질 거예요. 그래서 자녀들에게만 기댈 수는 없을 것 같아요. 하지만 지금이 노인 요양원으로 가야 할 때인지 잘 모르겠어요. 게다가 그곳으로 가는 게 바른 선택일까요? 내가 어느 날 갑자기 쓰러지고 다른 사람이 내 문제를 결정하게 되는 것도 원하지 않아요."

의사결정은 인간 실존의 한 부분이다. 우리 모두는 이런 말들을 들어왔다. "내가 다른 학교를 선택했다면, 짐(Jim)을 결코 만나지 못했을 거예요," 또는 "아프리카를 여행하기로 한 결정은 내게 지대한 영향을 끼쳤어요. 그 여행은 내 삶이 얼마나 공허했는지를 보게 했어요. 전에는 그것을 알지 못했거든요." 그러나 종종 우리의 삶은 하루하루 그냥 흘러가고 우리는 더 위대한 삶을 가져오는 것에 거의 관심을 갖지 못하거나, 우리를 향한 하나님의 충만한 부르심에 무뎌지고 만다. 예를 들어, 젊은 유치원 교사는 자신이 교실에 가득한 네 살짜리 아이들로 하여금 스스로를 통제하도록 조장하는 일을 얼마나 능숙하게 하는지 미처 알아차리지 못할 수도 있다. 또는 한 바쁜 임원은 식사 전에 한 잔을 즐기던 저녁이 지금은 알코올로 범벅이 된 저녁이 되어버렸다는 것을 전혀 인식하지 못할 수도 있다. 우리의 결정은 문자 그대로 우리 자신이 된다.

우리 모두는 인생의 중요한 전환점에서 중대한 결정에 직면한다.

그 순간, 우리는 교차로에 서 있다는 것을 깨닫고, 어떤 방향으로의 선택이 그것과 관련된 모두를 위해 더 나은지를 주의 깊게 생각한다. 이와 대조적으로 우리가 마주치는 대부분의 결정들은 보다 세속적이고 일상적인 영역과 관련되어 있다. 우리는 그런 평범해 보이는 결정들이 축적되어 우리의 삶을 형성해 간다는 것을 깨닫지 못하면서 빈번하게 결정을 내린다. 그러나 우리가 모든 결정에 민감하게 주의를 기울여야 한다면, 매일 밤 잠자리에 들 때마다 녹초가 되고 말 것이다. 그런 점에서 분별이 우리의 영성생활에 하나의 습관이 된다면, 크고 작은 여러 결정들을 그에 맞는 주의력과 에너지를 가지고 수행할 수 있게 될 것이다.

    기독교 전통은 의사결정의 중요성을 오래 전부터 인식해 왔다. 우리의 정체성은 부분적으로 우리가 내리는 많은 결정을 통해 형성되기 때문에, 결정을 내리는 것은 실제로 제자로서 성장해 나가는 특별한 순간이다. 우리는 선택들을 통해 하나님이 우리로 하여금 그렇게 되도록 부르시는 그런 사람이 될 수 있다.

    우리가 내리는 결정은 사람으로서 그리고 그리스도인으로서 우리의 정체성에 매우 중심적인 역할을 하므로, 우리는 의사결정이라는 과정에서 기독교 전통으로부터 도움을 구해야 한다. 그 도움이 바로 영적 분별이라고 하는 것이다. '분별하다'는 동사의 라틴어 어원은 구별한다는 뜻을 지니고 있다. 그래서, 기독교 영성 전통에서, 분별은 하나님의 부르심을 표현하는 것과 그것에 반하는 것 사이를 구별함으로써, 무엇이 하나님으로부터 온 것인지를 추려내는 과정을 일컫는다.[5] 그리스도인들은, 성경 시대부터 지금에 이르기까지,

그들의 기도와 신앙 공동체의 예배 안에서나 도덕적 선택들 안에서, 또는 인생의 흥망성쇠 안에서 하나님의 부르심에 응답하기를 구하는 가운데 영적 분별을 해왔다. 우리는 "하나님께서 어떻게 여기에 현존하시는가?" 또는 "하나님께서 내가 무엇을 하도록 부르시는지 어떻게 알 수 있는가?" 또는 "이것은 단지 나인가, 아니면 진정 하나님이신가?" 또는 "하나님은 우리의 계획대로 진행해 나가라고 우리를 부르시는가?"라는 질문들의 대답을 찾을 때마다, 분별에 관계하고 있는 것이다.

그러므로 분별은 하나님이 어떻게 현존하시고, 활동하시고, 또 우리를 개인과 공동체로 부르시는지를 의도적으로 인식해 가는 과정인데, 이를 통해 우리는 날마다 조금씩 더 신실함으로 하나님께 응답할 수 있게 된다. 우리가 결정을 내리는 모든 순간은 분별이 큰 변화를 일으킬 수 있는 소중한 순간이다. 의사결정을 내리는 과정에서, 자기 결정(self-determination)은 하나님의 부르심과 함께 온다.

영적 분별을 통해 결정내리기에 접근하는 것은 매순간 하나님의 갈망을 인식하는 능력을 얼마나 일깨우고 연마하는가에 달려 있다. 그것은 이런 결정들을 내리는 바로 그 과정 안에서 하나님의 부르심을 얼마나 적극적으로 추구하느냐에 달려 있다. 더 나아가, 만약 그 상황을 의식적으로 믿음으로 받아들인다면, 분별된 결정 내리기는 그 자체로 그리스도인다운 삶으로 성숙해 가는 의미심장한 통로가 될 수 있다. 의식 성찰이라는 실습은 하나님의 영이 우리의 삶 속에서 움직이실 때, 우리의 마음이 그 움직임에 민감하게 깨어 있도록 하는 가장 좋은 개인교사 중 하나이다.

분별을 가리키는 다양한 용어

분별은 하나님의 신비를 다루는 일이므로, 그것을 단번에 규정짓거나 단 하나의 의미로 국한하는 것은 부적절하다. 분별은 오랜 역사를 지닌 기독교 전통이다. 그렇다고 모든 시기와 모든 상황에서 같은 의미를 갖고 있지는 않았다. 각각의 시기와 상황에 따른 정의는 분별이 가지는 여러 특성을 드러낼 뿐 아니라, 분별을 정의내리는 사람들의 관점, 상황 그리고 가치관 등에 관해서도 많은 것을 알려준다. 따라서 분별에 관한 여러 인식들을 조사한 후 그것을 종합해 본다면, 그것이 오늘날에는 어떤 의미를 갖는지 보다 잘 이해할 수 있을 것이다.

1. 분별은 은사이다. 바울은 고린도전서 12장 4-10절에서 여러 가지 성령의 은사 가운데 '영 분별'이라는 항목을 포함시킨다. 분별은 하나님의 은혜로운 주도권으로부터 나온다. 우리는 하나님이 우리 안에서 역사하시는 사역 외에는 분별하지 않는다.

2. 분별은 동시에 믿음의 습관이다.[6] 비록 모든 것은 은혜이지만, 또한 하나님의 계획의 신비스러운 경륜 속에서도 우리의 행위를 수반하는 역할도 중요하다. 우리는 하나님께서 어디에서 일하시는지 알아내야 하는 선택을 내리며, 그 순간 우리가 이해할 수 있는 것보다 더 큰 그분의 계획을 신뢰할 것인지를 선택해야 하고, 하나님이 약속하신 미래가 선할 것이라는 희망을 품을지 말지를 선택해야 하며, 그리고 하나님이 선호하시는 미래가 우리에게 더 분명해질 때 우리 자신을 거기에 맞출지 말지를 선택해야 한다. 그리고 우리는 이 모든 선택을 마치 습관처럼 일관성 있게 행해야만 한다.

3. 분별은 일상 속에 현존하시는 예수님의 영을 따르려고 하는 갈망이다.[7] 그리스도인에게, 예수 그리스도는 우리 믿음의 창시자이고 완성자이시다(히 12:2, 바른성경, 새번역, 우리말성경—옮긴이). 우리는 예수님을 우리의 모범으로 삼는다. 그분은 역사상 어느 특정한 시점에 사셨고 돌아가셨다. 성경에 기록된 그분의 삶은 우리가 살아갈 기준을 제공한다. 그러나 예수님은 이천 년 전의 그 특정한 시간과 장소에 제한받지 않으신다. 부활한 그리스도는 성령을 통하여 여전히 오늘날에도 우리와 함께 현존하신다. 그래서 우리는 지금 그리스도인다운 삶을 살기 위해 필요한 것들을 성령께서 생각나게 하실 것이라고 신뢰할 수 있다(요 14:26; 16:13).

4. 우리는 분별하는 생활방식에 충실함으로써 이 분별이라는 선물 안에서 자라간다. 이 생활방식은 신뢰를 필요로 하고, 실패가 포함되며, 자기 성찰과 기도를 통해 성숙해 간다.[8] 살아가면서 우리가 마주치는 성공과 실패, 행복과 슬픔, 믿음과 의심 가운데 어떤 것도 헛되이 버려지지 않는다. 하나님이 모든 것 안에 현존하시므로 모든 것이 우리의 분별에 이바지할 수 있다.

5. 분별은 충만하고 진실하게 인생을 살아갈 수 있는 역량의 기반이 된다.[9] 우리는 분별을 통해 하나님이 인식하시는 그대로의 현실 안에서 살아가고(하나님이 보시는 대로 현실을 보는 능력을 '관상' [contemplation]이라고 부른다), 내부와 외부의 억압에도 불구하고 자유함 가운데 행동하고, 세상 속에서 하나님의 목적에 근접하는 방식으로 행동하는 역량을 키울 수 있다. 우리는 분별을 통해 끊임없이 죽음보다는 생명을 선택함으로써 여호와 우리 하나님의 사랑 안

에서 살 수 있다(신 30:15-20). 그리고 분별을 통해 악을 피하는 것뿐 아니라 그 이상의 것을 행한다. 우리는 많은 좋은 선택조건들 가운데서도 하나님의 창조 목적과 일치하는 것을 찾아가는 능력을 얻게 된다.

6. 기독교적 분별은 우리가 하나님의 딸이고 아들이라는 기본적인 사실이 크든 작든 우리의 모든 결정에 영향을 미치고 색깔을 입히는 방식으로 살아가는 것을 의미한다.[10] 우리는 분별 때문에 다르게 산다.

7. 분별은 과정이다. 우리가 복음서의 예수 그리스도와 더 잘 일치하는 것을 찾고 선택할 때마다, 점점 더 "그리스도의 마음으로 옷 입는다"(빌 2:5; 고전 2:14). 그러므로 분별하는 삶은 반복되는 수많은 분별의 순간들로 이루어져 있다. 이와 같이 모든 주요한 분별은 일상 속에서 하나님께 귀 기울이는 수많은 작은 순간들에 기반을 둔다. 우리의 의도는 우리의 모든 결정들이 이 그리스도의 마음으로 옷 입는 것을 향상시키는 데에 있다. 우리가 그렇게 하면 할수록, 우리는 하나님으로부터 지음 받은 목적을 이루어갈 것이다. 또한 우리는 이러한 성취를 통해 가장 깊은 영적 자유함을 경험하게 된다.

8. 비록 분별이 구체적이고, 개별적이며, 최종적으로는 개인적이라고 할지라도, 기독교적 분별은 항상 더 큰 신앙 공동체 안에 자리를 잡는다. 이 공동체는 우리가 약할 때 우리의 신앙을 유지시켜 주고, 하나님께 귀 기울이는 오랜 전통을 보전하고, 성경에 대한 총체적 해석을 제공하며, 우리를 비롯한 모든 이들이 더 큰 공동체라는 울타리 안에서 유익한 실천을 행하도록 우리를 부른다. 이 공동체의

뿌리에서 잘려나가면, 기독교적 분별의 힘과 진실성은 쉽게 우리 자신만의 색다른 해석들을—심지어는 노골적인 악까지도—하나님의 부르심으로 왜곡하는 위험에 빠지기 쉽다.

9. 분별은 우리가 하나님과 협력할 수 있게 하는 뼈대이다.[11] 분별은 마술이 아니며 완전한 확실성을 주지도 않지만, 우리의 개인적 삶과 시대의 징조들 안에 묻혀 있는 애매모호한 것들을 가려내는 특별한 수단을 우리에게 제공한다.

요약하자면, 분별은 지금 이 순간에 가장 좋은 것을 추구하면서, 둘 또는 더 많은 좋은 조건들 가운데서 구별된 선택을 하는 것을 의미한다. 이 선택들은 개인적이고 조건적인 것이지만, 신앙 공동체 안에 위치해 있으며, 우리가 이전에 행한 잘된 결정들을 존중한다. 분별은 우리에게 절대적인 확실성을 가져다주지는 않으며, 그렇기 때문에 오히려 믿음이라는 요소가 작동한다. 하나님의 부르심을 따르려고 추구할 때, 우리는 우리 개인과 우리가 속한 세상을 위해 더 좋은 방향으로 움직이게 되며, 우리가 알지 못하는 곳으로 갈 때도 하나님이 함께하시리라는 것을 확신할 수 있다.[12]

분별의 성경적 기초

앞에서 분별 실습의 범위를 성경이라는 울타리 안에 자리매김하긴 했지만, 분별이라는 명칭은 성경 안에 드물게 등장한다. 그러나, 비록 그 명칭이 사용되지는 않더라도, 분별 실습은 공동체가 하나님과 하나님을 경외하는 삶에 대한 이해의 성숙을 꾸준히 추구해 나가는 바탕이 되고 있다.

구약 성경은 개인과 전체 공동체가 선택을 해야 했던 많은 상황들을 제시하는데, 이것은 고대 설화문학에서는 드문 주제가 아니었다. 아브라함, 이삭, 야곱, 모세, 그리고 예언자들을 생각해 보라. 그리고 사라, 라헬, 레아, 다말, 한나, 룻 그리고 에스더를 생각해 보라. 그들 모두는, 신적 권위에 의해서라고 하지만, 그럼에도 모든 것이 납득되지 않는 상황 속에서 부과된 요청에 따라 낯선 길을 따라 출발해야만 했다.

예언자들을 보자. 그들은 분별의 필요성을 공동체에 제시했다. 공동체는 예언자라고 주장하는 이 사람이 정말 하나님의 말씀을 전하고 있는지를 어떻게 알 수 있는지 질문해야만 했다. 차츰 공동체는 예언자들과 예언에 대한 지혜를 쌓아갔고 다음과 같이 결정했다:

— 예언자를 인기 없게 만드는 예언은 예언자를 인기 있게 하고 좋아하게 만드는 예언보다 더 하나님의 말씀일 가능성이 많다. 논쟁의 여지가 없는 쉬운 예언들은 하나님의 말씀일 수 있어도 실현되어야만 확증될 수 있다.
— 참 예언자에 의해 제안된 징조들도 어떤 것은 역시 실현되어야만 알 수 있다.
— 예언자의 충고나 예언은, 비록 어떤 종교적 규례에 대해 도전할 수 있고 많은 경우 실제로 도전했지만, 기본적인 종교적 가르침과 다르지 않았다.
— 예언자의 삶과 예언자의 의도는 비난의 대상이 되어서는 안 되었다.

예언자들이 자신들의 예언의 정당성을 내세우며 제시한 근거는 사실상 그들 자신이 하나님과 직접적으로 만난 경험이었다. 분명, 이런 기준들은 완전히 객관적일 수 없으며, 예언자의 하나님 경험의 진실성을 판단하는 데 주관적 요소가 전면에 부각된다. 그래서 성경 속 인물들이 각자 개인적으로 결정을 내려야 하는 상황에서도 그랬던 것처럼, 예언자들의 주장을 판단하는 문제에 있어서도 분별이 사용되었다.[13]

여러 구약 성경 본문은 분별에 대한 우리의 이해와 실습에 특별한 도움을 준다. 예를 들어 모세의 고별 연설을 읽어보자: "내가 오늘 네게 명령한 이 명령은 네게 어려운 것도 아니요 먼 것도 아니라… 오직 그 말씀이 네게 매우 가까워서 네 입에 있으며 네 마음에 있은즉 네가 이를 행할 수 있느니라… 너와 네 자손이 살기 위하여 생명을 택하고"(신 30:11, 14, 19). 이스라엘 백성은 약속의 땅에 들어가기 직전이었으며, 모세는 거기에서 제외되었다. 모세는 자기가 죽은 후에도 하나님의 말씀이 그 공동체에 여전히 남아 있을 것을 강조했다. 실제로, 하나님의 말씀은 그들이 자기 자신과 가까운 것만큼이나 그들과 가까이 있었다. 그들은 이미 그 말씀을 접했고 내면화했다. 그 말씀은 그들의 마음에 새겨져 있었다. 하나님의 말씀의 초월성은 여기에서 그 내재성과 균형을 이룬다. 하나님의 말씀은 우리를 넘어서 있지만 또한 우리와 함께 있다. 그리고 만약 말씀이 우리와 함께 있다면 우리는 그것을 들을 수 있고 행할 수 있다. 우리는 우리가 하나님의 부르심을 따르고 있는지 아닌지를 알 수 있게 해줄 시금석 또는 기준선의 출발점을 가지고 있다. 즉 하나님의 말씀은 우리를 생명으로 인도한다.

예언자 사무엘을 부르시는 이야기에서(삼상 3:2-10), 분별하고 판단을 내리는 행위는 소년 사무엘의 것이 아니라 제사장 엘리의 것이었다. 주님의 말씀은 그 당시에 희귀하였다고 한다. 추측컨대, 사무엘은 하나님의 말씀인지를 구별하기 위해 사용할 이전의 경험이 전혀 없었다. 그러나 엘리는 경험이 있어서 사무엘이 그의 명령대로 할 준비가 된 상태로 그 앞에 세 번 나타난 후에, 사무엘을 부르신 분이 실제로 주님이시라는 것을 깨달았다. 그래서 그는 사무엘에게 열림(openness)과 관대함(generosity)이라는 적절한 반응을 하도록 가르쳤다: "당신이 나를 부르셨기로 내가 여기 있나이다… 여호와여 말씀하옵소서 주의 종이 듣겠나이다"(3:8-9). 흥미롭게도, 주님이 사무엘에게 하신 말씀은 엘리와 그의 아들들에게 해가 되는 것이었다. 그러나 엘리는 그 말씀의 기원을 깨달았고 그것을 그의 삶을 향한 하나님의 계획으로 받아들였다.

우리는 이 본문에서 세 가지 중요한 것들을 배운다:

1. 한 사람이 계시를 받으면 다른 사람이 그 의미를 파악할 수 있다.
2. 모든 계시에 대한 적절한 반응은 열림과 관대함이다. 그리고 그런 내적 응답 없이는, 하나님의 말씀은 표현되지 않고 깨달아지지 않은 채로 남아 있게 된다.
3. 하나님의 말씀이 분명해질 때, 필요한 반응은 그것을 받아들이고, 존중하고, 그대로 행동하는 것이다.

열왕기상 19장에서 보듯이, 우리는 하나님의 영(즉 예수님의 계시에 의해 성령으로 알려진 하나님의 영)을 창조의 바람 안에서(창 1:2), 또는 시내산의 불과 구름 안에서(출 13:21) 발견할 뿐만 아니라, 엘리야가 하나님의 계시를 기다리며 동굴 입구에 와 섰을 때 들은 "세미한 침묵의 소리" 안에서도(왕상 19:12) 발견할 수 있다는 것을 배운다. 우리 하나님은 하나님이 정하신 때에 오실 것이며(요 3:8), 하나님은 종종 침묵 속에서도 말씀하시며, 하나님의 말씀은 종종 우리 생각의 한계를 뛰어넘으신다는 것을 알게 된다.

신약성경에서는, 예수님 자신이 분별의 대상이며 모든 부수적인 분별의 기준이 된다. 그분을 만나러 오는 사람들은 분별을 위한 세 가지 질문에 직면한다: 예수님은 누구신가, 그분의 생애는 무슨 의미가 있는가, 그리고 어떻게 응답할 것인가. 복음서는 예수님이 누구신지 각기 다르게 설명한다. 복음서로부터 오는 교훈은 어느 복음서에서 온 것인지 분명히 확인될 수 있다. 예수님이 누구신지 그리고 그분의 삶이 무슨 의미가 있는지에 관한 분별은, 비록 예수님의 자화상을 그리는 데 다른 이미지와 은유를 사용할지라도, 특히 마가복음과 요한복음에 주로 선언되어 있다. 마가복음의 예수님은 강력한 카리스마적 치유자시고, 마가는 예수님의 치유 사역에서 드러난 사람들의 불신앙에 크게 놀란다(6:1-6). 마가에게는 예수님을 아는 것은 그분의 능력에 대해 아는 것 이상이다. 그것은 그분의 십자가의 길을 따르는 것이다. 요한복음에는, 주요 은유가 믿음이다: "이것을 기록함은 너희로 믿게 하려 함이다"(20:31). 그러나 예수님의 계시는 천천히 시야에 드러나므로, 네 번째 복음서에서 보는 것 즉 믿는 것은 하나의 과정이다.

그러나 우리는 예수님이 누구신가를 분별해야만 할 뿐만 아니라, 예수님과의 만남은 우리로 하여금 어떻게 살 것을 요구하는지도 분별해야 한다. 이에 대해서는 특별히 마태복음과 누가복음이 도움이 된다. 예를 들어, 예수님의 산상설교는 예수님과 동행하는 사람들의 특징을 보여주는 가치관이 나타난다: 그들은 심령이 가난하고, 온유하고, 긍휼이 많고, 마음이 청결하다. 그들은 애통해 하고, 굶주리고, 의에 목마르다. 그리고 그들은 의를 위해 핍박을 받는다.

모든 공관복음서, 특히 누가복음은 예수님의 비유를 사용한 가르침을 상기시킨다. 비유를 이해하려는 것 자체가 분별의 수련이다.[14] 비유는 그 의미를 이해할 수 있는 사람들에게 하나님이 선호하시는 미래로 가는 길을 가리키는 진리와 통찰의 핵심을 제공해 준다: "들으라, 귀 있는 자는 들을지어다!"는 구절은 마태복음과 누가복음 곳곳에 나온다. 그러나 비유를 단순히 수수께끼로 보는 사람들에게는 —그때나 지금이나—그 의미가 가려져 있다: "그들이 보아도 보지 못하며 들어도 듣지 못하며 깨닫지 못함이니라"(마 13:13). 예수님은 이 굳어진 마음(그것은 하나님이 그들에게 내리시는 치유를 방해한다)에 대하여 책망하신다. 그러나 보는 눈과 듣는 귀에 대하여는 칭찬하시고 복을 비신다. 우리 역시 예수님이 누구신지를 보고 듣도록 초대받았는데, 바로 이 분별이 하나님의 치유하시고 힘을 주시는 현존의 통로가 된다.

공관복음서가 제공하는 분별에 대한 더욱 구체적인 도움 중 하나는 마태복음에서 발견된다: "그들의 열매로 그들을 알리라"(7:20).

얼른 보면, 선택은 애매모호함으로 가득 차 있다. 그러나 우리는 그 결과들을 조사해 봄으로써 모호해 보이는 사실 뒤에 있는 어떤 명료함을 얻을 수 있다. 하나의 선택을 통해 맺힌 열매들은 다음에 있을 비슷한 선택에 필요한 지혜를 우리에게 제공해 준다. 분별은 바로 그렇게 축적된 배움으로부터 가능해지는 깨달음과 실천을 통해 자라간다. 그리고 때때로 그런 열매만이 우리에게 주어진 증거의 전부가 된다. 바울은 갈라디아서 5장에서 이와 똑같은 주제를 언급한다. 거기에서 그는 "육체의 일"(19절)에 대한 전형적인 목록과 상응하는 "성령의 열매"(22절)에 대한 목록을 제시한다. 이 책의 마지막 장에서는 성령의 열매가 분별에서 담당하는 중요한 역할에 대해 고찰할 것이다.

비록 복음서들이 분별을 두드러지게 다루지는 않지만, 예수님의 삶과 가르침을 묵상할 때, 미래의 모든 분별을 위한 지평을 내면화할 수 있고, 우리의 분별을 판단할 규범을 명료화할 수 있다.

연대기적으로 대부분의 복음서 자료들보다 앞선 바울 서신들은 비록 실제적인 분별 과정에 대한 것은 별로 말하지 않음에도 불구하고, 성령과 분별 전반에 관하여 유용하지만 많이 체계화 되지 않은 고찰들을 제공해 준다. 아마도 이 과정들은 충분히 이해되었기 때문에, 바울이 그것들에 대해 설명할 필요가 없다고 느꼈거나 아니면 그가 편지를 받는 교회들이 어떻게 결정에 이르렀는지를 잘 알고 있었기 때문이었을 수도 있다. 어떤 경우든지, 바울은 모든 신자들이 성령을 받았고(고전 12:13), 자유로 부르심을 받았으며(갈 5:13) 하나님의 자녀로 자유함을 누리도록 부르심 받았다는 것(갈 5:1)을 알고 있었다. 이 성령은 그리스도인들이 그리스도인으로서 자신의 실존을 해석할 수 있게 하며(고전 2:12), 그 실존과 일관성을 유지하는 선택을 할 수 있도록 도와준다(갈 5:25). 모든 그리스도인은 삶에서 마주치는 구체적인 선택들과 관련해 하나님 앞에서 자신의 삶을 해석할 수 있고 또 해석하도록 요구된다.[15]

네 번째 복음서와 요한일서는 분별에 대한 이해의 기초가 되는 성령 신학의 단초를 제공한다. 예수님의 마지막 설교는 성령의 존재와 현존에 대해 공포한다. 우리는 성령이 예수님에 의해 그분의 전권대사로 보내지며, 예수님이 말씀하고 행하신 모든 것을 마음에 떠오르게 해줄 것임을 알게 된다(요 14:26). 성령은 보혜사(counselor)로서 섬기는데, 예수님을 변론하며 우리로 하여금 예수님에 대해 증언할 수 있게 해준다(요 15:26). 성령은 또한 진리의 영으로서, 우리와 함께 거하면서(요 14:17), 예수님이 말하도록 시키신 것만 말하고, 심지어는 예수님이 세상에 있을 때 예수님의 입에서 나왔다면 우리가 이해할 수 없었을 것들을 선언한다(요 16:13). 우리는 이 성령 신학의 도움을 얻어, 모든 분별의 뿌리를 동일한 성령 안에 놓는데, 그분의 목적은 오늘날 우리 안에 예수님의 생명을 불러일으키는 것이다.

요한일서의 저자는 성령에 대한 이런 이해를 바탕으로 분별에 대한 기본적인 신학의 초안을 제시한다: 여러 영들이 존재하는데, 그들 모두가 거룩한 것은 아니다. 그러므로 모든 영들은 시험해 보아야 한다. 예수님이 그 시험의 기준이시다(요일 4:1-2). 성령은 우리가 하나님을 인식할 수 있는 내적 경험 안에서 분명히 드러난다(요일 3:24). 이 내적 인식은 하나님은 우리가 기도하면서 행하는 가려내기와 무게달기를 통해 발견될 수 있다는 믿음의 기초가 된다. 성령을 통해 하나님 안에 기초를 두었음을 입증하는 본질적인 증거는 하나님을 향한 확신이다(요일 4:17). 올바르게 분별된다면 이 성령의 경험에 대해 신뢰할 수 있다. 마지막으로, 성령의 경험은 하나님에 대한 다른 외적 계시들을 완성하고 그 정점을 찍는다. 우리가 자신의 분별을 시험해 볼 때, 지금까지 쌓아온 하나님에 대한 경험과의 합일점을 찾을 뿐만 아니라, 성경, 교리, 그리고 교회와의 합일점도 찾게 될 것이다.[16]

사도행전, 그 가운데서도 특히 15장은 우리에게 어떻게 분별하며 행동할지를 배우고 있는 한 공동체를 보여준다.[17] 그 당시 "새 시대에서 그리스도가 어떤 의미인가"에 관한 논쟁이 일어났는데, 그 논쟁은 지역적인 차이와 선호도를 넘어선 주제였다. 그래서 교회 대표들이 총회 앞에 모였고, 그들에게는 필요한 판단을 내릴 책임이 있었다. 여러 분파들은 상당한 열정을 가지고 자기의 입장을 주장한다. 그에 대한 반대의견도 분명히 분별 과정의 부분이다. 우리는 교회의 한 분파가 다른 분파에게 해명을 요청하는 것을 보는 반면, 또한 공동체가 합법적인 권위에 복종하는 것과 결정 사항을 이행하는 가운데 친교를 세우고 강화하는 것을 볼 수 있다. 일치는 이 원시 공동체의 분별 과정에서 성령의 유일한 열매이다.[18]

기독교의 분별 실습은, 위에서 간략하게 살펴본 나름대로 선별된 구절에서 나타나듯이, 깊은 성경적 뿌리를 지니고 있다. 분별이 우리 삶의 한 부분이 될 때, 다른 성경 본문들도 확실히 분별을 위한 안내서가 된다는 것을 알게 될 것이다.

신학적 기초

이 토론 전반에는 하나님에 관한 특정한 이해가 작동하고 있다. 하나님, 인간, 그리고 하나님-인간 사이의 관계에 관한 몇몇 개념들은 분별에 대한 이해를 도와주며, 어떤 개념들은 이것을 더 어렵게 만들기도 한다. 나는 특히 분별과 관련해서 하나님, 인간, 그리고 하나님-인간 관계에 대한 나의 전제들을 뚜렷이 밝히려고 한다. 우리가 하나님에 관해 어떻게 생각하는지, 그리고 하나님이 어떻게 우리와 대화를 나눈다고 상상하는지, 그리고 우리가 어떻게 반응할지를 결정하는 것은 '중요한' 문제이다.

하나님은 '실재' 이시다. 이 주장은 자명한 것같이 보이지만, 많은 사람에게 그것은 삶의 근거가 되기 힘든 주장이다. 선한 뜻을 지닌 그리스도인들도 종종 삶의 여러 부분에서 일종의 기능적인 무신론의 희생자가 된다. 즉 하나님을 믿는다고 말하지만, 마치 인간이 만든 틀이 모든 것을 결정짓는 것처럼 행동한다. 그러므로 하나님의 실재하심과 하나님과 인간 사이의 대화의 가능성에 대한 살아 있고 자라가는 믿음이 없으면 분별은 의미가 없다.

하나님은 광대한 우주뿐 아니라 창조의 각 개별적 부분에 이르기까지 존재하는 모든 것의 창조자이시다. 더 나아가, 하나님은 일단 창조하신 후에 피조세계가 "스스로 알아서 하도록" 내버려두신 것이 아니라, 계속되는 피조세계를 유지하고 풍부하게 하는 일에 지속적으로 관여하고 계신다. 하나님은 죽은 것이 아니라, 이냐시오 로

욜라의 말에 따르면, "우리를 대신하여 수고하시면서" 매우 활발하게 역사하신다.[19]

하나님은 깊은 지성을 지닌 인류를 창조하셨다. 그래서 인간은 자기 자신과 하나님과 다른 피조물들을 성찰할 수 있는 능력을 갖고 있으며, 그리고 무언가를 선택하고, 자신의 미래의 방향을 정하고, 우리 주변의 다른 피조물들에 영향을 끼치는 능력을 갖고 있다. 이냐시오는 자신이 저술한 「영신수련」(Exereitia Spiritualia)의 마지막 요점들 중 하나에서, 하나님에 관하여 이렇게 세 가지를 주장한다:

> 나는 하나님이 어떻게 피조물 안에 거하시는지를 생각할 것이다. 모든 물질 안에서, 그것들이 존재하게 하시고, 모든 식물 안에서, 그것들에게 생명을 주시고, 모든 동물 안에서, 그것들에게 감각을 주시고, 모든 사람들 안에서, 그들에게 지성을 부여하신다. 그리고 마지막으로 이런 방식으로 내 안에 거하시면서, 내게 존재와 생명, 감각, 지성을 부여하시고, 그리고 더 나아가, 나를 그 분의 성전이 되게 하신다. 왜냐하면 나는 그 거룩하신 분의 모양과 형상으로 창조되었기 때문이다.[20]

하나님의 섭리적인 돌보심(provident care)은 인간의 형체를 가지신 예수님 안에서 나타났다. 예수님은 하나님이 누구이신지 그리고 우리가 우리의 창조자와 어떻게 조화를 이루며 살아야 하는지를 이해하는 최고의 근거가 된다. 우리에게 오셨던 예수님은 이번에는 성령을 보내어 우리와 함께 있게 하시고 우리가 알아야 할 모든 것을 우리에게 가르치게 하셨다. 예수님은 자기를 비우는 죽음을 통해 우리를 구원함으로써 지상에서 그의 사역을 마치셨다. 우리를 구원하는 사역은 이로써 완성되었으며, 예수님을 믿는 믿음을 통해 우리에게 적용되고 세례 가운데서 표현된다. 그래서 예수님은 분별의 궁극적 규범이다.

하나님에 관하여 말하는 것은 사람에 관하여 말하는 것으로 이어진다. 장 칼뱅(John Calvin)이 상기시킨 것처럼, 하나님을 아는 지식과 자기를 아는 지식 사이에는 필수적인 관련이 있다. 웨스트민스터 총회의 소요리문답 첫 번째 문장은 "사람의 첫째가는 목적이 무엇인가?"라는 질문에 대해 응답하는 것이다. 우리는 답한다. "하나님을 영화롭게 하고 그를 영원히 즐거워하는 것이다." 이냐시오도 비슷한 말을 남겼다. "인간은 하나님 우리 주님을 찬양하고 존경하고 섬기기 위해 창조되었고, 이를 통해 자기 영혼을 구원하도록 창조되었다."[21] 우리의 개별적인 삶에서 다양한 방식으로 표현되는, 이 목적을 수행하는 것이 우리의 가장 위대한 성취가 될 것이다. 우리가 "어떤 선택이 내가 창조된 목적과 가장 분명하게 일치하는가? 이 선택조건 중 어떤 것이 하나님께 가장 큰 찬양과 존경과 섬김을 가져오는가?"라고 질문할 때, 인간의 목적은 분별의 목적과 연결된다.

그러나 우리는 인류의 목적에 관해 말하는 것과 더불어 반역, 죄, 혼란, 그리고 소외를 지향하는 우리의 뿌리 깊은 성향을 인식해야 한다. 바울은 우리가 빠진 곤경을 이렇게 강력하게 표현했다: "내가 원하는 것은 행하지 아니하고 도리어 미워하는 것을 행함이라"(롬 7:15). 이 타락한 상태는 단지 개인들에게만 영향을 끼치는 것이 아니라, 인간의 손이 닿는 모든 것에 영향을 끼친다. 인간의 죄성은 우리의 분별에도 영향을 끼친다: 우리는 항상 자기 기만에 빠지는 경향이 있고, 우리의 진정한 목적보다는 부차적인 목적 또는 헛된 목적을 선택하는 경향이 있다. 그러므로 우리는 식별 과정에서 어리석게 미혹에 빠지지 않도록 견제와 균형을 필요로 한다.

하나님의 계획, 하나님의 뜻, 또는 내가 선호하는 표현인 하나님의 부르심이라고 불리는 것들과 관련해 몇 가지 껄끄러운 사안들이 있다. 하나님의 계획을 아는 것이 가능하기는 한가? 신명기 30장 14절은 우리에게 말한다. "오직 그 말씀이 네게 매우 가까워서 네 입에 있으며 네 마음에 있은즉 네가 이를 행할 수 있으리라." 하지만 우리는 하나님의 계획을 피조세계를 초월하는 것, 모든 것이 어우러져 맞아 떨어지는 청사진으로서 이해하려고 하는가? 그런 경우라면, 우리가 할 일은 그 계획이 무엇인지를 알아내서 거기에 부합하는 삶을 사는 것이다. 이런 신학적 방향은 우리가 일상생활에서 어떻게 행동할지에 관한 실마리를 성경에서 샅샅이 찾아내도록 권면한다. 또 어쩌면 하나님은 이미 누가 구원을 받을지 누구를 잃게 될지를 파악하고 계신다. 만약 그렇다면, 분별은 아무 변화도 일으키지 못한다. 하나님의 뜻만이 냉혹하게 이루어져갈 것이다. 이런 신학적 문제들이 기독교 공동체들을 갈라놓았다. 그것들을 해결하려고 나서지 않은 채, 분별을 위한 여지를 남겨주는 하나님-인간 의사소통을 이해하는 방법이 하나 있다.

이 이해는 전체로서의 우주와 함께 시작한다: 우주는 열려 있고, 유동적이며 발전한다. 우리 인간과 관련해서, 우리는 자연의 법칙이라고 부르는 유한성을 경험한다. 그러나 보다 거시적인 그리고 미시적인 시각으로 보면, 우주가 역동적이고 계속 변화하고 있다는 것을 알기 시작한다. 우주의 기원이나 양자역학에 대한 놀라운 이론들을 생각해 보라. 우주는 그것을 만드신 분을 반영하므로, 우리는 하나님 역시 역동적이시고 계속 변화하시며, 단순히 이미 창조된 것을 반복하는 것이 아니라 끊임없이 창조하시는 분이라고 기대할 수 있다. 그리고 우리가 하나님의 형상으로 창조되었으므로, 우리는 하나님과 함께 우리의 미래를 창조하는 일에 참여할 수 있다. 물론, 인간이 하나님처럼 자유한 것은 아니다. 예를 들어, 우리는 우리의 성향을 일정하게 미리 결정짓는 특별한 유전적 구조에 의해 내적으로 제한된다. 즉 특정한 문화, 정치제도, 그리고 우리가 태어난 가족, 그리고 우리의 성별, 사회경제적 상태, 그리고 민족 등에 의해서 제한된다. 우리는 또한 우리 자신의 선택에 의해서도 제한된다. 즉 우리는 어느 한 가지를 선택하면, 동시에 다른 모든 선택조건들을 가질 수 없다. 그러나 우리는 이런 제약조건들이 있음에도 하나님과 함께 우리의 특별한 미래를 공동 창조하고, 우리가 속한 공동체와 지구상의 모든 생명체의 집단적 미래에 이바지할 진정한 능력을 우리 안에 지니고 있다. 우리는 비록 제한적이기는 하지만 우리의 선택을 통하여 이 공동 창조의 능력을 발휘한다.

　다른 식으로 말해서, 모든 인간은 불확실한 미래를 대하고 있고, 자신이 내리는 결정에 의해 그 미래를 살아야 한다. 인간은 자신이 처한 특별하고 유한한 삶이라는 구체적 상황 안에서 자신이 부여받은 모든 생명과 기술을 가지고 하나님의 미래를 향해갈 때, 가장 깊은 수준의 자기-실현이 가능한 피조물이다. 그러므로, 우리의 성공은, 우리가 그렇게 될 수 있고 또한 우리의 구체적인 상황이 허락하는 가장 깊이 있고 가장 생명력 있는 사람이 되는 데에 있다.

우리는 하나님의 섭리적 돌보심 안에서 우리를 하나님의 자녀로서 살아가도록 돕고, 구체적인 상황과 한계 속에서 의욕적으로 풍성한 삶을 살아가도록 도와주는 은총의 수단(means of grace)을 갖고 있다. 이 은총의 수단들은 다음과 같다:

―성경: 기독교 신앙과 삶을 위한 규범서. 그러나 성경도 우리 눈에는 애매모호하고 그 자체가 분별을 필요로 한다. 우리는 성경 본문들이 더 복잡한 현실을 해석할 때, 오직 한 가지 해석이나 정답만이 있다는 주장을 거부한다는 사실을 기억해야 한다. 성경의 분별은 건전한 배움, 영감 있는 설교, 그리고 신앙 공동체 안에서의 증언 등을 통해 이루어진다. 선한 그리스도인들은 성경을 해석하여 다양한 강조점과 결과물을 얻을 수 있다.
―전통: 그리스도인의 삶과 신앙을 장려하는 데 유익한 것으로 입증된 성경 이외의 증거와 가르침들. 물론, 전통도 특정 공동체와 개인의 삶에 통합성을 가져오기 위해서는 분별되어야 한다.
―신앙 공동체: 신앙 공동체는 말씀과 성례전, 증거, 서로의 짐을 지기, 그리고 정의와 자비의 행위 등을 통해 신자들의 삶을 풍성케 하며 신앙 이야기들을 다시 들려준다. 이 공동체는 집단적으로 또는 신뢰받는 현명한 개인들을 통해 분별의 주요한 도움 자료 중 하나가 된다.

—성례전: 신자들의 삶 속에 있는 영적 생명이 성장하는 것을 증
거하고, 경축하고 영향을 끼치는 의식 행위들.
—개인의 신앙생활을 길러주는 풍부한 형태의 기도서와 문집들.
개인에게 가장 좋은 영성 실습을 찾는 것 자체가 분별의 내용이
되는 경우가 자주 있다. 개인적으로 그리고 공동체로 행하는 기
도는 분별에서 반드시 준비해야 하는 가장 중요한 한 가지이다.

하나님에 관하여 한 가지 덧붙이자면, 우리가 무엇을 하든지 또
는 하지 않든지, 하나님의 사랑 바깥으로 떨어지는 것은 불가능하
다. 시편 기자가 우리에게 질문하듯이, 우리가 하나님의 영을 떠나
어디로 도망갈 수 있을 것인가? 심지어 우리가 모태에 있을 때에도
하나님은 우리와 현존하신다(시 139). 이 현실이 우리를 위로할지
아니면 두렵게 할지는 분별에 들어서려는 우리의 의지와 매우 관련
이 있을 것이다. 이냐시오 로욜라가 삶 전체를 선택하는 과정을 복
음서에 나타난 예수님의 인성에 관한 긴 관상의 중간에 단호하게 가
져다 놓은 것은 우연이 아니다. 나사렛 예수님을 통해 이 하나님을
인격적으로 친밀하게 알게 되는 것은 우리의 분별에 더욱 강력한 기
초를 놓아주며, 하나님의 영은 분별의 결과가 무엇이든지 상관없이
여전히 우리와 함께 하신다는 것을 믿도록 도와준다.

이상의 것들은 나의 신학적 전제들 중 몇 가지이다. 분별 실습을
시작하려고 할 때, 우리가 갖고 있는 신학적 전제에 주의를 기울여
보는 것은 충분한 가치가 있다. 우리의 전제가 무엇이든지 간에, 모
든 신학적 전제들이 그렇듯이, 그것은 우리의 묵상에 색깔을 입히

고, 우리의 상상에 제한을 두며, 우리의 행동 범위를 설정해 줄 것이다. 그것들을 분명히 파악하는 것이 분별에 도움이 된다. 역으로 말해서, 분별은 우리가 지금껏 인식하지 못했던 전제들을 드러나게 할 수 있다.

한데 묶기: 결정을 분별하는 일곱 단계

분별을 사용해서 결정을 내리는 것은 어떻게 하는 것인가? 나는 분별된 결정 내리기는 서로 맞물려 있는 일곱 개의 단계를 진행해 나가는 것이라고 주장하는데, 그 단계는 분별이라는 방식을 통해 내려진 결정 안에 담긴 요소들을 가리키는 것이다. 그 단계는 결정의 처음 시작부터 분별을 통해 결론에 도달하기까지의 논리적 진행을 가리킨다. 그러나 실생활에서 일어나는 사건들은 일직선이라기보다는 원에 더 가까울 수 있다. 당신도 분별과 더불어 이 단계들의 진행이 내가 여기에서 제안하는 것보다는 덜 직선적임을 알게 될 것이다. 더 중요한 것은, 어떤 단계들은 규칙적으로 반복해야 하며(1, 4, 6, 7), 어떤 것들은 도중에 바꿀 수도 있다는 것이다(2, 3). 그럼에도 불구하고, 당신도 알게 되겠지만, 이 일곱 단계들은 항상 당신이 행하는 분별의 일부분이 될 것이다.

1. **영적 자유함을 추구하라.** 이 영적 자유함은 분별의 기반이 되며 분별에 필요한 분위기를 만들어주는 내적 성향이다. 사실, 영적 자유함을 얻고자 하는 이 기본적인 의도가 없이는, 분별은 자기-평가, 자기-개선, 또는 의사결정 기법으로 전락하고 만다. 그것은 모두 선하고 도움이 될 수 있지만, 분별은 아니다. 우리가 구해야 할 기본

적인 태도는, 다른 무엇보다 하나님께 영광이 되는 것을 갈망하는 것이다. 이 영적 자유함은 매우 근본적인 것일 뿐 아니라 우리 안의 창조하는 능력을 넘어서는 것이어서, 우리로 하여금 우리 자신의 곤고함과 마주치게 하며 그럼으로써 계속해서 기도해야 할 필요성에 직면하도록 만든다. 때때로 우리가 이끌어낼 수 있는 것이란, 하나님이 갈망하시는 것을 갈망하고자 하는 갈망이다! 하지만 목마름이 크든 작든, 하나님을 향한 갈망의 수준이 높든 그렇지 않든, 하나님의 부르심을 찾고자 하는 열심히 얼마나 되든, 이런 것들은 하나님의 영을 통해 일어나는 것이므로, 하나님은 그것을 온전한 것으로 받아들이신다. 여기서도 이 갈망은 반복된 분별과 매일 이어지는 기독교적인 삶을 통해 점점 더 커지는 자연스럽고 습관화된 삶의 방향이 될 수 있다.

2. 당신이 직면하고 있는 문제나 선택 사항을 발견하고 이름을 붙이라. 실제로 문제가 되는 것이 언제나 자명한 것은 아니다. 애매하고 사방으로 마구 뻗어나가는 주제는 이어지는 분별을 흐리게 하거나 심지어 방해할 수도 있다. 무엇이 문제인지 주의 깊게 판단하는 것은 분별해야 하는 문제를 명료하게 하는 데 도움이 될 뿐만 아니라, 실제로 분별의 핵심인 가려내기와 구별하기의 과정을 시작하게 한다.

3. 그 문제와 관련된 적절한 정보를 모으고 평가하라. 분별은 마술이 아니다. 분별을 위해서는 우리가 해야 하는 과제가 분명 있으며 그것을 해야 한다. 이어지는 결정이 얼마나 효과적이냐 하는 것은, 다양한 선택조건과 그 의미에 관해 정확한 정보를 얻는 정도에

따라 달라진다. 그러나, 결정 내리기가 분별과 정확하게 일치하는 것은 아니므로, 분별에 진전이 있음에도 불구하고 결정은 망치는 수가 있다. 그럼에도 실패한 결정 속에서도 은혜를 통해 제자도가 자라고 더 큰 영적 자유함을 얻으며, 하나님이 원하시는 것을 더 강하게 목말라하게 되는 것이 가능할 수 있다. 그러나 이 과정에서 우리에게 맡겨진 과제를 감당해야 한다는 점에서 신중함이 요청된다.

4. **성찰하고 기도하라.** 실제로 우리는 시작부터 기도해 왔다. 우리는 영적 자유함을 얻기 위해 기도한다. 우리는 기도 안에서 분별을 위한 주제를 선택하고 형성한다. 우리는 기도하는 마음으로 관련된 정보를 선택하고 살펴본다. 그러나 보다 집중된 방식으로 구별 과정을 시작할 때는, 기도에 우리의 주의를 새롭게 돌리는 것이 중요하다.

5. **잠정적인 결정을 내리라.** 우리가 결정에 이르도록 돕고, 그럼으로써 우리의 분별을 도울 수 있는 많은 방법들이 존재한다. 우리는 이 책에서 그 중 일곱 가지 방법을 살펴볼 것이다. 그러나 전통적으로 사용해온 다른 많은 대안들도 존재한다. 분별된 결정 내리기는 전통적이든 아니면 새롭게 고안된 것이든 관계없이, 분별하는 자료에 잘 맞고 하나님의 부르심을 추구하는 필수적인 성향과 함께 진행해 나가도록 도와주는 것이라면, 어떤 결정내리기 과정이든지 사용할 수 있다. 그러나 이 지점에서 내려진 결정은 일단 잠정적인 것임을 유의하라. 다른 중요한 단계가 남아 있다.

6. **확증을 구하라.** 이 단계에서 우리는 점점 분명해지는 결정을 포함해서 우리가 해왔던 작업들을 다시 되돌아보면서 기도를 통해

하나님께서 그것을 확증해 주실 것을 청한다. 다시 말해서, 우리는 우리가 올바른 과정에 있다는 것을 보여주는 내적 감각을 기다린다. 우리는, 전통적으로 성령이 역사하시는 증거라고 알려진 지표들인 시금석 또는 규범의 존재를 찾는다. 우리는 우리의 잠정적인 결정을 신앙 공동체에 가져가, 우리를 잘 아는 다른 사람들과 함께 있을 때 우리의 느낌을 살펴본다. 우리는 확증 단계에서 "분별을 분별한다." 그리고 "이끌림(the leadings)을 시험한다."

7. 과정을 평가하라. 아직도 분별은 완전히 끝나지 않았다. 우리는 전 과정을 돌아보고 조사한다. 혹시 우리가 영적 자유함 없이 행했던 부분이 있었는가? 혹시 평강을 잃어버렸던 지점은 없는가? 긴장으로 가득 찼던 부분이 있었는가? 우리는 어느 정도 시간이 흐른 다음에, 어떤 종류의 열매가 우리의 삶 속에 또 그 결과로서 다른 사람들의 삶 속에 나타났는지를 찾아본다. 이렇게 마지막으로 되돌아볼 때, 우리가 선택을 성실하게 잘 했고, 우리가 내린 결정이 함축하고 있는 것들 안에서 살아갈 때 하나님께서 우리와 함께 하실 것이라는 더 강한 확신을 가질 수 있다. 그러나 무엇인가가 잘못되었다면, 어떻게 그런 일이 일어났는지에 주의를 기울이고, 그럼으로써 미래에 그런 일을 방지하는 것에 더 주의를 기울일 수 있다. 어떤 경우라도 버릴 것은 결코 없다.

좋은 결정 내리기란 초점이 있는 명확한 질문을 만들고, 중요하고 관련된 정보를 모아서 평가하며, 결정에 이르기 위해 다양한 과정들을 사용하고, 과정을 평가하기 위해 되돌아보는 것이다. 이 가운데 첫 번째, 네 번째, 그리고 여섯 번째 단계는 결정 내리기에서 행하는 분별 과정의 특징적인 것들이다. 우리는 분별할 때 하나님을 따르려는 갈망과 함께 시작하며 과정의 모든 단계마다 기도한다. 그리고 우리의 잠정적인 결정을 하나님께 확증을 받기 위해 한번 더 기도로 가져간다.

사실, 이 일곱 단계는 이 책의 나머지 부분의 윤곽을 제시해 준다. 2장은 이어지는 모든 장들의 기초인 영적 자유함의 개념을 펼친다. 3장은 분별의 주제를 발견하고 형성하고 적합한 정보를 얻도록 이끈다. 4-10장들은 다섯 번째 단계를 상술하면서, 잠정적인 결정을 구성하고, 기도하면서 결정에 이르는 일곱 가지 방법들을 제공한다. 그리고 11장에서는 확증을 구하고 과정을 돌아보는 법을 배운다.

자주 하는 질문들

분별을 배우는 사람들은 통상적으로 다음과 같은 질문을 한다:

1. 우리는 의사결정 과정에서 언제 분별을 사용해야 하는가? 사실 나는 우리의 모든 결정 과정에서 하나님을 찾고자 갈망하는 태도로 임하기를 희망한다. 우리의 삶이 하나님의 부르심에 더욱 일치되어 갈수록, 우리의 모든 결정은 아무리 작은 것이라고 해도 이 일치에서, 우리가 거의 의식하지 못하는 사이에, 흘러나오게 된다. 나는 당신이 주요한 결정의 시기가 다가올 때 의식적으로 그리고 어느 정도는 공식적으로 분별을 사용하기를 촉구한다.

2. 분별은 옳음과 그름, 선과 악의 구별을 다루는가? 우리가 직면하고 있는 선택이 윤리적으로 악한 행동과 중립적이거나 선한 것 사이에 있을 때, 엄격히 말해 이것은 분별할 문제가 아니다. 하나님은

우리가 어떤 악을 행하도록 결코 부르시지 않는다. 예를 들어, 우리는 소득세를 속일 것인가 말 것인가를 분별하지 않는다. 그러나 도덕적으로 모호한 세상에서, 선과 악의 차이가 매우 분명하지 않을 때가 있고, 분별은 이런 모호한 상황에서 도움이 될 수 있다. 우리가 소득에서 십일조를 할 것인지 말 것인지, 또는 양심 때문에 소득세를 원천징수할 것인지 말 것인지에 대해 분별하는 것은 당연하다. 기독교 영성훈련으로서 분별은, 어떤 사람이 두 가지 '좋은' 선택들 사이에서, 또는 '좋은' 선택과 '더 좋은' 선택 사이에서 결정해야 할 때, 또한 때때로 도덕적으로 모호한 선택들을 구분할 때 사용하는 것이 적절하다.

3. 분별은 얼마나 확실한가? 당신은 아마도 내가 하나님의 뜻을 행하고 있다는 것을 어떻게 확신할 수 있는가에 대해 의문을 품을 것이다. '절대적인 확실함'이란 불가능하다. 우리는 믿음이 필요하다는 사실을 제쳐 두고 갈 수 없다. 우리가 분별을 통해 분명히 얻는 것은 우리의 결정들에 관한 '상대적인 확신'이다. 우리는 이 확신과 함께 조심스럽고 의식적으로 하나님이 우리에게 말씀하실지도 모르는 것을 듣기 위해 우리 자신을 제쳐두려고 노력했으며, 듣는 것과 또한 결정을 행동으로 옮기는 것으로부터 우리를 방해할지도 모르는 어떤 장애물들을 제거하려고 노력했다는 것을 알고 있다. 우리의 유한한 역량을 고려할 때, 하나님이 우리에게 요청하시는 도덕적 확실성은 이 정도 수준이다.

4. 분별은 언제나 옳은 결정으로 이끄는가? 이 질문에 대한 대답은 '옳음'의 의미에 달려 있다. '옳음'이 우리의 가장 깊고 가장 선

한 자아로부터 흘러나오는 하나님의 부르심에 가장 가까이 일치하는 결정을 의미한다면, 그 답은 "예"이다. '옳음'이 우리의 능력을 최대한도로 듣기와 따라가기에 돌리는 것이라면, 그 답은 확실히 "예"이다. 그러나 분별에서 보통 일어나는 실수는, 일단 분별을 마치면 그 결정의 결과는 명료해야 한다거나 모든 것이 우리가 상상한 대로 이루어져야 한다고 가정하는 것이다. 반드시 그럴 필요는 없다. 이런 가정을 세우는 것이 모든 혼란의 원인이 된다. 예를 들어, 어떤 한 가정이 주의 깊은 분별을 거쳐 새로운 환경적 유익을 얻기 위해 집을 팔고, 짐을 싸서 나라를 횡단해서 이사를 했는데, 그곳에 가서 보니 일자리를 잡을 수 없다는 것을 알게 되었다고 가정해 보라. 이런 의미에서 보면, 분별이 '옳은' 답을 제공했다고 할 수 없다. 분별의 과정에서 우리 앞에 놓였던 선택 조건들을 생각해 보면, 우리의 결정은 우리가 모은 자료들에 의해 좌우될 수밖에 없다. 우리는 또한 우리가 예상하지 못한 힘들에 종속될 수도 있다. 하나님은 이런 것들에서 우리를 보호해 주지 않으신다. 그러나 하나님은 우리를 이런 예상치 못한 상황의 한 가운데에 내버려두지 않으신다. 그래서, 우리는 우리가 듣고 응답하기 위해 최선을 다했다는 것을 기억하면서, 하나님께 다음과 같이 말씀드릴 수 있다. "이제 어떻게 합니까?" 분별은 이와 같이 결과에 대한 확실성을 얻거나 또는 자신이 옳다는 것에 대한 확신을 얻는 것이 아니라, 우리의 결정 안에서 그리고 그 결정들을 통하여 하나님을 추구하는 것이다.

그리고, 하나님은 발견되기를 원하신다.

2. 영적 분별의 기초
The Foundations of Discernment

큰 갈망, 열정, 동기, 사랑과 증오, 그리고 거기서부터 나오는 결정들. 이것이 분별의 재료이다. 분별은 단순히 결정내리는 것 그 이상의 것이다. 그것은 삶의 방식이며, 특별히 구별하는 삶의 방식을 가리킨다. 우리는 그 안에서 우리의 내적이고 외적인 행위들이 어떻게 하나님 안에서 우리의 정체성에 영향을 주는지를 보다 쉽고 정확하게 알아차리게 된다. 하지만 결정 내리기와 관련된 분별 실습은 전반적인 삶의 방식 가운데 일부분일 뿐이다.

우리는 이 장에서 이런 분별하는 생활방식의 기초 중 다섯 가지를 살펴본다: 즉 분별에서 갈망의 중요성, 사랑받으며 동시에 구원받은 죄인인 우리 자신을 이해하는 경험, 하나님과 공동 창조자(co-reators)로서 우리의 역할, 영적 불편심(indifference, 不偏心, 한쪽으로 기울지 않은 균형 잡힌 마음)의 의미와 실습, 그리고 우리의 삶

속에서 더 갈망하도록 만드는 부르심이다. 우리는 계속되는 분별 실습의 기초를 내면화하는 데 도움이 되는 세 가지 실습을 배우게 될 것이다.

갈망과 분별

지그문트 프로이드(Sigmund Freud)는 일찍이 꿈은 무의식에 이르는 왕도라고 말했다. 분별에서는, 갈망이 자기 지식(self-knowledge)에 이르는 왕도이다.¹ 그리고, 장 칼뱅이 분명히 지적했듯이, 자기 지식은 직접적으로 하나님 지식(knowledge of God)과 연결된다. 즉, 우리가 우리의 가장 깊은 갈망들을 알게 될 때, 우리 자신에 관해서 뿐 아니라 하나님에 관하여 중요한 것을 알게 된다. 왜냐하면 우리의 가장 깊은 갈망들은 같은 하나님으로부터 나오고 같은 하나님을 가리키기 때문이다.

실습: 마음의 갈망 찾기

갈망은 분별에서 핵심적인 역할을 한다. 갈망은 우리의 전 자아를 하나님께 가져가도록 돕는다. 이제 우리는 마음의 가장 기본적인 갈망이 무엇인지를 확인하게 될 것이다. 먼저 당신의 몸, 즉 몸이 느끼는 어떤 긴장, 피로, 가벼움, 또는 몸이 전달하는 에너지에 주의를 집중함으로써 기도할 준비를 하라. 그런 후에 분주하고 시끄럽게 재잘거리고, 이름 짓고, 판단하며, 계획을 세우는 당신의 마음에 주의를 집중하라.

당신의 몸을 차분한 주의집중(relaxed attentiveness)으로 초대하고 이어서 당신의 마음을 몇 분 동안 쉬도록 초대하라. 호흡을 억지로 변화시키려고 하지 말고 부드럽게 주의를 기울이면 당신의 몸과 마음에 기울이는 노력에 도움이 될 수 있다.

1. 이 시간을 하나님께 드리라. 당신의 가장 깊은 갈망을 알아차릴 수 있도록, 그 갈망을 정확하게 이름붙일 수 있도록, 그리고 당신이 발견한 것에 적절하게 반응할 수 있도록 성령의 빛을 구하라.

2. 하나님의 현존 앞에 잠잠히 앉은 상태에서 준비가 되었다면 스스로에게 질문하라,

"지금 이 순간, 내가 원하는 것은 무엇인가?"

3. 당신이 원하는 것이 무엇인지를 인식했으면, 그것에 이름을 붙이고 영성일지에 기록한다. 차분한 주의 집중 상태로 돌아온다. 다시 질문한다:

"지금 이 순간, 내가 원하는 것은 무엇인가?"

4. 다시 알아차리고, 이름을 붙이고, 영성일지에 기록한다.

(다른 갈망이 더 이상 떠오르지 않을 때까지, 이 과정을 반복한다.)

각각의 과정 후에, 차분한 주의집중 상태로 돌아간다.)

5. 이제 당신이 이름을 붙인 모든 갈망들을 바라보라. 무엇이 가장 핵심적이고, 가장 중요하고, 가장 끌리고, 가장 에너지가 넘치는지 살펴보라. 현재 가장 핵심적이라고 생각되는 갈망을 선택하여 거기에 주의를 기울여보라.

6. 그 갈망을 (또는 당신 자신을) 판단하지 말고, 질문하라,

"이 갈망 아래에 무엇이 있는가? 이 갈망보다도 더 근본적인 갈망 은 무엇인가?"

7. 이어서 떠오르는 각각의 갈망에 부드럽게 반복해서 같은 질문을 해보라.

"이 갈망 아래에 더 근본적인 갈망이 있는가?"

8. 가장 깊은 갈망에 도달했을 때, 그것을 당신의 정체성과 관련해서 핵심이 되는 갈망으로서 존중하라.

9. 마지막으로, 지금 이 순간 당신의 정체성의 한 표현으로서 그 갈망을 있는 그대로 하나님께 돌려드린다.

갈망은 또한 우리가 지닌 열정의 강한 표현이고 이 열정은 우리를 움직여 행동하게 하는 것이다. 그래서 우리의 갈망이 어떤 것인지 알 때 우리가 선악간에 어떤 가장 강력한 행동을 할 가능성이 있는지 주의를 기울일 수 있다. 우리가 갈망에 적절히 대응할 때, 그 갈망들이 언제 서로 충돌하는지, 그래서 우리를 마음의 갈등으로 이끌어 다른 더 중요한 문제들에 사용할 에너지를 끌어오게 되는지를 알게 된다.

그러나 갈망이란 모호한 것이다. 그것은 우리의 진정한 삶의 방향의 표지가 될 수도 있고 혼란을 일으키는 것이 될 수도 있다. 갈망은 하나님이 우리를 어떤 사람으로 창조하셨는지를 말해 주는 진정한 표현이 될 수도 있고, 아니면 하나님이 우리에게 주신 정체성과 거리가 먼 일시적 충동을 가리키는 것일 수도 있다. 그러므로 우리의 갈망을 알고 평가할 수 있게 되는 것은 분별에 필수적인 요소이다. 이 장의 서두에 나오는 "마음의 갈망 찾기"라는 실습은, 우리의 갈망들이 실제로 어떤 것인지를 판단하지는 않고, 다만 알아차리기 시작하는 방법을 제공해 준다. 우리는 하나님의 임재 안에서, 단순히 그것들이 표면에 떠오르게 한 뒤에 그보다 더 중요한 갈망이 어떤 것인지 파악하려고 한다. 그리고 그것을 찾으면, 우리 자아의 표현으로서 하나님께 올려드린다.

이냐시오 로욜라는 분별에서 갈망이 차지하고 있는 위치에 대해 분명한 안내를 제공한다. 사실, 이냐시오 자신이 강한 갈망을 지닌 사람이었다. 어쩌면 그는 자신의 갈망이 앞으로 나아갈 동기가 되기도 하고 떠밀기도 하지만 다른 한편으로는 심각한 딜레마에 빠지게 하는 것을 보면서 갈망의 역할에 관해 성찰하게 되었을 것이다. 그는 자신의 「영신수련」을 만들어낸 집중적인 기도의 시간 동안, 자주 피정자들에게 이렇게 안내한다: "당신이 갈망하는 것을 구하시오." 그리고 갈망에 해당하는 것들을 제시한다. 예를 들면, 성육신 관상(Contemplation on the Incarnation)에서는 다음과 같이 적고 있다: "세 번째 길잡이는 내가 원하는 것을 청하는 것이다. 여기서는 나를 위해 사람이 되신 주님에 대한 내적 지식을 청하는데 이로써 그 분을 더 뜨겁게 사랑하고 더 가까이 따르려는 것이다."[2] 그는 다음과 같이 말하는 것 같다. "이 수련을 행하며 기도할 때, 이것이 당신이 갈망해야 할 가장 중요한 것입니다."

이냐시오는 모든 갈망이 똑같이 조심스럽게 키워야 할 가치가 있다고 믿지 않았으며, 우리도 그래야 한다. 나의 갈망들 중 어떤 것이 가치가 있는가? 나는 그 차이를 어떻게 알 수 있는가? 이냐시오에게, 갈망의 변화를 알아차리는 것이 영들을 분별하는 재료가 된다.

그러나 그 수준에 이르기 전에 우리는 먼저 우리의 갈망이 주의를 기울이기에 충분할 정도로 의미가 있다고 믿어야 한다. 만약에 우리의 갈망이 별로 중요하지 않다거나, 다른 사람이 무엇이 중요한지 말해줄 것이라거나, 또는 우리가 지닌 갈망은 어떤 것이든지 하나님이 원하시는 것과는 반대가 될 것이라고 믿는다면 우리는 우리의 갈망들을 신뢰하지 못할 것이다. 아니 어쩌면 우리의 갈망이 무엇인지 알지도 못할 것이다. 또한 우리가 정말로 누구인지를 알 수 없게 될 것이다. 우리의 정체성은 우리가 가장 깊이 원하는 것들에 의해 드러나는 것처럼, 우리가 헌신하는 것들 안에 나타난다. 그러나 우리를 하나님께 더 가까이 인도해 갈 수도 있는 우리의 갈망 속에 담긴 진정한 핵심, 즉 우리의 갈망하는 행위를 통해 표현되는 핵심을 찾을 수 없다면 그것이야말로 우리가 겪을 수 있는 가장 커다란 상실인 것이다.[3]

가장 깊은 갈망을 추구할 때, 우리는 계속해서 여러 가지 것들을 인지하게 될 것이다. 예를 들어, 우리는 우리가 서로 충돌하는 온갖 갈망의 덩어리라는 것을 알게 된다. 문화는 우리가 무엇을 원해야 하는지에 대해 매일 수천 개의 메시지를 퍼붓는다. 나는 예를 들어 새로 나온 평면 TV를 가지려는 의도가 없었으나, 어느 날 전시장 앞을 지나가다(물론, 모든 상품이 켜져 있었다) 그 선명한 색상을 보는 순간 순식간에 그것을 갖고 싶어졌다. 그것은 확실히 십칠 년 된 내 중고 TV를 버리고 싶게 만들었다. 그러나 나에게 그것이 필요한가? 아니다, 비록 내 마음 한 구석은 그것을 원할지라도. 우선 내가 백화점에 간 이유는 제작년도를 알 수 없는 세탁기가 수리 기간이 훨씬 지났기 때문이었다. 나는 빨래, 헹굼, 탈수가 되는 기본 모델을 찾을 의도였다. 그러나 나는 거기서 전기와 물을 매우 적게 사용하는 초절전 고효율의 드럼 세탁기를 보았다. 절수와 절전. 좋지 않은가? 당연하다. 그래서 나는 더 좋은 기계를 원하게 되었다. 더 좋은 세탁기뿐만 아니라 평면 TV에 대한 갈망도 생기고 말았다. 문화가 보내주는 문자 그대로 수천 개의 메시지들에 의해 발생하는 이 작은 딜레마들에 곱셈을 해보라: 당신은 정말 …이 필요하다, 만약 …하면 당신은 더 매력적으로 보일 것이다, 만약 …하면 당신의 사업은 더 많은 돈을 벌게 될 것이다, 정말로 중요한 것은 …이다, 정말로 '중요한' 것이 무엇인지 항상 분명하지는 않다. 그것을 깨닫기 위해서는 우리가 누구인지 그리고 우리가 어디로 가고 있는지를 알아야 한다. 이것이 분별의 내용이다.

우리는 우리의 많은 갈망들, 심지어는 오랫동안 갖고 있는 갈망들을 항상 인식하는 것은 아니다. 내가 어떤 특별한 문제에 대해 생각하고 또 생각할 때, 나의 영성지도자는 나의 순환논리를 깨고 들어와 이렇게 말한다. "맞아요, 그런데 당신이 정말 '원하는' 것이 무엇입니까?" 또는 "'당신이' 정말로 원하는 것이 무엇입니까?" 일단 내가 원하는 것이 무엇인지 파악할 수 있게 되면, 서로 충돌을 일으키는 나의 욕구들의 무게를 달아 나의 가장 큰 갈망이 무엇인지 찾게 된다. 그 가장 커다란 갈망에 비춰보면서, 나는 나에게 주어진 여러 가지 선택조건들의 상대적 중요성에 대해 어느 정도 분명히 알 수 있게 된다.

심리학자들은, 스스로는 인식하지 못하는 어떤 갈망이 문제를 일으키는 경우를 "저항"(resistance)이라고 이름 붙인다. 저항이란, 대개는 우리가 의식하지 못하고 있는 보다 큰 갈망이 이미 의식하고 있는 다른 갈망을 억누를 때 작용하는 힘을 말한다. 이 문제는 우리가 이런 갈등을 일으키는 갈망이 존재한다는 것을 의식하지 못하기 때문에 온다. 필립 쉘드레이크(Philip Sheldrake)는 갈망이 어떻게 정신에 에너지와 방향을 주는지를 지적하는 가운데 저항의 훌륭한 예를 보여준다:

나는 약 이십오 년 만에 담배를 끊을 수 있게 되면서, 꽤 직접적인 방식으로 [갈망이 지닌 힘을] 스스로 발견했다. 나는 오랫동안 그렇게 하는 것이 현명하다는 것을 알고 있었다. 그런 의미에서 나는 그것을 희망했다. 문제는, 다른 차원에서 나는 여전히 담배를 피우는 것의 즐거움이 내 몸에, 그럼으로써 나 자신에게 피해를 입힌다는 깨달음보다 더 크다는 사실을 발견했다는 것이다. 그래서 담배를 끊으려는 모든 노력이 며칠 후 또는 몇 주 후에는 수포로 돌아갔다. 이러기를 몇 년을 계속했고, 마침내 안식년 도중에 나는 이렇게 말했다. "나는 담배를 원하지 않는다. 나는 담배를 끊기를 확실히 원한다. 나는 끊으려고 한다." 그런 후에 놀랍게도 나는 담배를 끊었다.[4]

쉘드레이크는 담배가 주는 즐거움을 바라는 보다 근본적인 갈망을 인식하고 변화시킬 수 있을 때까지 담배를 끊으려는 의지를 작동시킬 수 없었다. 비슷한 상황이 우리 모두의 삶에서도 반복해서 벌어진다. 우리는, 바울처럼, 원하지 않는 것을 하고, 원하는 것은 하지 않는다. 때때로, 우리는 우리의 인식 밖에 있던 우리가 '정말로' 갈망하는 것을 어렴풋이 붙잡는다. 그런 일이 일어날 때, 우리는 우리가 되고자 하는 사람과 조금 더 가까운 존재가 되기를 갈망하는 은총을 달라고 구할 수 있다. 그러나 때로는 그 갈등이 너무나 크거나, 그 갈망이 우리의 의식과 너무도 동떨어지거나, 그 대가를 치르기가 너무 비싸 보일 때도 있다. 그럴 때 우리가 할 수 있는 일은 우리 자신을 하나님의 긍휼하심에 맡기고, 이전과는 다르게 원하는 갈망을 구하는 것뿐이다. 그 작은 자발적 의지는 우리의 몫이다. 하나님은 우리의 이 작은 협력, 즉 겨우 무언가를 원하는 갈망만을 가지고서도 우리의 마음을 변화시키기 시작하신다.

우리가 우리의 갈망에 점점 더 익숙해질수록, 심각한 내적 문제를 더 잘 인식하게 된다: 그것은 우리가 근본에서부터 나뉘어져 있다는 사실이다. 갈망에 대해 잘 아는 토머스 머튼(Thomas Merton)은 자신 안에 있는 이 딜레마를 인식했다: "진정한 자기 자신이 되기 위해서는, 지금까지 항상 그렇게 되기를 원한다고 생각했던 그런 사람이 되기를 멈추어야만 한다. 그리고 나 자신을 찾기 위해, 자신 밖으로 나가야 하며, 살기 위해서는 죽어야 한다. …그 이유는 내가 이기심으로 똘똘 뭉친 채 태어났기 때문이다. 그러므로 나 자신을 더 실제적이며 나 자신이 되게 하려는 노력은 자연스럽게 나를 덜 실제적인 존재이자 덜 나 자신인 존재로 만든다. 왜냐하면 그런 노력들이 거짓의 주위를 돌고 있기 때문이다."[5] 이런 자기-소외는 우리의 힘으로 고칠 수 없다. 비록 그것은 단번에 극복될 수는 있지만, 그 결과는 여전히 우리에게 남아 있다. 우리의 분열됨을 드러내시고, 우리의 갈망을 정화시키는 선택을 하도록 도우시고, 우리가 앞으로 내딛는 발걸음이 아무리 작더라도 더욱 성실하게 행동하도록 도우시는 하나님의 구원하는 자비에 기대는 것 말고는 그 무엇도 이 내적 분열을 고칠 수 없다.

이렇게 할 때, 우리는 또한 우리의 갈망이 우리로 하여금 소명을 바라보게 만든다는 것을 인식하기 시작할 것이다. 프레드릭 뷰크너(Frederick Buechner)가 말했듯이, "하나님이 당신을 부르시는 장소는 당신의 깊은 즐거움과 세상의 깊은 배고픔이 만나는 곳이다."[6] 뷰

크너는 '갈망'을 "깊은 즐거움"이라고 표현했다. 왜냐하면 모든 갈망이 소명적 헌신(vocational commitment)의 가치가 있는 것은 아니기 때문이다. 이냐시오 로욜라도 마찬가지로 우리의 깊은 갈망들은 교화될 필요가 있다고 인식했다. 그는 피정에 참여한 사람들이 성찰을 통해 그들의 갈망을 파악해 보도록 지도했고, 그리스도의 빛 아래에서 그들의 소명적 선택(vocational choice)을 살펴보도록 가르쳤다. 이냐시오에게, 그리스도의 현존만큼이나 우리의 정화된 갈망을 세상의 깊은 필요에 가져가기에 적합한 환경은 없다.

진실한 기도는 우리의 갈망들을 체계화하도록 도와준다. 우리가 계속해서 우리의 결함이 있고 파편적이고 갈등을 일으키는 갈망들을 하나님께 가져가면, 그것들이 정리되는 것을 알게 된다.[7] 앤과 배리 울라노프(Ann and Barry Ulanov)는 이렇게 말했다. "기도는 우리의 갈망이 우리를 향한 하나님의 갈망을 받아들일 때까지 우리의 갈망을 확장시켜준다. 우리는 기도 안에서 우리를 향한 하나님의 갈망, 즉 성령이 거주해도 될 정도로 크게 자라간다."[8] 매일 실시하는 의식 성찰은 우리의 마음을 확장시키는 우리의 협력자가 될 수 있다. 우리가 가진 갈망이라는 렌즈를 통해 성찰기도를 하면, 갈등하고 있는 우리의 갈망을 알아차릴 수 있고, 그것을 하나님의 은총에 맡길 수 있으며, 그 다음 날에 있을 도전에 응하고자 하는 갈망을 기대하고 형성할 수 있다.[9] 우리의 기도는 우리의 갈망에 초점이 맞추어져 있다. 우리의 갈망은 우리의 기도 안에 거한다.

갈망은 분별에 영향을 미치는 일을 결코 멈추지 않는다. 우리가 진정한 갈망의 위치를 파악하고 인정하기 시작하면, 다음과 같은 질문을 통하여 그것들을 분별을 위한 다림줄로 사용할 수 있다: 이 행동은 나의 진정한 갈망으로부터 흘러나오는가?

실습: 개인사(personal history) 기억하기

당신의 결정과 행동이 어떻게 당신의 지금 모습에 영향을 끼쳤는가? 이 기도 수련은 당신의 죄와 구원의 역사를 기록하도록 돕는다. 이 수련의 목적은 자신을 정죄하는 것이 아니라, 하나님이 보시는 것처럼 자신을 보는 것이다. 만일 당신이 자기 정죄에 빠져버렸다고 생각되면, 첫 단계로 돌아와서 당신의 초점이 당신을 사랑하시는 하나님의 현존에 머물러 있게 하라.

1. 잠잠히 깊은 침묵 가운데로 내려가라. 당신이 모태에 있던 때부터 아시는 하나님께(시 139편), 공기처럼 당신 주위에 둘러싸고 있는 하나님의 현존을 인식할 수 있게 해달라고 요청하라.

2. 사랑의 하나님의 현존 안에서 당신의 삶을 되돌아보아 무슨 일이 있었는지를 단순하고 겸손하게 살펴보라. 먼저, 스스로를 정죄하지 말고, 당신이 행한 가슴 아프고, 소외시키고, 부정적이고, 죄악된 것들이(또한 당신이 실천하기를 피했던 긍정적인 것들도) 의식에 떠오르게 하라. 이 기억들을 각각 영성일지에 기록하라. 그리고 간단한 슬픔의 기도를 드리라.

3. 다음으로, 스스로를 정죄하거나 축하하지 말고, 비슷한 방법으로 이번에는 당신이 살아오면서 받은 의미심장한 축복과 은총의 역사를 떠올려보라. 이 기억을 영성일지에 기록하면서 간단히 감사의 기도를 드리라.

4. 당신은 이 두 가지 목록을 보면서 하나님께 무슨 말씀을 드리고 싶은가? 당신 자신의 방식으로 말씀드려보라. 영성일지에 기록할 수도 있다.

5. 당신을 향한 하나님의 말씀을 들으라: "너희의 죄가 주홍 같을지라도 눈과 같이 희어질 것이다"(사 1:18). "여호와의 인자와 긍휼이 무궁하시므로 우리가 진멸되지 아니함이니이다 이것들이 아침마다 새로우니 주의 성실하심이 크시도소이다"(애 3:22-33).

사랑받고 구원받은 죄인

분별의 다른 또 하나의 기초는 우리의 정체성에서 나온다: 우리는 깊이 사랑받는 죄인이며, 사랑받는 아들과 딸이라는 지금의 지위로 회복된 죄인들이다. 우리는 기도하며 자신의 개인사를 돌아봄으로써 이 두 갈래의 현실을 분명히 인식할 수 있다. 우리는 죄인이면서, 또한 구원받았다. 우리는 이 방정식의 양쪽 면을 깊이 경험적으로 이해해야만 한다.

죄성에 대한 깊은 깨달음이 없는 한, 우리의 구원은 우리 자신의 삶과 아무 관계가 없는 빈 말이 되고 만다. 우리는 인격적으로 예수님이 무엇을 하셨는지 깨달을 수가 없고, 그 선한 목자께서 얼마나 부지런히 우리를 찾았는지 알 수 없고, 또한 하나님의 자비가 우리에게까지 미쳤다는 것을 믿을 수 없다. 그러나 그 방정식의 다른 면, 즉 우리가 구원받았다는 사실을 아는 것도 똑같이 중요하다. 유명한 설교자 조나단 에드워즈(Jonathan Edwards)를 비롯하여 "내가 구원받았는지 어떻게 확실히 알 수 있는가?"라는 질문에 깊이 사로잡힌 청교도 신학자들은, 신실한 자들이 하나님의 사랑의 팔에 안겨있다는 것과 그들의 구원을 안심할 수 있도록 재확인해 주는 증거들의 목록을 만들었다. 에드워즈의 신뢰할 수 있는 증거와 신뢰할 수 없는 증거의 목록은 그의 교회 신자들의 궁금증을 해결해 주었을 뿐만 아니라, 분별에 대한 우리의 이해에 통찰력 있는 기여를 했다. (에드워즈가 제시한 증거들은 결론 부분에서 다시 다루겠다.)

우리가 어느 쪽이든지, 이 방정식의 한쪽 면만을 믿는다면, 우리에게는 분별이 필요 없을 것이다. 죄인은 앞으로 무엇을 하든 상관없이 망하고, 구원받은 사람은 이미 "이루었기" 때문에 어떤 노력도 기울일 필요가 없다. 그러나, 우리가 분명 죄인이면서도 또한 사랑받고 구원받았다는 현실을 함께 붙잡는 것은 우리가 분별을 해야 하는 이유가 된다. 우리는 여전히 우리의 죄악된 상태에서 나오는 불확실함을 드러내며, 또한 무엇을 선택해야 할지 알 수 없다. 그러나 우리는 또한 현명하게 선택하려는 우리의 노력이 언제나 우리를 사랑하시는 아버지로부터 존중받을 것임을 안다.

하나님과 공동 창조자

1장에서 확인한 바와 같이, 인간은 자유롭게 하나님과 공동 창조한다. 이 주장은 분별의 기초로서 결정적이다. 이것을 믿지 않으면, 우리에게 근본적으로 선택의 자유가 있다는 것이나, 우리의 선택이 우리를 향한 하나님의 부르심을 드러낼 수 있음을 믿지 않는 것이 된다. 그렇게 되면 분별은 중요한 것이 아니게 된다.

먼저, 이야기 하나. 어떤 젊은 여인이 피정 지도자에게 자신의 관대함이 늘어나고 있고, 하나님의 뜻을 기꺼이 행하려는 자발성이 커지고 있다고 말했다. "저는 그냥 기다리고 있어요." 그녀는 말했다. "예수님이 무엇을 원하시는지 저에게 말씀해 주실 때까지요. 그분이 말씀해 주시면 저는 그 일을 행할 거예요." 그녀의 지도자는 잠시 뜸을 들인 후에 대답했다: "어쩌면 하나님은 당신이 무엇을 하고 싶은지 결정하기를 기다리시고, 그 일에 동참하실 것이라는 생각을 한 적이 없나요?" 이런 생각은 그녀에게 완전히 생소한 것이었다. 그녀와 그 지도자는 이것이 무슨 의미인가를 살펴보는 과정에서 그녀가 자유함을 잃지 않으면서도 새로운 가능성과 책임감을 발견할 수 있음을 배우기 시작했다. 그녀가 선택한다는 것은 그 자체로 하나님의 뜻을 따르는 일에 반하는 것이 아니었다. 하나님의 뜻은 그녀의 선택을 통해서도 명백해질 수 있는 것이다.

우리는 하나님의 도움과 안내를 의지하여 유한한 삶의 테두리 안에서 우리의 인생행로를 개척할 책임이 있다.[10] 인생을 개척하는 것은 어른이 된다는 것의 중요한 한 부분이며, 우리는 이 책임을 다른 사람에게 넘길 수 없다.

이 책임은 그 자체로 어마어마한 짐이 될 수 있다. 그러나 그 말 역시 단지 진실의 절반만 이야기해 줄 뿐이다. 나머지 절반의 사실은 인류를 창조할 때 선택할 능력을 주신 분이 하나님이고, 우리의 선택하는 바로 그 행위를 하나님 자신의 창조적인 자기선물(self-gift)의 표현으로 여기고 지지하시는 분이 하나님이라는 사실이다. 하나님은 우리 각자에게 독특한 인성과 또한 결정하는 능력을 선물로 주셨다. 하나님이 우리를 창조하셨기 때문에 하나님만이 우리 인생에서 가장 의미 있는 것이 무엇인지를 아신다. 그러나 하나님은 사소한 일에 이르기까지 우리 인생의 모든 것을 자세하게 지시하지는 않으신다. 하나님은 우리 인생의 구체적인 부분들은 우리가 꽤 자유롭게 결정하도록 하신다. 그러나 그와 동시에 사랑, 돌봄, 구원 그리고 은총을 제공하셔서 우리가 그 안에서 성숙에 이를 수 있게 하신다. 사실, 하나님의 사랑은 각각의 자유롭고 독특한 개인 안에 구체적으로 구현되어 있다.

이런 상황에서, 우리는 하나님의 뜻이 역동적이면서도 항구적이라고 이해할 수 있다. 하나님의 뜻은 우리의 삶이 펼쳐지는 가운데 발견되는 새로운 의미들로 가득 차 있지만, 또한 은총, 구원, 그리고 궁극적 돌봄의 약속에 있어서 항구적이다. 우리는 지속적인 하나님과의 관계를 통해 하나님의 뜻을 따르며, 그분은 우리가 우리의 결정과 행동을 통해 인생의 목적과 의미를 발견하도록 초대하신다. 그런 선택들은 우리 개개인이 창조되고, 구원받고, 은총을 받고, 사명을 받았다는 것을 드러내 준다. 우리는 인간으로서 부여받은 자유로 인해 개방적이고 유동적인 우주 안에서 하나님의 뜻을 계속해서 발

견한다.[11]

"하나님의 뜻"(God's will)이라는 문구는 기독교 분별 전통에 깊이 심겨져 있음에도 불구하고, 그 자체로 미묘한 오해를 불러올 수 있다. 그런 오해에는 하나님의 뜻은 '관계'가 아니라, 사람이 발견하고 실천해야 하는 저 밖에 있는 어떤 것이라는 의미가 포함되어 있다. 나는 하나님과 우리의 관계가 지닌 개방적이고 역동적인 특성 때문에 하나님의 뜻보다는 하나님의 '부르심'(call)이란 표현을 더 선호한다. 왜냐하면 고전적 개념인 '뜻'이 종종 내포하는 것보다 '부르심'이란 말이 하나님과 우리의 관계가 지닌 개방적, 관계적, 비예정론적인 특성을 더 잘 반영한다고 믿기 때문이다.

선택하기(making choices)는, 이제 살펴보겠지만, 우리가 거룩한 삶에 참여할 수 있는 하나의 방법이다. 철학자 베아트리체 브뤼토(Beatrice Bruteau)는 우리를 마지막 단계인 하나님과의 공동 창조자라는 역할로 이끈다:

> 신적인 삶(divine life)에 참여한다는 것은 '신적인 삶이 행하는 것'을 하는 것을 의미하는데, 그것은 곧 창조하기(creating)이다. 창조하기는 진정으로 새로운 것을 만들어가는, 현재로부터 미래로 이어지는 지속적인 행위이다… 만약 우리 인생의 목적이 산 자(Living One)의 원형이신 하나님과의 일치라면, 그리고 만약 끊임없이 계속되는 급진적인 새로움으로부터 비롯된 즉흥성이야말로 그 산 자의 특징이라면, 우리가 하나님과 연합할 때 이 창조적인 행위에 참여함으로써 우리는 완성을 이루게 될 것이

다. 그리고 이 완성은 계속해서 창조하는 것, 그럼으로써 끝이 없는 세계를 만드는 것이다.[12]

분별은 우리로 하여금 이 질문에 대답하도록 초청한다: "하나님은 지금 내리려고 하는 나의 이 결정을 통해 내가 무엇을 창조하도록 부르시는가?" 우리는 이제 분별이란 하나님이 기뻐하시는 미래 안에서 우리의 미래를 찾는 것으로 이해할 수 있다.

실습: 영적 자유함 찾기

결정하기를 통해 하나님의 부르심을 따르기 원하는 갈망의 중요성은 아무리 강조해도 지나침이 없다. 불편심(indifference)의 태도 — 즉, 우리가 갈망하는 다른 모든 것을 내려놓고 그보다 더 큰 하나님의 갈망하시는 것을 기꺼이 선택하겠다는 의지 — 는 분별의 필수적인 출발점이다. 불편심이 우리 안에 뿌리를 내릴 때, 그것은 하나님의 부르심에 자유롭게 반응하는 영적 자유함으로 꽃피우게 된다. 이 기도는 우리가 불편심을 형성하고 심화시킬 수 있도록 도와준다.

1. 하나님이 당신에게 무엇을 행하고 어떤 사람이 되라고 하시는지를 이해하려고 노력하는 가운데, 하나님의 성령이 당신과 함께 해 주시기를 청하라.

2. 다음 문장들을 숙고하라. 그 문장을 잘 살펴보고 당신의 마음에

뿌리를 내리게 하라. 그 문장이 당신의 삶에 어떤 의미가 있는지를 하나님께 개인적으로 말씀드리라. 각각을 자신의 것으로 믿고 받아 들일 수 있도록 충분한 시간을 들여 생각해 보라.

―하나님, 당신은 존재하는 모든 것을 창조하셨습니다. 그리고 지금 내가 하고 있는 것처럼 나를 창조하고 계십니다.
―당신은 내가 가장 진실하고 진정한 자아가 되기를 원하십니다.
―창조주 하나님, 당신은 내 안에 가장 깊고 진정한 갈망을 주셨습니다. 내가 내 마음의 이 부르심을 생각하고 이해할 때, 하나님 당신이 무엇을 원하시는지 알 수 있습니다.
―그러나, 오 하나님 나의 어떤 갈망들은 나를 당신이 거하시는 내 진실한 자아로부터 끌어냅니다. 나는 당신이 원하시는 것을 항상 원하지는 않습니다.

3. 당신 자신의 말을 사용해서, 하나님이 원하시는 것에 대한 갈망이 당신 안에 깊어지게 해달라고 하나님께 청하라.

4. 이 기도와 함께 분별의 다음 단계를 보여주는 뒤에 오는 모든 기도 수련을 통하여, 하나님이 원하시는 것을 갈망하는 선물을 최선을 다해 구하라. 그리고 하나님이 원하시는 것이 분명해지면, 그것을 선택하라.

> 5. 이 기도를 통해 생겨난 모든 새로운 명료함과 자유함에 대해 하나님께 감사를 드리라.

불편심을 통한 영적 자유함

불편심을 구하는 이 기도는 당신이 하나님과 하나님의 부르심을 당신의 모든 문제보다 더 위에 놓게 하고, 당신의 최선의 선택은 하나님을 더욱 기쁘시게 하는 것이라는 사실을 깊이 믿을 수 있게 한다. 이런 의도야말로 영성훈련으로서의 분별을 다른 종류의 결정내리기와 정확하게 구별해 준다. 우리가 분별하기를 통해 의도하는 것은 하나님께 더 가까이 다가가고, 하나님의 부르심을 따르고, 하나님의 은총에 응답하고, 하나님의 뜻을 실천하며, 하나님이 원하시는 것을 갈망하는 것이다. 그리고 그렇게 할 때 우리가 성취 가능한 가장 큰 것을 얻게 된다는 사실을 안다. 이런 의향(intention), 이와 같은 갈망은, 결정으로 인해 빚어진 다른 어떤 결과보다 더 근본적인 것이다. 구체적인 결정은 하나님의 부르심을 따르고자 하는 우리의 보다 근본적인 갈망의 부산물일 뿐이며, 그것은 우리 앞에 있는 결정을 통해 알게 된다.

분별에서 우리가 행할 첫 번째 과제는 자신을 하나님의 사랑에 내어맡기고, 하나님의 임재를 인식하고, 가능한 한 하나님을 따르고자 하는 의향을 갖는 것이다. 이런 의향의 정화는 그 자체로 하나님의 선물이다. 우리가 할 일은 그렇게 되기를 신실하게 '원하는' 것이다. 하나님이 하실 일은 거듭해서 그렇게 되도록 우리 안에서 일하시는 것이다.

로욜라의 이냐시오는 이 의향의 정화를 가리키는 말로 불편심이란 말을 택하고, 그것을 특별한 방식으로 사용했다. 이 단어에서 그가 의미한 것은 인간이 하나님의 부르심을 따를 수 있도록 최대한 자유롭게 되는 것이다. 그 부르심을 따를 준비를 하기 위해서는 명료한 눈과 균형 잡힌 준비성을 갖추고 있어야 한다. 그가 표현한 대로, 우리는 다른 어떤 "창조된 실재"에 "편파적인 마음을 지니지 않아야"(indifferent) 한다.[13] 오직 하나님의 부르심만이 우리를 지배할 수 있다. 다른 아무 것도 우리의 미래를 결정할 수 없다. 어떤 것이 그 자체로 아무리 선하더라도, 오직 하나님의 부르심만이 이런 수준의 헌신을 받을 수 있다. 우리가 불편심에 가까이 도달하면, 우리가 귀하게 여기는 것들을 채로 걸러서 그리스도인에게 가장 근본적이며 필수적인 것, 즉 우리가 선택하는 모든 것 안에서 하나님을 찬양하고, 존경하고, 섬기는 것만을 골라내게 된다. 실제로, 우리의 수단과(모든 다른 피조물들) 목적(하나님의 부르심을 따르는 것)은 서로 올바른 관계를 맺게 된다.

"불편심"이라는 단어가 지닌 분별이라는 영적 의미를 우리에게 익숙한 일상적 의미인 공평(impartiality) 또는 애정 부족으로 혼동하지 않는 것이 중요하다. 그런 식으로 혼동하게 되면, 하나님이 창조하신 것에 대해 신경 써서는 안 되거나 또는 더 심하게는 그것으로부터 멀리 떨어져 있어야 한다고 느낄 수도 있다. 이것은 영적 불편심의 의미에서 가장 먼 태도이다. 하나님의 피조물은 우리가 즐기고, 기르고, 양육해야 하는 부요한 선물이다. 사실 창조세계로 깊이 들어가보는 것이 창조주와 얼굴을 대하고 만날 수 있는 가장 좋은 방법 중 하나이다. 거대한 삼나무나 폭풍 속 거대한 파도를 볼 때 누구인들 영혼이 고양되는 것을 느끼지 않겠는가? 결혼 50주년을 기념하는 자리에서 깊은 사색에 빠지지 않을 사람이 어디 있겠는가? 아이가 태어나는 것을 보면서 생명에 대해 진지해지지 않을 사람이 어디 있겠는가? 깊이 있고 잘 구성된 소설 작품을 읽고 어느 누가 그 정신이 확장되지 않겠는가? 로욜라의 이냐시오는 밤에 밖으로 나가서 하늘과 별을 보는 것을 좋아했다. 그의 전기를 기록한 까마라(Camara)는 이와 관련해서 다음과 같이 언급했다. "그는 자주 오랫동안 그런 시간을 가졌는데, 왜냐하면 그렇게 하는 동안 마음속에 주님을 섬기고 싶은 매우 강한 충동을 느꼈기 때문이다."[14]

이냐시오는 피조물을 하나님이 우리에게 주신 선물로 즐겨도 된다고 가르친다: "지상의 다른 사물들이 창조된 것은 사람을 위해서, 곧 사람이 창조된 목적(하나님을 찬양하고, 경외하고, 섬기는 것)을 추구하는 데 도움을 주기 위해서이다." 그러나 그것들이 창조주의 자리를 대체해서는 안 된다. 우리는 항상 그런 유혹을 받으며 무의식적으로 그런 일에 빠져든다. 이냐시오는 이어서 말한다. "그로부터 이런 결론이 나온다. 즉 그것들이 이 목적에 도움이 되는 만큼 사용하고, 이 목적에 방해가 되지 않을 때까지 버려야 한다는 것이다. 이렇게 하기 위해서는 모든 피조물들에 대해 초연해지도록(indifferent) 힘써야 한다."[15] 다시 말해서 한 가지 사물을 다른 것보다 더, 한 가지 조건을 그 반대되는 것보다 더, 한 가지 결과를 다른 것보다 더 원하지 말아야 한다. 하나님이 어떻게 부르시는지가 명료해지면, '바로 그것이' 내가 더 원하는 것이 된다.

"불편심"이란 단어가 일반적으로 내포하는 의미가 하나 더 있다: 그것은 열정이 없음(passionlessness)이다. 그런데 이 또한 분별의 실체와 거리가 멀다. 중독이나, 충동 혹은 모든 종류의 무질서한 욕망들을 극복하려면 열정이 있어야 한다. 사실 참된 영적 불편심은 우리의 열정이 궁극적으로 더 큰 만족, 유익, 성장 그리고 성취를 향하여 흐르게 하는 통로가 되며, 그런 것들이 나타나면 우리는 그것을 선택하는 쪽으로 움직이게 된다. 실제로, 불편심은 우리가 그렇게 행하게끔 만든다. 분별에서 불편심이라는 단계에 이른다는 것은 더 이상 어떤 한 가지 선택조건이나 결과, 관점이나 이데올로기, 사람 혹은 어떤 한 가지 조건에 대한 강한 충동에 매이지 않는 것을 의미한다. 그것은 개인의 가장 큰 행복과 세상의 번영 둘 다를 가장 잘 키워주는 것을 자유롭게 선택하는 경험을 의미한다.

시간이 지나면서, 불편심에서 나오는 영적 자유함은 분별의 열매가 된다. 우리의 삶을 하나님의 창조적인 에너지에 의탁하기로 결정하면, 우리의 모든 삶은 더욱 큰 자유를 향한 여정이 된다. 어떤 한 순간에 우리가 최대한 신실하게 응답했던 한 번의 작은 자유함은 다음 순간에 더 큰 관대함과 더 큰 자유함을 가능하게 한다. 우리는 날마다 조금씩 더 잘 분별하고, 우리와 우리 주변에 있는 사람들을 더 큰 혼돈과 분열로 끌어당기는 습관과 중독과 악한 생각, 그리고 충동으로부터 더 자유롭게 된다. 이런 성장에 가장 큰 도움이 되는 것 중 하나가 "의식 성찰"(Awareness Examen)이다(1장). 의식 성찰은 우리 안에 그리고 우리 주변에 있는 하나님의 임재와 활동의 증거들을 찾고 우리가 하나님과 어떤 관계를 맺고 있는지 알게 해주는 단순한 구조를 제공한다. 우리가 더 깨어 있을수록, 우리의 반응은 더 정확해진다. 분별은 삶의 방식이 되고, 영적 자유함은 그 사랑스러운 열매들 중 하나가 된다.

당신은 이 영적 자유함이 어떤 모습일지 궁금할 것이다. 그것이 당신의 삶에 처음 나타날 때 어떻게 인식할 수 있는가? 교회일치운동가 토마스 라이언(Thomas Ryan)은 영적 자유함이 존재한다는 네 가지 증거를 다음과 같이 지적한다:

1. 자신이 누구인지에 대한 현실적 감각을 키워준다. 자기용납은 다른 사람과 함께 있는 것에 편안함을 느끼게 하고 다른 사람들도 그들 자신에 대해 편안함을 느끼게 한다.
2. 자신의 부르심에 온전하게 응답하는 삶을 산다. 영적으로 자유함을 누리는 사람은 매우 생기가 있고, 솔선수범할 수 있으며, 실수나 실패가 예상된다고 해서 움츠러들지 않고, 비난이나 심지어는 박해도 잘 견딜 수 있다.
3. 우리와 우리를 부르신 하나님 사이를 가로막는 건강하지 못한 집착, 즉 중독, 자기중심, 또는 권력, 부, 쾌락을 향한 무절제한 욕망과 같은 것들로부터 자유롭게 된다.
4. 매일 자신의 삶을 하나님께 다시 봉헌한다.[16]

그러므로, 비록 불편심이란 단어가 처음 듣기에는 매혹적이지 않고, 21세기에 맞지 않는 말 같이 들리지만, 우리가 그 단어를 그 열매인 영적 자유함과의 관련성 안에서 본다면, 매우 강하게 끌리는 것을 느낄 수 있을 것이다! 불편심의 장점은 우리가 영적 자유함을 누리며 성장할 수 있게 해주는 매우 탁월한 방법 중의 하나라는 데 있다: 영적 자유함은 불편심의 목표이다.

영적으로 자유로운 사람들의 공동체가 어떤 모습일지 상상해 보라. 철학자 베아트리체 브뤼토는 그런 공동체가 아직 존재하지 않는다는 것을 인식하면서도, 마음속에 그림을 그리고 있다. 그런 공동체 안에서는 사람들이 사랑과 생명을 다른 사람들에게 분출하도록 부름 받은 존재로 살아갈 것이다. 감각적 쾌락, 정서적 만족, 부와 권력, 명예와 영향력은—여기에서 그녀는 매우 이냐시오처럼 말한다—더 이상 핵심가치가 아니며 의미를 잃고 말 것이다. 우리는 우리 자신을 위해서나 다른 사람들을 위해서 그런 것들을 원하지도 않고 싫어하지도 않을 것이다. 결과적으로, 우리는 다른 사람들을 똑같이 그러나 독특함을 인정하며 사랑할 것이다. 그럼으로써 우리는 다양성을 이 공동체의 번영에 절대적으로 필요한 것으로 귀히 여기게 될 것이다.[17] 그런 일은 불가능할까? 이 '새로운 피조물' 이 바로 우리가 갈망하는 하나님의 통치이다.

더 큰 갈망

만일 최선을 다해 하나님의 통치에 기여하려면, 일상적 비전과 상상을 뛰어넘는 무언가가 있어야 한다. 우리에게는 더 큰 갈망이 필요하다. 즉 "더"가 있어야 한다.

이냐시오는 하나님의 통치가 임하도록 가장 효과적으로 일할 수 있는 사람이란 내부로부터 끊임없이 열정이 솟아나오는 사람들임을 잘 알았다. 그들은 열정을 불러일으키는 데 필요한 자극제가 없어도 된다. 또한 보상이나 다른 사람으로부터 받는 영광에 의지할 필요가 없다. 그들은 그들의 갈망을 성취하기 위해 그 어떤 고난도 무릅쓸 것이다. 이냐시오는 동료들 안에 상상력을 발휘시키고 적절한 금욕적인 수단들을 사용하는 데 초점이 맞추어진 더 큰 갈망을 불러일으키는 방법을 개발했다.[18] 그의 전략은 오늘날도 유효하다.

우리가 현재 거주하는 세상 외에 다른 세상을 상상할 수 없다면, 우리는 더 큰 갈망을 품지 않을 것이다. 더 깊은 갈망을 향해 가려면 우리의 상상력을 키워야 하고, 아직 존재하지 않는 것을 상상하는 법을 배워야 한다. 성경, 특히 예언서는 우리가 갖고 있는 세속적 경험을 넘어서는 비전을 품도록 격려한다. 관상기도(contemplative prayer)는 우리가 가진 낡은 이미지를 제거하고 성령으로부터 오는 새 이미지를 받을 수 있도록 우리를 준비시킨다. 오늘날의 성도들이 증언과 삶으로 보여주는 강력하고 거룩한 본보기들은 우리의 상상력을 자극한다. 우리는 존경할 만한 사람들과 교제하고 그들과 더 큰 갈망을 공유하면서 우리의 상상력을 키울 수 있다. 행여 기운이 빠지기라도 하면, 기도와 기억을 통해 우리가 가졌던 진정한 갈망으로 되돌아가 다시금 회복할 수 있다.

위대한 갈망으로 향하는 길은 우리 자신과 다른 사람들의 갈망이 서로 충돌하는 탓에 항상 패여 있다. 또, 우리는 여전히 이런 저런 갈망들을 갖고 있거나 서로 충돌하는 갈망들 사이에서 갈등을 겪을 수 있다. 지향점이 분명한 금욕주의 또는 더 큰 목적을 이루기 위한 자기부인은, 우리의 무딘 상상력 때문에 하나님이 원하시는 것이 아닌 다른 것으로 만족하게 하는 갈망을 누그러뜨리는 데 도움을 준다. 금욕주의는 우리의 자아 가운데 일부분을 없애는 데 목적이 있는 것이 아니라, 우리의 모든 에너지의 중심에 우리의 깊은 갈망이 자리잡게 만드는 데 목적이 있음을 유의하라.

이것을 요약하면: 갈망은 우리가 지닌 모든 동기의 기초가 된다. 분별은 우리로 하여금 이 갈망들 사이에서 잘 선택하도록 촉구한다. 사랑받고 구원받은 죄인으로서의 경험은 분별이 가능하다는 것을 믿게 해준다. 우리는 애매모호한 상황을 감별하는 과정으로 들어갈 수 있다. 하나님의 창조 목적의 구현에 참여하는 공동 창조자로서의 경험은 분별의 중요성을 잘 밝혀준다. 그것은 하나님의 창조적인 삶을 계속해서 실천해 나가는 데 매우 중요하다. 영적 불편심을 통해 영적 자유함이 자라가는 것은 영성 분별의 필수적인 선행조건이자 목표이다. 이 영적 자유함이 없으면 분별이란 존재하지 않는다. 영적 자유함이 있으면, 분별은 거룩함 가운데 자라가는 강력한 수단이 된다. 마지막으로, 더 큰 갈망, 즉 "더"를 추구할 때, 우리는 우리의 제한된 지평을 넘어서 하나님을 위해 더 큰 무언가를 행할 수 있다.

불편심에 대한 이냐시오의 기초적 진술은 우리가 분별 이전과 과정 중에, 그리고 그 결과로써 추구하는 영적 불편심의 핵심을 꿰뚫는 것으로 하나님의 관점에서 그것을 표현하기 위해 여기에 고쳐 싣는다. 이 진술문은 뒤에 이어지는 각각의 실습을 위한 기초가 될 것이다.

_____(당신의 이름), 너의 삶의 목표는 나와 영원히 함께 사는 것이다. 나는 너를 사랑하기에 너에게 생명을 주었다. 네가 사랑으로 응답하면 내 생명이 너에게 제한 없이 흘러들어갈 것이다.

　이 세상에 있는 모든 것은 너에게 주어진 나의 선물이다. 너는 그 선물을 통해 나를 더 쉽게 알고 너의 사랑을 더 기꺼이 나에게 돌려줄 수 있을 것이다.

　나는 네가 나의 모든 선물들을 너로 하여금 사랑스러운 사람이 되도록 돕는 범위 안에서 감사히 여기고 잘 사용하기를 바란다. 그러나 만일 내 선물 중 어떤 것들이 너의 삶의 중심이 된다면, 그것들은 나를 대신하게 되고 그럼으로써 네가 참된 목표를 향해 성장하는 데 방해가 될 것이다.

　그래서 매일의 삶 속에서 너에게 선택권이 주어지고 어떤 의무에 매이지 않는 한, 너는 나의 모든 창조적인 선물들 앞에서 균형을 잡아야만 한다. 너는 너의 갈망을 건강이나 질병, 부나 가난, 성공이나 실패, 그리고 오래 사는 것이나 짧게 사는 것에만 고정시키지 말아야 한다. 왜냐하면 모든 것이 내 안에 있는 네 생명을 위해 더 깊은 응답을 하도록 너를 부를 가능성이 있기 때문이다.

　너의 단 한 가지 갈망과 선택은 바로 이것이 되어야 한다: 그것은 내 생명이 네 안에서 더 충만하도록 더 잘 이끌어주는 것을 원하고 선택하는 것이다.[19]

2부
결정을 위한 영적 분별 실습

The Practice of Discernment in Decision Making

3. 분별할 주제 명확히 하기
Focusing the Matter for Discernment

당신에게 당장 결정해야 할 문제가 있다면, 지금이 분별을 시작할 때이다. 지금까지 우리의 토론과 수련은 분별하는 삶을 위한 기초와 영성실습에 초점을 맞추었다. 당신은 또한 1장에서 의사 결정을 분별하기 위한 첫 번째 단계로 불편심을 통해 영적 자유함을 추구하는 법을 실습하기 시작했다. 이 기초는 매우 중요하기 때문에, 지금부터 나오는 모든 수련은 영적 자유함을 추구하는 이 동일한 갈망과 함께 시작한다. 그럼으로써, 당신은 모든 단계마다 당신의 의향을 새롭게 할 수 있다.

이제 우리는 분별에서 다음의 두 가지 단계로 나아간다: (1) 분별할 문제에 초점 맞추기(focusing) 그리고 (2) 의사결정에 영향을 끼치는 정보 모으기. 각각의 단계는 한 가지 수련과 함께 시작한다.

실습: 분별 질문 만들기

분별의 범위와 내용을 명확히 하면 분별 과정에 따르는 단계를 단순화할 수 있다. 이 수련은 당신의 주제 또는 문제를 명확히 하고 선별하는 것을 기도 가운데 할 수 있도록 돕는다. 그러면, 하나님은 당신이 어디에 분별의 초점을 맞추어야 할지 선명하게 볼 수 있도록 도와주실 것이다.

1. 잠잠히 깊은 침묵 가운데로 내려가라. 앞으로 결정을 내리는 과정에서 그리고 그 결정을 통하여 하나님의 부르심을 따르겠다는 갈망을 갖게 해달라고 하나님께 청하라. 서두르지 말라. 단순히 주의를 하나님께 돌리고, 하나님을 경험하는 가운데 당신의 갈망을 하나님께 아뢰라.

2. 분별하기 원하는 결정 사항을 말로 표현하라.

3. 이 결정 사항에 있어서 지금 당신에게 중요하게 여겨지는 다양한 측면들을 영성일지에 상세히 기록하라.

4. 당신 앞에 놓인 결정 사항을 가능한 자세하게 서술하라. 당신의 문제를 "예" 또는 "아니오"로 답할 수 있는 질문으로 만들 수 있다면 도움이 될 것이다(예를 들면: "집 밖에서 하는 일을 시작해야만 하는가?").

> 5. 지금까지 수행한 주제와 과정을 하나님께 가져간 후, 당신 안에 떠오르는 모든 생각이나 느낌을 잘 살펴보라. 이 모든 것도 영성일지에 기록하라. 당신 앞에 놓인 이 결정 사항과 관련한 당신의 첫 진술이 바뀔 수도 있다. 그럴 때는, 그 시점에서 최대한 분명하고 구체적인 문장을 구성했다고 느껴질 때까지 4단계와 5단계를 반복하라.

잘 시작하기

분별 과정의 첫 번째 단계는 실제로 논란이 되고 있는 문제가 무엇인지를 명확히 하는 것이다. 때때로 이 과정은 상대적으로 쉽고 간단하다. 그러나, 그렇지 않은 경우가 더 많다. 무엇이 문제인지를 알지 못하는 한, 어떤 정보가 관련이 있으며 우리가 갖고 있는 정보에 어떻게 우선순위를 매겨야 하며 어떤 선택사항들을 고려해야 하는지를 알지 못할 것이다. 그리고 어쩌면 여러 번 뒤로 거슬러 올라가기도 하고 다시 시작해야 할 수도 있다. 시간을 내어 기도하면서 우리의 분별이 정확히 어디에 초점을 맞추어야 할지를 생각하는 일은 나중에 진행되는 과정에 크게 도움이 된다.

때때로 복잡한 문제는 초점이 분명한 작은 질문들로 나누어볼 수 있다. 예를 들어, 피트(Pete)는 대학 진학을 고민하기 시작하는 고등학생이다. 분별할 주제 가운데 하나인 이 결정은 질문으로 구성하기가 상대적으로 쉽다. 그는 이렇게 질문을 만들 수 있다: "나는 대학을 지원할 것인가?" 이 분별에 "예"라는 답이 나오면, 다음 질문은 아마도 "어떤 대학?"이 될 수 있다. 그러나 이 새로운 질문은 다른 문제들을 야기한다: 큰 대학 또는 작은 대학인가? 몇 가지에 특화된 대학 또는 다양한 선택을 제공하는 대학? 집에서 가까운 대학 또는 먼 대학? 사립대학 또는 공립대학? "어떤 대학?"이라는 일반적인 질문에는 많은 부수적인 질문들이 뒤따른다. 이처럼 폭이 넓은 질문은 좁힐 필요가 있다. 피트는 두 가지 선택 사항을 하나로 묶은 부가 질문들을 분별 질문으로 사용할 수 있다. 예를 들면, 다음과 같이 질문을 만들 수 있다: "집에 머물 것인가 아니면 집을 떠날 것인가?" 피트는 연속되는 더 작은 분별 질문들을 진행해 나가는 가운데, 집에서 가까운 공립 대학교에 진학하기로 결정할 수 있다. 초점이 분명한 각각의 질문을 분별하면 자연스럽게 그 다음 질문으로 이어지며, 이렇게 반복해 나가면 최종적으로 어떻게 결정해야 할지 더 분명해지고 선택할 사항들은 더 줄어든다.

물론 우리가 분별하고 싶은 모든 문제에서 분별 질문이 정확하게 만들어지지는 않는다. 이것을 염두에 둘 때, 앞으로 볼 몇몇 장, 특히 직관을 사용하는 5장과 상상력을 사용하는 7장은 초점이 잘 잡힌 질문을 만드는 데 도움이 될 수 있다. 이 책을 따라 진도를 나갈 때, 인내심을 가지라. 그리고 분별에서 어떤 도입 항목들은 당신의 성격과 분별 질문의 종류에 따라 다른 것들보다 더 효과적이라는 것을 기억하라.

이제 이 장을 시작할 때 행했던 기도 수련의 다양한 측면에 대해 설명하려고 한다. 이 장에서 실습할 "기도하면서 분별 질문 구성하기"는, 하던 일을 잠시 멈추고 이 분별 과정을 진행해 나감에 따라 당신의 영적 자유함이 계속해서 깊어지게 해달라고 은총을 구하는 것과 함께 시작한다. 로욜라의 이냐시오의 표현을 사용하자면, 당신의 영적 불편심이 깊어지기를 구하는 것이다. 그러나 기억하라. 영적 자유함은 최종적으로 하나님이 주시는 것이지 우리가 스스로 성취하는 것은 아니다. 그래서 우리는 여기서 잠시 멈추어 서서 구하고 기대하는 것이다. 동시에 우리는 어떤 분별이든지 그 첫 단계는 하나님의 목적에 참여하기를 원하는 것임을 안다. (만약 이 단계가 특별히 어려워 보이면, 사실 어려워 보이는 것은 전혀 이상한 일이 아니지만, 2장의 "영적 자유함 찾기" 실습으로 돌아가라. 그리고 당신이 정체되지 않고, 유연하게 대처할 수 있고, 당신의 인생을 향한 하나님의 목적을 향해 조금이라도 움직일 준비가 되었다고 느낄 때까지 이 수련을 반복하라.)

 2단계와 3단계는 분별하기 원하는 주제의 내부를 살펴보도록 돕는다. 그래서 전체적인 윤곽과 그것이 발생시키는 느낌, 그리고 그것이 일으키는 갈망과 그것이 영향을 끼치는 관계와 구조들에 익숙해지게 한다. 그 주제에 더 익숙해질 수 있는 다른 방법들도 있는데 예를 들면, 당신이 처한 상황에 익숙한 다른 사람과 대화를 나누는 것이 있다. 그런 것들을 자유롭게 수련에 추가하라.

 4단계에서 주제를 묘사하거나 질문을 할 때는 가능하면 구체적인 문장으로 작성하라. 문장이 막연하거나, 폭이 넓거나, 완전히 개방적인 것이라면 시작하기가 무척 어렵다. 예를 들면, "나는 과테말라에서 스페인어를 공부할 것인가?"라는 질문이 "어디에서 스페인어를 공부할 것인가?"라는 질문보다 다루기가 훨씬 더 쉽다. 그러나 만약 주제가 초점이 불분명하고 질문의 폭이 넓다고 해도 염려하지 말라. 질문과 주제가 더 명확해지면 질문을 수정할 수 있다. 설령 당신이 지금 얻을 수 있는 가장 명확한 질문이 "나는 내년에 무엇을 할 것인가?"와 같은 것이라고 할지라도 여전히 진도를 나갈 수 있다. 그리고 나중에 분별 질문이 더 명료해질 때 되돌아와서 그 과정의 일부분을 반복할 수 있다.

이 수련을 마칠 때는 당신이 다룬 주제와 그 동안 거쳐온 과정을 하나님께 아뢰고, 경험한 것을 기록하라. 예를 들면, 당신이 흥분했거나, 기운이 빠졌거나, 당황했거나, 막혔다고 느꼈던 것을 기록할 수 있다. 주제를 올바르게 파악했다고 느낄 수도 있고, 자신이 만든 질문이 기존에 구하던 것에 가까이는 갔지만 정확하게 적중한 것은 아니라고 느낄 수도 있다. 이런 관찰들이 계속되는 분별 과정에 도움이 되는 중요한 자료가 될 것이다.

결정은 하나님을 찾아가는 계기이지 우선적인 목표가 아니라는 것을 명심하라. 결정 내리기라는 목표를 가지고 먼저 출발한 다음에 하나님께 복을 구하는 것은 목표와 수단을 혼동하는 것이다. 오히려 분별은 결정 내리기라는 수단을 통해 하나님을 추구한다는 목표를 갖고 있어야 한다.

가정이 중요하다

분별 질문을 구성할 때 부딪히는 가장 큰 도전은 우리 모두가 "숨겨진 가정들(assumptions)을 가지고 있다"는 사실에서 비롯된다. 숨겨진 가정이란 우리가 당연시 하지만 그러면서도 인식하지는 못하는 가정들을 말한다. 그것들을 제대로 인식할 수 있다면 분별에 큰 도움이 될 것이다. 앞에서 나온 피트의 경우에 그가 대학을 당연히 갈 것이라는 가정에서 출발해서 "나는 씨티 대학(City University)에 지원해야 하는가?"라는 질문을 구성했다고 가정해 보자. 그가 이 질문에 기초해서 결정에 이르려고 할 때, 그가 처음부터 가지고 있던 가정에 의해 얼버무려진 더 깊은 데서 나오는 질문, 즉 새로 구성한 질문을 제기하기 전에 먼저 붙잡고 씨름했어야 할 다음과 같은 질문들을 발견할 수도 있다: "지금 당장 '어떤 대학이든지' 지원해야만 하는가?" "일 년을 쉬어야만 하는가?" "군대에 가야 하는가?"

우리가 분별을 시작할 때 만드는 가정들은 중요하다. 만약 우리가 단순하게 어떤 결과들은 지지할 수 없다거나, 바랄 수 없다거나, 불가능하다고 가정한다면, 분별을 시작하기 전에 이미 그것들을 경계 밖으로 밀어내 버리는 셈이 될 것이다. 그러나 이런 자기 검열이 있다는 점을 인식할 때, 우리의 가치관에 맞는 가정들은 의식적으로 받아들이고 그렇지 않은 것들은 의식적으로 폐기할 수 있게 될 것이다. 오히려 우리가 처음부터 갖고 있는 가정들이 의식되지 못할 때 문제가 된다. 그럴 때 우리는 이 가정들을 계속 붙들고 있어야 할지 아니면 거기서 흘러나오는 선택사항들을 고려할지에 대해 선택조차 할 수 없게 된다.

우리가 미처 의식하지 못하고 있는 가정들이 무엇인지 알 수 있는 지침 세 가지가 있다. 첫째, 무엇이 우리를 놀라게 하는지, 또는 무엇이 우리를 불안하게 하고 방어적이 되게 하는지에 주의를 기울이는 습관을 들이는 것이다: 우리가 듣고 싶어하지 않는 부분은 무엇인가? 정반대되는 관점을 고집하는 부분은 무엇인가? 균형을 깨트리는 반응을 보이는 때는 언제인가?

둘째, 변화를 원하지만 그럼에도 변화가 불가능한 것처럼 보이는 고질적인 행동에 주의를 기울이는 것이다. 우리는 사도 바울이 자신의 삶에 관해 고통스럽게 언급한 것처럼, 마음으로는 이것을 원하지만 실제로는 반대되는 것을 하고 있는 자신을 발견할 수 있다. 의식성찰(1장)은 우리의 특정한 행동이나 가정을 알아차리고 하나님께 맡겨 드릴 수 있도록 하는 데 특히 유용하다.

셋째, 하나님이 심어놓으신 우리의 깊은 갈망을 찾아보는 것이다. "마음의 갈망 찾기"라는 영성실습(2장)은 당신의 가장 깊은 갈망과 갈등을 불러일으키는 부수적인 갈망을 발견하도록 돕는다. 티나(Tina)의 경우를 보자. 그녀는 모든 일을 정직하게 행하기를 원한다. 그러나 그녀는 상관이 장부상에 나타난 약간의 부정을 눈감아주라고 말했을 때, 그의 말대로 하고 있는 자신을 발견했다. 당황한 그녀는 자신의 정체성에 너무도 중요한 가치를 왜 그렇게 쉽게 포기했는지 의아해 했다. 그리고 더 깊이 생각한 후에 다음과 같은 무의식적인 가정이 작동하고 있다는 것을 알게 되었다: "나는 내 상관이 말한 대로 해야만 한다." 그 무의식적 가정이 "나는 정직한 사람이다. 나는 나의 모든 행위가 나의 성실함에서 우러나오기를 바란다"는 그녀의 더 깊은 갈망을 유린한 것이다. 이제 전부터 지녀온 이 무의식적 가정을 분명히 인식하게 된 그녀는 혹시 직장에서 해고되지 않을까 하는 생각에서 오는 두려움을 충분히 고려하는 가운데 성실함에서 우러난 적절한 반응이 어떤 것인지 분별할 수 있게 되었다.

우리가 갖고 있는 여러 가정들은 종종 문화적인 배경을 갖고 있다. 예를 들어, 내가 자랄 때, 열세살쯤 되었을 때, 똑똑한 여학생들은 수학과 과학에서 또래 남학생들보다 뒤떨어졌다. 비록 사람들은 의식하지 못했지만, "여학생은 이런 과목에서 남학생을 따라잡을 수 없다"는 가정이 많은 여학생들의 내면에 깊이 자리 잡게 되었다. 일단 자리를 잡게 된 그 가정은 여학생들에게 주어진 조건들을 현실적이고 바람직하게 바라보지 못하도록 조종했다. 다행히도, 이런 상황은 최근에 상당히 바뀌었다. 그러나 내가 고등학교를 졸업할 때, 동창들 가운데 대다수 여자들은 간호사나 교사 또는 사회봉사자가 되거나 결혼하기 위해 대학을 중퇴했다. 결혼 여부에 상관없이, 극히 소수만이 의사, 변호사, 사업가 또는 과학자가 되었다. 문화, 입시 관계자들, 학교 수업, 그리고 친구와 가족들에 의해 강화된 우리의 무의식적 가정들은 우리에게 가능한 선택조건들을 제한했다. 그 부분적인 이유는 그것들이 우리가 내리는 모든 결정의 일부가 되기 때문이다.

우리의 숨겨진 가정들을 드러내는 것은 평생에 걸친 과제가 될 수도 있다. 분별하는 사람이 되는 것도 마찬가지이다. 우리가 더 큰 인격적 완성과 지혜에 이르는 길은 그 순간이 허락하는 만큼 인식하는 것을 기꺼워하면서 그 순간 하나님이 주시는 은총이 허락하는 만큼 하나님께 헌신하는 가운데 한 번에 한걸음씩 나아가는 것과, 하나님의 현존과 인도하심을 끊임없이 구하며, 그리고 인도하심이 있을 때는 그것을 깨닫는 법을 배우며 그 순간에 최선을 다해 그것을 따르는 것이다. 우리가 살펴본 바와 같이, 분별을 하나의 단순한 결정을 내리는 것으로 보는 것은 지극히 피상적인 관점이다. 분별은 하나님이 원하시는 대로 더 온전한 사람이 되기 위한 끊임없는 계발 과정이다. 우리가 변하는 만큼 우리의 분별도 '변해야' 한다. 우리가 삶의 더욱 더 많은 영역에서 하나님의 창조적인 현존을 보게 될 때, 우리의 영적 감각도 더 예민해지게 될 것이다.

정보 모으기와 해석하기

실습: 관련 있는 정보 모으기

결정의 질(quality)은 모은 정보(data)의 질에 직접적으로 영향을 받는다. 잘못된 정보가 덜 효과적인 결정으로 이끈다는 것은 그 결정이 분별이라는 과정을 거쳐 만들어진 것인지 아닌지에 상관없이 자명한 이치이다. 단지 우리가 분별을 행하고 있다는 것 때문에, 하나님이 기적적으로 이 필수적인 단계를 거치지 않게 해주신다고 억측해서는 안 된다. 그러나 분별을 다른 종류의 결정내리기와 구별시켜 주는 것은 정보 모으기라는 과정 자체를 기도라는 상황 안에 위치시킬 수 있다고 가정하기 때문이며, 그리고 이것이 이 실습의 목표이다.

1. 이번 성찰을 시작하면서, 그리고 정보 모으기라는 과제를 수행하기에 앞서 잠시 멈추라. 하나님의 은혜로운 현존을 구하고, 분별

과 관련된 정보를 잘 찾을 수 있게 해달라고 구하라.

2. 당신의 결정에 영향을 미칠 다양한 종류의 정보에 관해 생각해 보라.

— 자기 자신, 자신의 성격과 지나온 사연, 삶의 경험, 영성 등에 관한 정보.
— 고려하고 있는 결정 사항에 영향을 끼치거나 영향을 받게 될 가족, 친구, 동료, 이웃, 그리고 경쟁자들과의 관계에 대한 정보.
— 당신이 소속되어 있거나 상호관계를 맺고 있는, 또는 고려중인 결정 사항 내에서 영향을 미칠 그룹과 기관 그리고 법인들에 관한 정보.
— 인위적이고 자연적인 환경, 즉 결정을 둘러싸고 있는 폭넓은 외적 상황에 관한 정보.
— 이 특정 상황에서 충분한 정보를 갖고 결정을 내리도록 도와주는 다른 정보, 예를 들면, 당신을 분별 상황으로 이끈 배경, 등장인물들과 그들의 상호관계에 관한 지식, 예상되는 가능한 결과들, 다시 말해 결정 또는 그 결과에 영향을 줄 수 있는 모든 것.

3. 이 적절한 정보를 어떻게 얻을 수 있는지 상상해 보라. 어떤 정보를 모을 필요가 있는지 계획을 세우고, 영성일지에 정보 모으기 과정을 도표로 그려보라.

4. 필요한 정보를 모으기 시작하라. 모으면서 발견한 것을 계속 기록하라. 분별을 진행해 나가면서 쉽게 접근할 수 있도록 일정한 형식에 담아 정리하라.(이 정보 모으기 과정은 분별 과정 전체를 통해 계속될 수 있다.)

5. 성찰한 것과 자칫 지루할 수도 있는 과제를 통해 모은 정보를 하나님께 올려 드리라. 점점 늘어나는 정보가 분별에 어떤 영향을 끼치는지를 영성일지에 기록하라. 그것이 상황, 당신 자신, 그리고 당신의 관계들, 특히 하나님과의 관계에 관하여 무엇을 드러내는지 하나님께 말씀드리라.

"사실만 말하세요, 아주머니"

내가 어렸을 때, 드래그넷(Dragnet)이란 TV 프로그램이 매우 인기가 있었다. 주인공인 하사관 조 프라이데이(Joe Friday)에게는 대중문화의 단골이 된 유행어가 있었다: "사실만 말하세요, 아주머니." 하사관 프라이데이의 말은 분별 과정의 이 시점에서 도움이 될 수 있다. 우리는 유용한 결정을 내리기 위해 적절하고 정확한 정보를 필요로 한다. 우리는 분별 가운데 우리의 결정에 초점을 맞추고, 그것을 하나님의 부르심을 찾고 그 부르심에 협력하기 위한 맥락으로 사용한다. 희망하건대, 우리가 바라는 것은 분별을 통해 좋은 결정을 내리는 것이며, 적절한 정보는 거기에 이르는 데 반드시 필요한

벽돌이다.

  우리가 찾는 사실들은 우리가 행하는 분별의 범위와 초점에 따라 다르다. 만약 우리가 기도하는 가장 효과적인 방법을 분별하려고 한다면, 정보를 얻을 수 있는 곳은 다양한 형태의 기도에 대한 우리의 내적 반응을 관찰하는 것, 다양한 형태의 기도로부터 얻은 내적이고 외적인 열매, 다양한 기도 형태에 대한 끌리거나 싫어하는 느낌, 기도하기에 가장 쉬운 장소에 대한 감각 등이 있다. 다른 한편으로, 만약 우리가 직장을 바꾸는 일을 분별하려고 한다면 다음과 같이 전혀 다른 종류의 정보를 필요로 한다: 새로운 직장을 위해 어떤 준비가 필요한가? 지금 나는 그것을 가지고 있는가, 아니면 앞으로 얻어야만 하는가? 지금 이 위치에서 그런 자리에 갈 수 있다고 생각하는 것이 어느 정도나 실현가능한가? 내가 일할 곳의 분위기나 필요한 자질에 관한 지식을 갖추고 있는가? 이런 종류의 일이 내 성격의 강점들을 끌어내 주는가? 이로 인한 변화가 시간과 자원 그리고 급여와 관련해서 나와 나를 둘러싼 다른 사람들의 인생에 어떤 영향을 끼치는가? 내가 고려하고 있는 직위에서 요구되는 특정한 조건들은 무엇인가? 나는 상사와 동료들과 잘 어울려 일을 해나갈 수 있는가? 동료들 사이에는 어떤 수준의 대화와 관계성이 존재하는가? 이런 직장에서 성공하기 위해 어떤 정보를 가지고 있는가? 윤리적으로 고려해야 할 것이 있으며, 이 환경에서 나의 원칙을 지키며 살 수 있겠는가?

  나는 당신이 어떤 종류의 정보를 찾아야 하며 또한 그것을 어떻게 해석해야 할지를 미리 말해줄 수 없다. 분별을 시작하면 당신이 반드시 알아야 하는 중요한 것이 무엇인지를 스스로 결정해야 한다.

정보를 얻기 위한 구체적인 계획을 세울 때 그에 필요한 시간과 자원을 확보하는 것이 도움이 된다. 그런 계획은 삶의 방향을 변화시키는 결정에 반드시 필요하며, 다른 중요한 결정들에도 매우 지혜로운 일이다.

각각의 분별은 고유한 특징이 있지만, 정보를 검색할 때는 다음 네 종류의 정보는 반드시 포함되어야 한다:

1. 개인 내부 정보(자신의 독특한 자아 안에서 나오는). 스스로에게 물어보라: 나는 어떤 성격이며 무엇을 좋아하는가? 시간과 에너지 그리고 건강은? 경제적 자원은? 주어진 상황에 대해 고려할 때 나에게 특별한 신체적 반응이 있는가? 깊이 갈망하는 것은 무엇인가?

2. 상호관계적 정보(직접 만나는 관계). 스스로에게 물어보라: 나의 선택으로 영향을 받을 나와 가까운 사람들은 누구인가? 이미 제시된 선택조건이 내가 맺고 있는 인간관계, 특히, 나와 가까운 사람들 또는 내가 우선적으로 헌신해야 하는 사람들, 구체적으로 가족에게 어떤 영향을 끼칠 것 같은가? 개인적으로 나를 지지해 주는 관계가 존재하는가?

3. 구조적 정보(내부의 개개인들과 상관없이, 인격적이고 비인격적인 구조들을 생각함으로써 얻게 되는). 스스로에게 물어보라: 어떤 구조들이 여기에 관련되어 있는가? 각 구조들의 목표와 존재 이유는 무엇인가? 그들의 역학 관계는 어떠한가? 내가 고려하고 있는 대로 결정을 내린다면, 이 구조 안에서 나는 어

면 역할과 책임을 지게 될 것인가? 권력은 어떻게 작용하는가? 이 체제 안에서 무시되고 있는 것은 누구 혹은 무엇이며, 만일 그들이 나와 이야기를 한다면 무슨 말을 할 것 같은가?

4. 자연세계로부터의 정보(우리가 터를 잡고 있는 환경으로부터). 스스로에게 물어보라: 인간과 자연 모두를 포함하는 물리적 환경은 어떠한가? 인위적인 환경이 어떻게 자연 세계와 어울려 또는 대적하면서 존재하는가? 이것은 나를 환대하는 환경인가 아니면 나를 물리치는 환경인가? 나의 행동은 환경에 어떤 영향을 줄 것인가?

정보를 모은 후의 다음 단계는 그것을 해석하는 것이다. 그리고 앞에서 사용한 네 가지 범주, 해석을 위한 렌즈로도 사용하면 좋다.

1. 개인 내부(당신의 내적 반응). 스스로에게 물어보라: 그 정보가 나에게 에너지를 주는가? 흥분을? 용기를? 신뢰를? 고요함을? 만족을? 아니면 그것에 대한 나의 반응이 실망, 긴장, 불안감, 동요, 불만족 같은 것인가? 또는, 종종 그렇듯이, 나의 반응은 그 둘이 혼합되어 있는가?
2. 상호관계(당신과 주위의 가까운 사람들 또는 당신의 결정으로 인해 영향을 받을 사람들 사이의 반응). 스스로에게 물어보라: 내가 선택한 결정이 나와 가까운 사람들에게 미칠 효과에 대해 어떻게 느끼는가? 내가 선택한 결정에 대해 이 사람들이 무슨

말을 하는가? 내가 직면한 선택에 대해 나보다 더 객관적인 입장에 있는 다른 사람들은 내가 받은 정보를 어떻게 해석할 것인가? 전문 해석자들은 내가 발견한 정보에 동의하는가 아니면 동의하지 않는가?

3. 구조(당신이 현재 살아가고 일하는, 또는 당신이 앞으로 소속될 기관과 시스템 그리고 구조에 대한 분석이 내가 지금 해결할 문제에 관하여 제안하는 것). 스스로에게 물어보라: 내가 이 방향으로 움직여 가면 가족, 직장, 학교, 참여 공동체, 예배공동체와의 관계 등 내 삶에 연루된 다양한 시스템들이 어떻게 재조정되어야 하는가? 이 시스템들은 어떤 가치를 보존하는가 그리고 이 가치들이 나에게 소중한가? 이 시스템들이 내가 선택한 변화에 어떻게 저항하는 것 같은가? 나는 어떤 대가를 치를 수 있는가? 이것이 어떻게 느껴지는가?

4. 자연 세계(가장 넓은 관점, 사물의 전체적인 관점에서). 스스로에게 물어보라: 내가 선택하려는 결정에 대해 내가 몸담고 있는 자연은 무엇을 말해 주는가? 그것이 환경에 영향을 끼칠 것인가, 또는 어떻게 영향을 끼칠 것인가? 내가 세상에서 가장 높은 곳에 서서 내려다본다면, 이 결정이 어떻게 보일 것인가?

개인의 분별과 관련해 이런 다양한 종류의 정보와 그 해석에 대해 좀 더 확장된 예를 들어보겠다. 나는 한때 오랫동안 나에게 이상적이라고 생각했던 강사 자리를 얻기 위해 면접을 본 적이 있다. 그 자리를 얻으면 고향으로 돌아갈 수 있고, 나만큼 내가 가까이 있는 것을 좋아해줄(상호관계적 그리고 개인내부적) 가족과 신앙 공동체(환경) 가까이 살 수 있었다. 직장까지 걸어 다닐 수도 있게 되는데, 그러면 환경과 나의 건강 모두에 좋은 것이다. 급여도, 많지는 않았지만 적당했다. 그렇지만 조금 올려준다면 그 지역의 높은 생활비를 감당할 수 있을 것이다(구조적). 그 자리를 제안한 목회학부는 최근에 구조조정을 했는데 내 생각에 내가 일을 잘할 수 있을 것 같았다(구조적). 그러나 신학부와는 완전히 분리되어 있었다. 학장과 교과과정을 비롯해 학생들도 달랐는데(구조적), 내가 보기에는 좀 이상하고 인위적인 것 같았다. 이 분리되었지만 동등한 배치구조는 오랜 역사를 갖고 있었고(구조적), 신학부의 정교수들은 이 분리를 계속 유지하자고 주장했다(구조적 그리고 상호 관계적). 직무 내용은 적어도 일부 조건들에 한해서는 내가 좋아할 만한 것이었고 이 조건들이 사실인지(구조적) 알아보는 것이 내가 그곳까지 찾아가 면접을 보는(상호관계적) 목적 중 하나였다. 동료 교수가 될 사람들은 품위가 있었고, 열심이었으며, 우호적이었다(상호관계적). 학생들은 나의 시범 강의에 약간 어리둥절해했다(캠퍼스에 잠시 방문한 나로서는 확실히 알 수 없었던 것으로, 그 반응의 원인에 따라 상호관계적 또는 구조적). 면접이 진행될 때 나는 두 가지 놀라운 사실들을 알아차릴 수 있었다: 직무와 관련된 다른 측면들에 대해 질문을 받았을 때, 가슴이 조금 답답해지는 것 같았다(개인내부), 그리고 내가 듣고 싶은 질문을 던졌을 때 이런 대답이 돌아왔다. "아, 그런 것은 해당이 안 됩니다"(구조적). 그리고 다시 뭔가 답답함을 느끼기 시작했다. 면접을 마치고 집으로 오면서 그 직장에서 나를 오라고 해도 거절하리라는 생각이 분명해졌다. 그곳에서 경험한 일들은 하나님이 나를 그곳으로 부르신다는 느낌을 주지 못했다. 그리고 교수임용 책임자로부터 전화가 와서 나를 채용하지 않겠다고 했을 때도 놀라지 않았다. 그러나 그 책임자가 면접을 본 후보자들 중 가장 높은 점수를 얻은 사람도 채용하지 않았다고 이야기했을 때는 깜짝 놀랐다. 그들은 면접을 진행하면서 그들이 채용안내문에서 설명한 것과는 다른 종류의 후보자를 찾고 있었다는 것을 깨달았다! 그들 역시 후보자들의 반응과 질문을 분별하고 있었던 것이다.

당신이 본 것처럼, 정보 모으기와 해석하기의 과정은 분별 과정에서 부차적인 것이 결코 아니다. 아니 그 자체가 분별 과정의 중요한 단계이다.

결정적인 차이

지금까지 살펴본 대로, 분별과 결정 내리기는 서로 별개의 것이다. 중요한 결정을 내리기 위해 분별을 수행하는 동안 어떤 정보가 도움이 되는지를 고려할 때, 우리는 이 차이를 분명히 인식하고 있어야 한다.

조 프라이데이가 습관처럼 말하던 "사실만 말하세요, 아주머니"란 말은 결정 내리기와 관련한 보편적인 지혜를 반영하고 있다: 연관된 모든 사실을 모으고, 정렬시키고, 평가하고 그리고 그것이 가리키는 방향으로 결정을 내리라. 우리는 분별에서도 사실을 원한다. 그리고 그것을 정렬하고, 조사하고, 그 안에 내포된 의미를 평가한다. 그러나 우리의 목표는 결정내리기라는 맥락 안에서의 분별이기 때문에, 두 가지 중요한 차이점이 있다: 첫째, 우리는 더 폭넓은 종류의 정보를 모은다, 그리고 둘째, 우리는 그 정보를 다르게 취급한다.

첫 번째 차이는 수집한 정보를 분류한 목록과 정보를 평가할 때 사용한 렌즈들을 보면 분명해진다. 연관된 사실들의 범위는 개인적인 것부터 세계적인 것에 이르기까지 매우 넓다. 수집한 정보의 폭이 너무 넓어 놀랄 수도 있다. 그러나 분별 정보는 우리와 하나님과의 관계에 관련된 모든 것, 즉 우리의 계속되는 기도 습관, 의식 성찰로부터 깨달은 통찰, 그리고 우리가 수행하는 분별수련의 결과 모두를 포함한다는 것을 기억하라.

두 번째 차이, 즉 우리가 정보를 취급하는 방식은, 모아놓은 정보를 해석하기 시작할 때 드러난다. 우리는 말로 표현할 수 없고 신비로우며 우리가 완전히 알 수 없는 것의 현존을 가리키는 증거를 찾는데, 그것은 우리 각자를 향한 하나님의 독특한 부르심이라는 신비이다. 우리는 예수님이 돌아가시기 전에 약속하신 성령의 증거를 찾고 있다. 우리는 인류에게 주신 하나님의 말씀인 성경을 통해 우리에게 주어진 단서들을 찾고 있다. 그러나 성경을 해석하고, 지금 여기에서 우리의 구체적인 상황과 결정들에 대해 성경이 어떻게 말하는지를 알기 위해서는 성령의 인도하심이 필요하다. 우리는 이런 종류의 증거를 읽는 법을 배울 필요가 있는데, 그것은 모든 사실들을 늘어놓고 그것들을 기반으로 결정을 내리는 것과는 매우 다른 과제이다. 사실, 분별은 이 모든 증거들을 해석하는 기술, 즉 우리가 기도 가운데 행하는 실습을 통해 길러지는 기술이다.

질문 만들기 그리고 과정 선택하기

앞으로 이어질 일곱 장에는 당신의 분별을 도와줄 많은 수련들이 포함되어 있다. 그 가운데 어떤 수련은 다른 것보다 유용할 수 있다. 수련에 대한 선호도는 분별하려고 하는 주제가 어떤 종류인가, 그 주제가 얼마나 복잡하고 중대한 의미가 있는가, 그리고 얼마나 정확하게 그 주제를 구성했는가에 달려 있다. 그것은 또한 당신의 성격, 특히 당신이 어떤 방식으로 결정 내리기를 선호하는가에 달려 있다.

이어지는 장들에서 어떻게 유익한 실습을 행할 수 있는지를 알기 위해 두 가지 예를 들어 보자. 이 두 가지는 분별을 위한 서로 다른 시나리오와 서로 다른 분별 질문들을 사용할 뿐만 아니라, 이어지는 장들에 포함된 과정 가운데 서로 다른 것들에 크게 의존한다. 첫 번째는 나의 경험으로부터 온 예이다. 몇 년 전, 내가 속한 신앙 공동체는 새로운 회원들의 훈련을 맡을 사람을 한 명 세우고자 했다. 그 선택 과정에서 우리는 잠재적인 후보자들과 임명권자들을 한 자리에 모이게 했고, 이 그룹은 함께 모여 누가 적합한지 분별하려고 했다. 나는 그 일에 관심을 갖고 있었기에 사전에 그 일에 필요한 준비를 좀 했었다. 그리고 나를 잘 아는 사람들의 격려를 힘입어 이 그룹 분별에 참여할지를, 마치 구직 신청을 결정하는 것처럼, 고려하기 시작했다. 그런데 그 자리가 하나님의 부르심인지 확실치가 않아서, 이것이 그분의 부르심인지 여부와, 공동체의 요청이 있으면 지금 이 부르심을 받아들일 것인지 여부를 명확히 하기 위해 분별을 시작했다. 내가 구성한 질문은 이것이었다. "나는 신입회원 훈련 책임자 후보에 내 이름을 올려놓을 것인가?" 이 분별을 위해 고려할 요소들은 상대적으로 분명했다. 물론 내가 어떻게 반응해야 할지는 한동안 명확하지 않았다. 상상력, 이성적인 과정, 그리고 신앙적 정서(7, 8, 9장)를 통해 분별에 접근하는 수련들은 특히 도움이 되었다. 왜냐하면 그것들이 의사 결정과 관련된 질문의 종류와 나의 개인적 선호도와 잘 들어맞았기 때문이다. 나는 그것들을 통해 내가 최종적으로 이 일에 부르심을 받는다면 그것을 할 수 있겠다는 생각이 점차 분명해졌고 자유함을 얻을 수 있었다. 그리고 그 명료성은 공동체의 그룹 분별에 사용될 수 있을 정도로 충분했다.

이제 매우 다른 상황을 들여다보자: 2년 전에 대학을 졸업한 젊은 여성 메리는 그녀의 첫 번째 직장에 잘 적응하고 있다. 모든 것이 계획대로 흘러갔다. 단지, 최근에 뭔가 불안감을 느끼기 시작했다는 것을 빼고는. 그녀는 그 불안함의 의미가 무엇인지 그리고 어떻게 반응해야 하는지 잘 몰랐다. 그냥 무시해도 좋은가? 다른 직장을 알아봐야 하는가? 독신 친구들을 더 만들어야 하는가? 데이트를 더 많이 해야 하는가? 메리의 분별 질문은, 나의 경우와 매우 다른 것으로, "나는 나의 불안함에 대해 어떻게 반응해야 하는가?" 하는 것이었다.

메리의 첫 번째 과제는 그녀의 불안함이 그녀에게 말하는 것을 더 분명하게 듣는 것이다. 그녀는 의식 성찰 실습을 더욱 의도적으로 했고, 관찰한 것을 일지에 기록했다. 그녀는 곧 친구들과 함께 보낸 즐거운 주말 뒤에도 불안함이 누그러지지 않았다는 것을 알아차렸다. 그녀는 연례 성취도 평가 기간 동안에, 그녀의 상관이 그녀가 한 일, 특히 그녀의 창의성에 대해 크게 칭찬했을 때도 사실 크게 기뻐하지 않는 것을 발견했고, 현재의 직장이 특별히 도전을 주거나 새롭게 느껴지지 않는다는 것을 깨달았다. 이 깨달음은 그녀로 하여금 "마음의 갈망 찾기"(2장)라는 수련을 사용해서 자신의 진정한 갈망이 무엇인지 파악하고 그것들에 주의를 기울이게 만들어주었다. 그리고 긴 시간 동안 관상하며 산행을 하는 가운데 어느 순간 처음으로 주목할 만한 에너지가 솟구치는 것을 느꼈다. 그녀는 하루를 마무리하는 의식 성찰에 덧붙여, 아침에 기도와 수련을 하는 방식의 기도생활을 의도적으로 시작했다. 그리고 자기를 흥분하게 하는 장소와 사건 그리고 사람들을 조심스럽게 관찰했다. 그녀는 또한 자신의 꿈에 주의를 기울이기 시작했고, 직관, 몸, 상상력, 그리고 자연(5, 6, 7, 그리고 10장)을 통해 분별에 접근하는 수련들을 선택했다. 그 과정은 그녀가 선호하는 것들이었고, "우리가 아직 보지 못한 것"이 드러날 여지를 마련해 주었다.

그녀가 세 달 가량 "직관" 수련을 수행하던 중 어느 날, 상징으로 가득한 이미지 하나가 마음에 떠올랐다. 그 안에서 그녀는 어린 아이들의 행렬을 이끌고 있었는데, 아이들은 자기 앞에 있는 사람의 손을 잡고 있었다. 그들은 다양한 색깔과 모습으로 흥분해서 떠들고 있었다. 그들은 메리가 지켜보는 가운데 거리를 가로질렀다. 그녀가 이 이미지가 무슨 의미일까 생각하고 있을 때, 그녀가 사는 곳 가까이에 있던 유치원의 아이들이 떠올랐다. 그녀는 "나의 미래가 이런 어린이들과 함께 하는 것일까?"라고 생각했다. 그리고 다음 분별 질문의 초점을 좀 더 좁힐 수 있었다: "나는 어린 아이들을 위해 자원봉사를 해야 하는가?" 그녀는 이 질문에서 드러난 가능성을 분별하기 위해서 그것에 대한 자신의 생각과 느낌을 명확히 하려고 이성적 과정과 신앙적 정서들을 사용했다(8장과 9장). 그녀는 자신의 몸이 에너지 혹은 에너지의 부족을 가리킬 수 있으므로 "몸 도입 항목"(body entry point, 6장)을 사용했다. 그녀는 설령 분별의 결과가 "안 돼, 이것은 아니야"가 된다 할지라도 나중에 더 큰 소명을 다루는 결정에서 그녀가 또 다른 단계로 나아가도록 도움이 될 수 있다고 지혜롭게 생각했다.

이 두 가지 시나리오는 각기 다른 분별 상황들을 대표적으로 보여주고 이 책에 나오는 수련을 사용하는 각기 다른 방식을 소개한다. 당신의 경험과 선호하는 것들은 또 다를 것이다. 당신 자신의 길을 발견하라. 물론 마음에 가장 끌리는 수련을 사용해야 하지만, 당신이 선호하는 방법들로부터 얻은 정보를 재점검하기 위해 덜 선호하는 방법을 적어도 한 가지 사용해 보라. 당신이 분별하려는 주제가 메리의 경우처럼 폭이 넓거나 구성하기 힘들고 막연할 때는, 친구나 가족 또는 목회자나 영성지도자의 조언을 구하라. 그러나 분별을 시작할 때 문제를 구성하기가 어렵고 막연하다고 해서 그것이 좋지 않은 분별인 것은 아니다. 하나님은 우리가 실제 상황 속에서 윤택한 선택들을 펼쳐 나가기를 원하시면서 우리의 삶에서 여전히 역사하고 계신다. 결국에는 하나님을 발견하는 것이야말로 모든 분별의 본질적인 결과인 것이다.

4. 기억의 안내
Memory's Guidance

우리는 이제 4장부터 10장에 걸쳐 분별의 핵심을 다루려고 한다. 그 핵심은 우리 앞에 놓인 의사결정이라는 구체적인 상황 가운데서 우리를 향한 하나님의 부르심에 관하여 중요한 판단을 내리는 것이다. 지금까지 우리는 조심스럽게 분별 주제를 구성했고, 올바른 결정을 내리기 위해 필요한 정보를 모았다. 그렇게 하는 동안 이 결정을 통해 하나님을 찾기 위해서 영적 자유함을 구하는 기도를 드렸다. 이제 우리를 결정으로 이끄는 실마리들을 모으고 평가하면서 임시 결정을 내리는 과정을 시작하려고 한다. 그렇게 하기 위해서 분별에 이르는 다양한 도입 항목들(entry points)을 사용할 것이다. 그 각각의 항목들은 하나님이 이 특정한 결정을 통해 우리를 어떻게 부르시는지를 가늠하도록 도와줄 것이다. 우리는 각 장에 나오는 여러 가지 수련의 도움을 통해 하나님이 어떻게 당신을 부르시는지를 차근 차근 가리켜주는 주관적인 과정을 기도 가운데 수행하고 이를 평가하게 될 것이다.

미래로 가는 길은 때때로 과거로부터 우리에게 다가온다. 분별에 이르는 우리의 첫 번째 도입 항목은 기억이다. 이 장에서 우리는 하나님이 우리의 현재의 결정을 통하여 우리를 어떻게 부르고 계시는지에 관한 단서를 찾기 위해 기억을 사용한다. 우리는 과거를 현재로 불러오는 기억의 능력에 대해 살펴보고, 기억을 주로 사용하는 두 개의 분별 이야기들을 따라가보며, 하나님의 지속적인 현존을 이해하기 위해 어떻게 기억을 사용하는지에 대한 성경의 사례들을 살펴볼 것이다. 첫 번째 수련인 '기억을 통해 분별에 접근하기'는 기억을 사용해서 기도하는 방법을 간략하게 살펴본다. 두 번째 수련은 하나님이 과거의 어느 시점에 우리에게 허락하신 영적 자유함을 기억하고 다시 경험해 보도록 돕는다. 그런 자유함을 경험했던 순간을 되돌아보는 것은, 첫 번째 수련에서 떠올린 기억들을 평가할 때 사용할 비교 기준점이 된다.

실습: 기억을 통해 분별에 접근하기

우리의 기억은, 다른 많은 것들과 뒤섞인 채, 하나님이 삶에서 허락하셨던 축복과 지지와 인도하심에 대한 자신만의 기록들을 보관하고 있다. 이번에 행할 기도는 우리가 현재 내릴 결정과 관련하여, 하나님이 이전에 지지하고 인도해 주셨던 하나 또는 그 이상의 순간들을 떠올리게 한다. 그 때와 지금 사이의 연관성은 더 많은 고찰이 필요할 정도로 복잡할 수 있으므로, 특히, 5단계와 6단계를 행할 때에는 충분한 시간을 할애하라.

1. 당신의 내면과 바깥을 고요하게 함으로써 기억을 통해 떠오르는 지혜에 귀 기울일 준비를 하라. 부드럽게 숨을 쉬면 깊은 침묵에 이르는 데 도움이 된다. 깊은 침묵에 이를 때까지 필요한 만큼 충분히 시간을 가지라.

2. 이 기억하기의 시간을 하나님께 드리라. 하나님께 당신의 기억을 통해 말씀해 주시도록 요청하라. 그리고 그 기억들을 통해 하나님께 쓰임 받고 싶다는 당신의 갈망을 말씀드리라.

3. 당신이 내려야 하는 결정 사항에 대해 생각하면서, 당신의 삶 속에서 특별히 은혜로운 사건이나 시기가 기억에 떠오르는가 보라. 그 기억은 당신이 현재 직면하고 있는 문제와 비슷할 수도 있지만 반드시 그럴 필요는 없다. 그 사건이나 시기를 되새기면서 그것을 전체적인 맥락 안에서 기억해 보라.

4. 그 순간 하나님이 당신을 위해 어떻게 "일하고 계셨는지" 살펴보라. 그리고 당신이 어떻게 반응했는지도 돌아보고, 그 순간에 있었던 은총을 기억해 보라. 그 은총과 당신의 반응 가운데 가장 중요한

부분을 영성일지에 기록하라.

5. 그 때의 경험과 현재의 분별주제 사이의 유사점과 차이점을 살펴보라. 그리고 두드러진 특징을 영성일지에 기록하라.

6. 과거에 경험했던 은총의 순간을 되새기는 동안, 그것이 지금 앞으로 내려야 하는 결정에 관해 어떤 제안을 해주는지 살펴보면서 하나님의 성실하심에 감사드리라.

기억: 현재 안에 존재하는 과거

우리의 기억은 과거를 현재 안에 재창조할 수 있는 특별한 힘을 우리에게 부여한다. 기억은 우리의 분별이 성숙해 나가도록 돕는 강력한 도구가 될 수 있지만, 도대체 광대한 저장창고에 있는 기억 중에 어떤 것이 이런 목적에 부합할 수 있는가? 위에 나오는 수련인 "기억을 통해 분별에 접근하기"는 우리의 기억하는 행위를 기도 가운데로 이끌어 온다. 그리고 우리는 그 기도 안에서 하나님께 우리를 미래로 안내해줄 기억들을 떠올리게 해달라고 요청한다. 우리의 기억은 우리 정신의 표면 가까이에 있을 수도 있고, 더 깊이 묻혀서 접근하기 힘들 수도 있다. 머릿속에서 오고가는 말들을 침묵시키면 더 깊은 기억을 떠올리는 데 도움이 되는 공간을 만들 수 있다. 그러면 자석이 쇳가루를 끌어당기듯이, 하나의 기억은 다른 기억들을 불러

올 수 있다는 것을 깨닫게 된다. 이런 기도를 계속 이어갈 때 하나님의 은총에 관한 하나의 기억은 다른 기억들을 불러일으킬 수 있다.

우리는 우리 자신이나 우리가 사랑하는 어떤 사람이 무언가를 기억하지 못하는 순간이 오기 전까지는, 기억이라는 행위를 당연한 것으로 여기는 경향이 있다. 기억하는 능력을 잃어버리는 것은 그 일을 경험하는 사람뿐 아니라 그와 관계 있는 사람들에게도 비극이다. 삶의 편린들을 하나의 이어지는 이야기로 연결시켜주는 기억이 없으면 인격은 해체되고 현실로부터 분리되기 시작한다. 우리 어머니는 뇌졸중에서 회복되는 동안 기억 상실증을 앓으셨다. 나는 사진 몇 장을 병원에 가져가서 어머니에게 사진 속에 있는 가족 모두를 보여주었다. 어머니는 어렸을 적 나의 사진을 보면서 말했다. "이게 누구인가요?" 나는 대답했다. "저예요, 어머니, 당신 딸이요." 어머니는 물끄러미 나를 바라보았다. 다음날 병원에 가서 내가 누구인지 알겠느냐고 물었을 때 어머니는 얼른 자랑스럽게 대답했다. "그럼요, 당신이 어제 나한테 꽃을 가져다주었잖아요."

기억이 없어지자 어머니의 과거는 더 이상 연속되는 이야기 속으로 연결되지도 못했고 현재와 이어지지도 않았다. 그분은 더 이상 나의 어머니가 "될" 수 없었다. 나는 어머니에게 꽃을 가져다주고 그분의 인생과는 전혀 관계가 없는 사진들을 보여준 여자에 불과했다. 운이 좋게도, 며칠 후에 사진 보기 연습을 반복하던 중에 어머니는 올케를 알아보았고, 하루 이틀 후에는 당신의 기억의 실마리로 인생 이야기를 다시 짜기 시작하더니 과거의 관계들을 현재와 연결지을 수 있게 되었다. 그분은 다시 나의 어머니가 되었고, 나는 그분

4. 기억의 안내

의 딸이 되었다.

　우리는 하나의 기억으로 반복해서 돌아갈 수 있다. 기억은 고정되고 안정된 것처럼 보이거나, 또는 그렇다고 생각된다. 그러나 기억은 특별한 성향을 띠기도 하고 유동적이기도 하다. 세 사람이 똑같은 사건을 목격하더라도 나중에 그 사건을 회상할 때면 저마다 다르게 재구성할 것이다. 가족구성원들이 과거를 회상할 때, 조만간 이렇게 말하는 사람이 생겨난다. "내가 그렇게 중요한 것을 다르게 기억하고 있었어!" 또는 "당신의 기억력은 너무 형편없네요! 그때 정말로 일어났던 일은…" 기억은 기억하는 사람의 인식과 해석에 영향을 받는다. 기억은 실제 일어났던 일을 아주 가깝게 그대로 간직할 수도 있고, 그렇지 않을 수도 있다. 왜냐하면 정말로 일어났던 것은 항상 해석에 종속되기 때문이다. 신학자 미로슬라프 볼프(Miroslav Volf)는 그 현상을 이렇게 말한다: "우리는 기억에 의해 만들어질 뿐만 아니라, 우리를 만들어내는 기억을 우리 스스로 만들어낸다."[1]

　기억은 또한 유동적이다. 임상심리학자 그레이엄 린데거(Graham Lindegger)는 "기억은 우리 안에 저장된 과거의 삶과 경험에 대한 인식을 조직하는 과정이다"라고 말했다.[2] 그러나 기억은 재생 버튼을 누를 때마다 똑같은 영상이 똑같은 순서대로 흘러나오는 비디오 녹화처럼 작동하지 않는다. 오히려 기억은 연극을 해석하는 연출가와 비슷하다. 연극은 실제적인 사건에 기반을 두고 있을 수 있지만, 공연 때마다 연출가의 해석에 따라 다른 느낌과 다른 뉘앙스를 준다. 사람이 갖고 있는 기억의 흐름도 얼마든지 재해석이 가

능하다: 기억을 치료하고 치유하는 일도 이런 가능성을 기반으로 하고 있다. 또한 기억은 최근에 있었던 과거사 진실규명위원회가 보여주는 것처럼, 여러 단체의 사람들이 화해하는 데 있어서도 중요한 요소가 된다. 그러나 모든 기억이 정의와 통합의 근거를 제공하지는 않는다. 때로는 과거의 기억들이 현재의 갈등과 전쟁을 끊임없이 부추기기도 한다.[3]

그래서 기억은 우리에게 일어나는 무엇일 뿐 아니라, 또한 우리가 행하는 무엇이다. 우리는 어느 정도 선에서는 스스로 어떤 기억 위에 머물 것인가를 선택할 수 있으며, 특정한 정체성을 지닌 특정한 공동체에 한정된 기억 속에 의도적으로 참여할 수 있다. 예를 들어, 장례식이나 추모모임에서 가족 이야기를 하듯이, 그런 기억들을 하나의 예식으로 만들 수 있다. 성례전(liturgy)이란 다름 아니라 바로 그런 기억을 예식화한 것이다.

더 나아가, 기억은 단순히 과거를 현재로 가져오는 것에 그치지 않는다. 기억은 미래에 대한 희망과 본질적인 관계를 갖고 있다. 기억은 실제로 희망을 만들어내고, 희망은 다시 기억에 영향을 끼친다. 우리는 정지된 것처럼 보인 것들이 실제로 어떻게 변화되었고, 우리가 경험을 통해 얼마나 성장했으며, 하나님이 지금까지 우리 인생에서 어떻게 역사하셨는지를 기억할 때, 하나님이 우리 삶 가운데 다시 역사하실 수 있다는 희망을 품는 것이 가능함을 인정하게 될 것이다. 기억은 "기대의 지평"(horizon of expectation)[4]을 창조하며 우리는 그 안에서 미래를 살아간다.

마지막으로, 기억은 우리 자신의 삶의 줄거리를 서로 연결해 줄 뿐 아니라, 우리의 삶을 우리를 에워싸고 있는 다른 사람들의 삶과 연결시켜준다. 베네딕트회 소속의 영성작가인 조안 치티스터(Joan Chittister)는 다음의 글을 통해 우리의 기억을 개인적인 것에서 사회적인 것으로 이해할 수 있도록 도와준다:

> 삶에서 중요한 것들은, 이런 방식이든 저런 방식이든, 하나같이 우리에게 자국과 흔적을 남긴다. 우리는 이것을 기억이라고 부른다. 우리는 우리가 승리한 일들을 기억하는 일을 결코 멈추지 않으며, 우리가 손해 본 것들을 후회하는 일을 결코 멈추지 않는다. 그 중 어떤 것들은 우리에게 쓰라림을 남긴다. 그러나 그 모든 기억은, 우리가 허락하는 한, 우리에게 지혜를 남긴다. 그것들은 우리를 변화시켜서 우리가 작고 미약하고 자기중심적인 자아에서 벗어나 긍휼의 사람이 되게 한다. 우리는 비로소 두려움에 떨고 있는 사람과 무거운 죄짐을 진 사람 그리고 지친 사람들을 이해하게 된다. 그들은 우리가 되고 우리는 또한 그들이 된다. 우리는 거리의 노숙자들을 보면서 우리 자신의 절망을 분명히 인식하고, 소외된 사람들의 분노에 공감하게 된다. 그리고 버림받은 사람들의 미미한 존재감을 자기의 일처럼 공감하게 되며, 마침내 잊혀진 사람들의 분노의 외침을 들을 수 있게 된다. 우리는 변화된 것이다.[5]

기억은 "그들"과 "우리" 사이에 존재하는 인식의 경계를 허물어 버림으로써 인류는 한 가족이라는 공동체 의식의 중심으로 우리를 초대한다. 기억에 대한 이 새로운 관점, 즉 기억이 우리를 모든 인간이 공유하고 있는 공통된 인간 조건에 연결시켜준다는 사실은, 기억을 사용하는 우리의 기도에 새로운 요소를 첨가시켜 준다: 인류는 한 가족이라는 입장에서 볼 때, 우리가 분별하려고 하는 주제와 관련해서 하나님이 우리에게 바라시는 것이 무엇일까?

기억이 분별에게 주는 선물

기억은 정체성과 "기대의 지평"을 형성하는 것과 관련되어 있기 때문에 분별을 위한 강력한 자료가 된다. 기억은 서로 연관되어 있으면서 또한 구별되는 두 가지의 선물을 분별에 제공한다: 즉 과거의 경험을 돌이켜 봄으로써 현재의 결정을 위한 지혜를 제공해 주며, 또한 우리의 삶이 은총에 의해 유지되고 둘러싸여 있음을 경험할 수 있게 해준다.

첫 번째 선물, 즉 현재의 결정에 도움이 되는 지혜는 "기억을 통해 분별에 접근하기"라는 실습에서 매우 강조되고 있다. 그 지혜는 하나님이 우리의 삶속에서 역사하셨던 과거의 순간들을 바라봄으로써 다가온다. 그런 경험은 현재의 분별 주제에 도움이 되는 무언가를 제공해 줄 수 있다. 어떻게 기억이 개인의 분별에 영향을 끼치는지에 대하여 서로 반대되는 두 가지 예들을 살펴보자.

톰(Tom)의 회사는 규모를 축소하고 있었고 마침내는 문을 닫게 될 것이다. 그보다 후배인 많은 동료들이 이미 그랬던 것처럼, 그가 해고통지를 받는 것은 시간문제이다. 마지막이 다가오고 있음을 아는 것이 도움이 되는 면이 있다고 해도, 그가 불확실성 때문에 힘든 것은 사실이다. 그때는 언제일까? 그 다음에는 무엇을 할 것인가? 가족을 어떻게 돌볼 것인가? 이곳저곳을 방랑하는 '집시' 처럼, 같은 업종의 또다른 회사로 자리를 옮겨야 할까? 아니면 자기혁신을 통하여 이런 종류의 업종에서 완전히 벗어나야 할까?

불안감에 고민하던 톰은 이전에도 이와 비슷한 불안감을 느꼈던 때가 있었음을 기억해 냈다. 그것은 어린 시절에 있었던 한 사건으로, 그가 여덟 살 때 아버지가 직장을 잃었다. 이 경험이 톰에게는 "기억을 통해 분별에 접근하기" 실습의 좋은 예로 비쳐졌다. 그는 그 기억을 다시 떠올리면서 하나님께 함께 해주시도록 초청하는 기도를 시작했고, 이 기억을 통해 그가 어떻게 지금의 곤경에서 도움을 얻을 수 있을지 깨달을 수 있도록 은총을 구했다. 그는 기도하는 가운데 그 기억으로 돌아가 비어 있던 기억들을 상세히 채웠다. 여덟 살 때의 기억은 꽤 희미했다. 당시에 부모님이 밤새 오랜 대화를 나눈 것과 아버지의 일그러진 얼굴을 보지 못했다면 아버지의 실직이 함축하고 있는 것들을 알아차리지 못했을 것이다. 그는 다음과 같이 생각한 것이 기억났다: 무엇인가 잘못되었군. 아버지는 이제 무엇을 하실까? 우리는 이사를 가야 하나? 처음에 그는 자신의 두려움을 억눌렀다. 그러다 며칠 후에 많은 눈물과 함께 터져 나왔다. 그의 부모는 자신들의 불안감이 그에게도 크게 전해졌음을 깨닫고는 그 상황에서 고려중인 여러 계획들을 그에게 말해 주었다. 부모의 고민은 이제 가족의 문제가 되었고 톰의 느낌과 생각도 거기에 반영되었다. 한 주가 지나기 전에 계획이 마련됐다: 톰의 어머니는 세탁일과 수선일을 하고, 톰은 이웃의 심부름을 하며 용돈을 벌고, 아버지는 새로운 직업을 위해 기계공 훈련을 받으면서 한편으로는 별도의 임시직을 구해 생활비를 마련하는 것이었다. 당시 기계공으로 훈련을 받으려면 2년이 걸렸고, 아버지가 다른 정규 직장을 얻기까지는 아홉 주가 더 걸렸다. 그 기간은 배고픈 시절이었으나 그의 가족은 똘똘 뭉쳐 잘 헤쳐 나갔다. 그의 가족은 종종 그 시기를 돌아보고, 만약 일이 계획대로 이루어지지 않았더라면 어떻게 되었을까 얘기하면서, 모두가 한데 뭉쳐 용기 있게 헤쳐나온 것에 감사한다.

톰은 이 기억을 자세히 들여다보면서, 여덟 살 때 자기의 불안감이 가족에게 전해졌을 때 오히려 그 불안감이 줄어들었다는 것을 깨달았다. 그는 가족이 함께 모여 아버지의 갑작스런 실직에 대해 머리를 맞대고 이야기하면서, 자신도 가족을 위해 무언가를 할 수 있다는 것에 자부심을 갖기 시작했다. 그리고 자신의 불안감이 변화하여 자신이 얼마나 중요한 존재인지 깨닫고 더 나아가 자기신뢰의 감정으로까지 이어졌음을 기억해 냈다. 가족들 사이의 이야기 나눔은 이 변화를 일으킨 열쇠와 같다. 그는 지금 실직을 코앞에 둔 사람으로서, 자기 부모가 처음에 그랬던 것처럼 그 불안감을 혼자만 삼키고 있다. 만약 그가 그것을 현명하게 아이들과 나눈다면 어떤 일이 일어날 것인가? 그들은 이 전환의 시기에 필요한 전략을 함께 생각해 낼 수 있을까? 그는 이런 생각을 아내에게 말하기로 결심한다.

또한 그는 비슷한 불안감이었지만, 이번에는 다른 상황에서 겪은 또 다른 기억을 되살려냈다. 그는 막 열여덟 번째 생일을 지냈고 군 입대를 앞두고 있었다. 많은 친구들이 훈련소에 있었고 어떤 친구들은 이미 베트남으로 떠났다. 언제 입영을 할지 몰랐기 때문에 새로운 무언가를 시작하기란 더더욱 불안했다. 이러지도 저러지도 못하는 상황이었다. 그리고 다음과 같이 고민했던 기억이 떠올랐다: "미칠 것 같군! 집을 떠나야 하는데!" 그러다 그는 남아 있는 시간 동안, 동네 남자아이들을 모아 임시로 야구팀을 꾸려보기로 했다. 그가 입영 통지서를 받고 훈련소로 갔을 때, 그의 팀은 지역 리그에서 꽤 좋은 성적을 거두고 있었다. 비록 낡은 장비와 허름한 복장으로 운동장을 달려야 했지만, 그의 팀은 좋은 팀워크로 그 부족함을 채우고도 남았다. 톰은 불안한 미래를 앞둔 상황이라도, 밖으로 나가서 무엇인가를 하는 것이 그의 불안감을 건설적인 열매로 변화시키는 데 도움이 되었다는 것을 깨달았다. 팀을 만들어 감독하는 것은 실제로 만족스러운 도전이었다. 그는 현재 갖고 있는 불안감과 관련해서, 해고통지라는 칼날이 떨어지기만을 단순히 기다리기보다는 스스로 어떤 종류의 행동을 취하는 것이 나음을 깨달았다. 그가 다음에 가진 질문은 이것이다: 그러면 나는 무엇을 할 것인가?

톰의 분별로 두 가지가 분명하게 드러났다: 그는 기다림과 관련된 불안감을 현명하게 다른 사람에게 털어놓을 수 있고, 그리고 기다림의 시간 동안 비록 보잘것없더라도 자신에게 투자하고 그럼으로써 개인적인 진전을 이룰 만한 행동을 취할 수 있다. 그는 지난 날의 이 두 사건을 겪는 동안 하나님과 어떤 식으로든 관계가 있을 거라는 생각을 한 적이 없음을 어렴풋이 깨달았다. 그러나 분별의 관점에서 이 일들을 보는 가운데, 그 당시에도 하나님이 실제로 간섭하고 계셨음을 확신하게 되었다. 더 나아가, 기도하는 가운데 떠오른 기억들은 그에게 더 많은 자유함 속에서 선택을 내릴 수 있도록 해주었다. 그는 이 자유의 느낌이 지속된다면, 그것은 그의 삶속에 성령님이 일하고 계시는 거라는 확신을 얻었다. 그는 기억에서 얻은 정보를 통해 해야 할 일이 더 있음을 알게 되었지만, 아직은 가능성 뿐인 어느 정도의 에너지만 얻었다. 그는 감사의 기도를 드리며 기도 시간을 마친다. 그리고 영성일지를 펼쳐 중요한 변화와 이 수련에서 배운 것을 기록한다.

우리의 두 번째 예에서, 캐시(Kathy)가 분별과 관련해 기억에 접근하는 방식은 훨씬 더 조심스러웠다. 그녀는 자신의 삶을 이전과 이후 즉, 성폭행을 당하기 전과 그 이후로 나누었다. 성폭행을 당한 것은 삼년 전의 일이었지만, 그녀는 여전히 갑작스럽게 나타나는 환각과 악몽을 경험한다. 캐시는 이 부정적이고 파괴적인 기억을 다루기 위해 성폭행 상담센터에 다니기 시작했고 그러면서 그 기억은 점차 힘을 잃기 시작했다. 그리고 다른 기억들이 표면에 떠오르기 시작했고, 아직 적절한 안전장치가 필요하긴 하지만, 기억 수련에 다가설 용기가 생겨났다. 상담 센터 안에서 사람들과 나누었던 연대감을 통해 그녀는 용기를 얻고 자신의 인생이 달라진 때를 그려볼 수 있게 되었으며, 상처를 극복함으로 희생자가 아닌 생존자로서 인생의 다른 비전을 회복할 수 있다는 희망을 갖게 되었다.

캐시는 안전한 공간 안에서 기억의 기도를 하기로 했다. 그녀는 성폭력 상담가인 페기(Peggy)를 불러 자신이 무엇을 하고 싶은지 설명하고, 기억 수련을 할 때 옆에 있어 달라고 부탁했다. 페기는 캐시가 현명하게도 이 내적 과정에서 훈련된 외부인과 함께 하려 한다는 것을 알고 기꺼이 동의했다. 캐시에게 파괴적인 기억들이 건설적인 기억들을 압도하려 할 때는, 페기가 나서서 캐시는 이제 안전하고 하나님의 소중한 자녀이며 그녀의 인격에 반하는 이 일회적 폭력행위가 그녀의 존재를 영원히 결정지을 수는 없다는 분명한 사실을 확인시켜줄 수 있었다. 두 사람은 캐시가 기억 수련을 하는 주일 오후에 만난다. 그리고 페기는 캐시가 기도할 때 함께 기도한다. 캐시는 기도하는 가운데 기억들이 올라오면, 그것을 페기에게 말한다. 이렇게 기억들을 자기 밖으로 내보냄으로써 캐시는 그 기억이 미치는 영향력을 자신이 좀더 확실하게 조절할 수 있다고 느끼게 된다.

캐시의 경험은 모든 기억이 다 좋은 것은 아니라는 사실을 우리에게 상기시킨다. 깊은 상처를 남기거나 파괴적인 기억이 우리를 억누를 때는, 기억 수련을 멈출 필요가 있다. 만약 큰 상처를 남긴 기억들이 떠오를 것 같다면, 캐시가 했던 것처럼 외부의 도움을 청할 필요가 있다.

톰과 캐시의 서로 다른 경험은 기억을 통해 분별에 접근하는 일의 가능성, 한계, 그리고 주의점 등을 알려준다. 그들의 경험은, 기억은 과거와 현재 그리고 미래를 서로 결합시켜 한 사람의 인생에 일관성을 부여하는 연결 조직이라는 심리학적 가정과, 하나님은 한 사람의 모든 사건에 현존하시며, 그 현존을 드러내고 안내하기 위해 기억을 통해 일하실 수 있다는 신학적 가정에 토대를 두고 있다.

기억이 분별에 주는 두 번째 선물은 우리의 삶이 은총에 붙잡히고 둘러싸여 있다는 것을 경험할 수 있게 해주는 능력이다. 이것이 바로 우리가 일찍이 깨달은 기억과 희망 사이의 관련성이다. 청교도인 존 번연(John Bunyan)은 이 선물을 알고 있었고, 자서전에 이렇게 기록했다. "그리스도인들이 자기 영혼에 은총이 처음 임하던 순간을 자주 떠올려 보는 일은 유익하다…. 그렇다. 부지런히 바라보라. 그리고 그 안에 있는 어느 한 구석도 놓치지 말고 보라. 왜냐하면 거기에는 보물이, 심지어 당신을 향한 하나님의 은총 가운데 제일 가는 혹은 두 번째에 해당하는 보물이 감추어져 있기 때문이다."[6]

우리는 기억을 통해 우리가 하나님 앞에서 어떤 존재인가를 인식할 수 있을 뿐만 아니라, 하나님 앞에서 우리의 존재를 인식함으로써 하나님이 과거와 마찬가지로 미래에도 우리를 계속 인도하실 것이라고 기대하는 마음을 갖게 된다. 이 "기대의 지평"이 2장의 첫 번째 기억 실습인 "개인사 기억하기"의 열매이다. 만약 당신이 앞에서 이 열매를 경험하지 못했다면, 지금 잠시 진도를 멈추고 그 영성 실습을 복습함으로써 하나님이 주시는 은총을 맛보는 기회를 누리라.

기억은 또한 성경 본문과 관련된 특정한 경험을 불러일으킬 수 있다. 나는 여러 해 전에 부활하신 예수님께서 막달라 마리아에게 나타나신 장면을 묘사한 성경 본문을 가지고 기도한 적이 있다. 기도에 깊이 들어가면서, 예수님이 나를 찾아오신 것 같은 분명한 느낌을 받았고 그분이 진정 누구인지를 다시금 인식하는 계기가 되었다. 그날 이후 그 성경 본문은 이전과는 전혀 다른 것으로 내게 다가오고 있다. 그 경험은 나의 개인적 신앙 경험으로 내면화되었고, 언제나 꺼낼 수 있도록 내 기억 속에 큼지막하게 자리를 잡았다. 다른 곳에서 그 본문을 접할 때에도 부활하신 그리스도께서 개인적으로 나에게 오신다는 느낌이 새로워지고 그분의 인격적 현존에 의해 따뜻해지는 느낌을 받게 된다.

성경의 사례

성경은 기억이 하나님의 지속적인 현존에 대한 우리의 이해를 형성하는 일에 어떻게 사용되는지를 보여주는 두 가지 매우 생생하고 모범적인 예를 제공한다. 첫 번째 예는 출애굽 사건에서 시작한다. 애굽에서 빠져나와 시내 광야를 방황하던 이 기진맥진한 셈족의 무리가 실제로 누구였든지 간에, 이 사건에 대한 기억은 이스라엘 백성의 자손과 그 자손의 자손의 뇌리에 깊이 새겨졌다.

> 모세가 백성에게 이르되 너희는 애굽 곧 종 되었던 집에서 나온 그 날을 기념하여 유교병을 먹지 말라 여호와께서 그 손의 권능으로 너희를 그 곳에서 인도해 내셨음이니라… 여호와께서 너를 인도하여 가나안 사람과 헷 사람과 아모리 사람과 히위 사람과 여부스 사람의 땅 곧 네게 주시려고 네 조상들에게 맹세하신 바 젖과 꿀이 흐르는 땅에 이르게 하시거든 너는 이 달에 이 예식을 지켜 이레 동안 무교병을 먹고 일곱째 날에는 여호와께 절기를 지키라 이레 동안에는 무교병을 먹고 유교병을 네게 보이지 아니하게 하며 네 땅에서 누룩을 네게 보이지 아니하게 하라 너는 그 날에 네 아들에게 보여 이르기를 이 예식은 내가 애굽에서 나올 때에 여호와께서 나를 위하여 행하신 일로 말미암음이라 하고 이것으로 네 손의 기호와 네 미간의 표를 삼고 여호와의 율법이 네 입에 있게 하라 이는 여호와께서 강하신 손으로 너를 애굽에서 인도하여 내셨음이니 해마다 절기가 되면 이 규례를 지킬지니라(출 13:3, 5-10).

복음서의 기자들은 예수님이 사도들과 함께 했던 최후의 만찬과 그분의 죽음을 위의 사건과 동일한 무교절이라는 문맥 안에 배치시킨다. 예수님은 출애굽 사건을 상기시키시면서 제자들에게 성만찬이라는 기독교의 위대한 기념비적인 행위를 남겨놓으셨다. 누가는 기억과 행위 사이의 이 관계를 강조한다: "이르시되 …이를 행하여 나를 기념하라." 바울은 성만찬 이야기에 관해 언급한 최초의 문헌을 제공한다: "너희가 이 떡을 먹으며 이 잔을 마실 때마다 주의 죽으심을 그가 오실 때까지 전하는 것이니라"(고전 11:26). 실행된 기억들을 이렇게 종합해 볼 때, 초대교회로부터 오늘날에 이르기까지 기독교의 부활절 의식은 바울이 선포한 내용에서 거의 변하지 않았다. "우리의 유월절 양 곧 그리스도께서 희생되셨느니라 이러므로 우리가 명절을 지키되"(고전 5:7-8).

유대인 공동체 및 그리스도인 공동체의 삶에서 기억이 담당하는 기능을 인식했다면, 우리는 우리 개인의 삶에서도 기억이 이와 마찬가지로 작용할 수 있음을 알게 된다. 우리 대부분은 시금석 같은 순간들, 즉 하나님이 우리를 방문하셨음을 즉시 알 수 있는 명확한 순간들에 대한 경험이 있다. 이와 비슷한 순간들이 성경에도 기록되어 있다: 마태가 예수님을 만나서 "나를 따르라"는 강력한 말씀을 들은 순간, 다메섹으로 가던 바울에게 강력한 빛이 비추던 순간, 바울이 자신이 핍박하던 대상이 바로 예수님이라는 것을 깨닫는 순간, 베드로가 환상 가운데 자기 앞에 펼쳐진 음식을 보고 있는데 "취하여 먹으라"는 말씀을 듣는 순간. 우리 대부분은 하나님의 신비가 우리 개인의 삶을 뚫고 들어오던 순간을 간직하고 있다. 그러나, 만약 그것들을 가지고 아무것도 하지 않는다면, 그 순간들은 우리의 의식 속에 가라앉고 흩어져서 분별에 아무 도움이 되지 않을 것이다. 그렇지만 하나님에 대한 아무리 작은 경험일지라도 그것은 우리가 분별할 때 도움을 줄 수 있다. 우리는 거룩하신 분과의 만남이 가져다주는 특징, 즉 자유함, 가슴 벅참, 용기, 에너지, 평강을 비롯한 다른 열매들로 돌아갈 수 있다. 그리고 그것들을 일종의 기준선, 즉 하나님에 대한 경험의 틀로 사용하여 우리의 분별 가운데 발생하는 다른 덜 명료한 경험들과 비교하고 대조해 볼 수 있다.[7]

당신은 이 글을 읽고 있는 동안에도 그런 순간을 기억해 낼 수 있다. 그리고 그밖에 다른 순간들도 틀림없이 있을 것이다. 다음에 나오는 간단한 실습을 사용해서 당신의 인생에 있었던 그런 순간들을 떠올려 보라.

실습: 자유함을 얻는 순간에 이름붙이기

영적 자유함에 대한 기억들은 특별한 은총을 우리에게 가져다주고 분별에서 중요한 역할을 한다. 그 기억은 다른 기억들도 우리에게 영적 자유함을 가져다주는지 비교할 수 있는 기준점을 제공한다. 이 수련은 당신이 영적 자유함을 경험했던 특별한 순간들을 기억하고 다시 경험할 수 있도록 안내해 준다.

1. 항상 그렇듯이, 당신의 몸을 이완시켜 집중에 들어갈 수 있도록

준비하고, 기도가 진행되는 동안 당신의 현재 관심사가 무엇인지 살펴본 후, 그것들을 내려놓는 것부터 시작하라.

2. 내적으로 외적으로 충분히 고요해지면, 당신이 갈망하는 은총을 하나님께 구하라: 즉, 하나님이 분명히 당신에게 현존하셨던 순간을 기억하고 재경험할 수 있게 해달라고 요청하라.

3. 불안 대신에 기대감을 품고서, 거룩한 신비(Holy Mystery)와의 만남이 떠오를 때까지 기다리라. 만일 다른 기억들이 떠오르면 옆으로 제쳐놓으라.

4. 하나님을 경험했던 기억이 찾아오면, 그 경험을 상세하게 돌아보라. 당신이 그 때 경험했던 자유함은 어떤 것이었는가? 지금 그 자유함을 다시 경험해 보라. 그것을 영성일지에 기록하라.

5. 가능하다면, 이 하나님 경험과 그때 맛본 자유함을 다른 사람 즉, 친구, 배우자, 목사, 또는 영성지도자 같은 사람들과의 관계에서 얻었던 경험과 연관시켜 보라.

6. 그 순간에 하나님께서 당신에게 주신 은총에 대해 하나님께 감사하라.

5. 직관적 지식
Intuition's Knowing

직관은 자기만의 방식으로 지혜를 제공한다. 우리는 직관을 통해 이미 우리 안에 있지만 인식하지 못하던 정보를 모을 수 있다. 직관은 느낌과 이성, 그리고 의지와 행동을 확실하게 연합시키는 일에 즉흥적이고 강력하게 확신을 주기도 하며, 때로는 작고 은밀한 자극이나 예감으로 나타날 수도 있다. 직관은 우리가 결정을 내리거나 행동하도록 밀어붙일 수도 있다.[1] 그러나 직관을 통해 분별에 제공된 정보에 대하여 우리가 어떻게 반응할지는 전적으로 우리의 선택에 달렸으며, 직관이 아무리 옳다고 느껴지더라도, 여러 가지 다른 도입 항목들을 통해, 그리고 11장에서 논의되는 시금석들을 가지고 보강 및 확증하는 것이 중요하다. 특히 당신이 직관을 어느 정도 불신하는 마음이 있다면, 반드시 직관에 따라 행동할 필요는 없다. 그러나 직관이 다른 분별 방법과 함께 사용된다면 내적 지혜를 제공하는 강력한 도구가 될 수 있다. 어떤 사람에게는 직관이 결정에 이르는 최우선의 방법이 되기도 한다.

이 장에서 우리는 직관이 무엇이며, 분별에서 어떻게 기능하는지 그리고 성경은 이에 대해 어떤 근거를 제공하는지를 살펴볼 예정이다. 우리는 또한 분별에서 직관을 사용한 두 가지 기독교 영성 전통 안에 나오는 모범 사례, 즉 로욜라의 이냐시오와 퀘이커(the Religious Society of Friends)를 연구하려고 한다. 첫 번째로 소개하는 기초적인 수련인 "직관을 통해 분별에 접근하기"는 분별의 일부분으로 직관을 사용해서 기도하는 방법에 대하여 설명한다. 두 번째 소개하는 실습인 "명료화 위원회"(Clearness Committee)는 분별할 때 직관에 기초를 두고 소그룹을 활용하는 기도의 방법을 보여준다.

실습: 직관을 통해 분별에 접근하기

직관으로 들어가기는 침묵하기, 인내하기, 그리고 환영하기처럼 단순할 수 있다. 직관은 우리 몸에 등록되어 있는 이미지나 소리 또는 색깔이나 다른 감각들을 통해서 하나님의 부르심에 관한 힌트를 제공한다. 그림 전체를 보기 위해서는, 다른 경로를 통해 얻은 것들과 함께 이 단서들을 고려할 필요가 있다. 때때로 직관은 정확하게 무엇이 문제인지 그리고 무엇을 해야 하는지에 관해 분명한 감각을 얻게 해준다. 희미한 직관이나 분명한 직관이나 어느 하나가 더 나은 것은 아니다. 그것들은 그저 다를 뿐이다. 무엇이 찾아오든 환영하라. 그리고 그것을 하나님의 부르심을 따르기 원하는 당신의 갈망의 빛에 비추어 바라보라.

1. 하나님께서는 당신의 직관을 통해 말씀하실 수 있다는 것을 기억하라. 직관의 소리에 주의를 기울이는 이 시간을 하나님께 드리라. 특별히 성령의 인도하심을 구하라.

2. 내면과 바깥을 고요히 하라. 고르게 숨을 쉬는 것이 마음을 가라앉히는 데 도움이 될 수 있다. 마음을 가라앉히기 위해 필요한 만큼의 충분한 시간을 가지라. 당신의 의식이 내면의 깊은 곳을 향해 열리게 하라.

3. 마음을 열고 기다리라. 어떤 선택 조건이나 감각 또는 감흥이 마치 다른 곳에서 전해진 것처럼 온전하게 떠오르지 않는가? 그것을 영성일지에 기록한 후 4단계로 넘어가도록 하라.

또는

이미지들이 자유로이 떠오르게 하라 (그것들은 시각적인 것일 수도 있고 그렇지 않을 수도 있다). 떠오르는 것들을 각각 기록한 뒤 다시 침묵으로 돌아가라. 이미지나 감흥이 더 이상 떠오르지 않으면, 다음 단계로 넘어가라.

> 4. 어떤 감각이나 예감 또는 이미지가 당신 앞에 놓인 의사 결정을 다른 것보다 더 잘 구현하고 있는 것처럼 느껴지는가? 그 가운데 어떤 것이 올바르다는 느낌을 주는가? 새로움을 주는가? 에너지를 주는가?
>
> 5. 이 감각 또는 예감이 당신에게 제안하는 것처럼 느껴지는 선택 조건들을 영성일지에 기록하라. 당신의 직관에 비추어 볼 때, 어떤 임시 결정을 내릴 수 있겠는가?
>
> 6. 하나님의 부르심을 따르기 원하는 갈망이 마음에 있는지 다시 확인하라. 이 기도 과정에서 드러난 것들에 관해 하나님과 대화를 나누어보라. 이 기도의 결과를 영성일지에 기록하라.

"그냥 알게 되었어요"

직관은 이성을 사용하지 않고서 무언가를 즉각적으로 아는 지식의 일종이다. 사실 우리는 정신이라는 의식 과정을 수행함으로써 아는 것보다 훨씬 더 많은 것을 안다. 직관은 우리의 의식적인 지각 영역 밖에 있는 정보를 수집해서 그것을 우리의 의식적인 정신을 통해 고찰해 보도록 제공한다. 이 기도는 당신이 직관을 통해 얻은 정보를 긍정적으로 받아들이는 데 도움이 되도록 만들어졌다.

직관은 사람마다 다른 방식으로, 즉 때로는 느낌("나는 이것이 옳지 않다고 느껴요")이나 이미지("많은 무리들 앞에서 편안하게 말하는 나 자신의 모습을 보았어요. 그런 나의 모습을 상상해 보세요!") 혹은 몸의 감각("그녀와 잘 할 수 있을 것이라는 예감이 있어요" 또는 "마치 내 귀에 '잘 해봐!' 라고 속삭이는 소리가 들리는 것 같아요")이나 생각("계획 전체가 저절로 머릿속에 떠올랐어요")을 통해 찾아온다. 직관은 어느 순간 갑자기 찾아와 지식을 전해 준다는 점에서, 감각이나 생각 또는 느낌과 구별된다. 이 기도를 통해 여러 직관들이 다양한 방식으로 당신에게 말할 수 있다는 것에 유의하라.

직관은 명령을 내린다고 그 즉시 떠오르는 것이 아니다. 그리고 이 실습은 여러 날에 걸쳐 여러 단계에서 나타날 수 있다. 혹시 기도 시간에 아무런 직관을 얻지 못했다고 해도 실망하지 말라. 직관은 종종 간접적인 방식으로 가장 효과적으로 오기도 한다. 그래서 우리가 직접적으로 찾고 있지 않는 순간에 명확하게 나타나기도 한다. 예를 들어, 샤워할 때나 비몽사몽 중에, 또는 별로 주의를 기울이지 않고 어떤 행동을 하고 있을 때 섬광처럼 통찰이 오기도 한다. 정식으로 직관 기도를 하고 며칠이 지나서야, 당신이 내려야 하는 결정과 관련된 어떤 육감이 떠오를 수도 있고, 또는 기도하는 동안에는 생각하지 못했던 어떤 제안이 꿈에서 나타날 수도 있다. 그런 정보의 조각들을 이 분별 목적에 맞는 직관이라고 여기고 그것을 계발하고 분별 과정 전체와 연결시키기 위해 이번 실습의 마지막 세 단계들을 진행하라.

직관에 이르는 데에는 많은 방법이 있다. 기도 수련을 안내하는 설명문에 얽매이지 말고 그 기도 안내문을 창의적으로 수정하거나 덧붙여도 된다. 그리기(특히 평소에 별로 사용하지 않는 쪽의 손을 가지고), 진흙 공작, 음악 감상이나 연주, 그리고 춤은 직관적 지혜를 얻는 데 특히 도움이 되는 유용한 자료들이다. 또 직관은 접촉, 냄새, 색깔, 상징과 같은 우리의 다른 감각들을 통해 올 수 있다. 그리고 꿈을 통해 올 수도 있다. 만약 꿈을 초대하면, 직관도 잘 얻을 수 있을 것이다.

직관은 분별 질문을 잘 다듬지 못했을 때에도 유용할 수 있다. 실제로, 어떤 결정이 떠오르려고 하지만 그것을 정확하게 구성하기가 힘들다는 느낌이 있을 때, 직관을 사용하는 이 도입 항목부터 시작하는 것이 좋다. 직관은 문제의 핵심에 이르는 실마리를 이성이나 감정이 할 수 없는 방식으로 제공해 준다. 이것은 직관이 그것들과 전혀 다른 차원의 과정을 거치기 때문이다.

문화 속의 직관

모든 사람이 직관을 편안하게 대하는 것은 아니다. 어떤 사람들은 이 섬광처럼 오는 통찰이 도움이 되었거나, 적어도 어떤 상황에서는 매우 정확하다는 것이 입증되었기 때문에 직관을 신뢰한다. 그러나 다른 사람들은 직관을 불합리한 것이라고 깎아내린다. 그런데 사실 직관은 비이성적이라고 말하는 것이 더 정확하다. 즉, 비록 직관은 우리의 의식적인 노력과 상관없이 오지만, 이성적인 작업을 통해 직관을 확인하고 비평할 수는 있다. 불행하게도, 우리의 문화는 결정 내리기와 순전히 이성에 근거해서 내려진 결정들에 더 호의적인 경향이 있는데, 이런 경향은 직관이 분별에 제공해 줄 수 있는 도움을 배제시킬 수 있다.

사실, 직관은 지식의 한 부분이다. 직관은 직감과 훈련된 추측을 통해 경험에 대한 첫 정보를 제공해 준다. 그리고 우리는 이성을 가지고 그 정보를 검증한다. 비슷한 방식으로, 직관은 과학적 실험은 물론 심지어 철학적 성찰의 기초가 되는 근본적인 직감들의 원천이 된다. 비논리적인 것 같은 방식이지만 사물들이 하나로 꿰뚫어지는 저 유명한 '아하' 하는 깨달음의 순간과 같은 직감들을 생각해 보라. 또한 직관은 과거에 무심코 지나쳤지만 이제 의미가 명확해진 것 같거나 적어도 더 살펴볼 가치가 있는 것처럼 느껴지는 어떤 가능성이기도 하다. 그 직감으로부터 하나의 이론이 형성되고 그 이론을 시험하기 위한 연구 프로젝트가 시작된다. 요나스 솔크(Jonas Salk)는 이에 대해 다음과 같이 말한다:

> 나는 매일 아침 '오늘은 어떤 직관이 나에게 예기치 않은 선물처럼 던져질까?' 라는 궁금증과 함께 흥분된 마음으로 잠에서 깬다. 나는 직관과 함께 일을 하고 그것에 의지한다. 직관은 나의 파트너이다… 소아마비 백신에 대해 연구를 진행할 때, 나는 하나의 이론을 생각하고 있었다. 나는 흥미로운 현상 안에 참여하고 있는 나 자신을 상상해 봄으로써 각 [실험]을 진행해 나갔다. 직관의 영역에서는 … 나의 생각이 이끌림을 받는다. 직관은 사고하고 있는 정신에게 다음에는 어디를 봐야 하는지를 말해 준다.[2]

솔크의 예에서 보듯이, 직관은 감각을 통해 우리에게 전해진 정보의 의미를 파악하고 또한 우리의 일상에서 그 열매를 충분히 맺을 수 있지만, 반드시 과학적 연구 또는 철학적 신학적 성찰이 수반된 이성의 추론 작용에 의해 보충되어야만 한다.[3]

어떤 사람은 매우 직관적이다. 실제로, "영매"(psychic)와 동의어로 쓰이는 "직관"(intuitive)이라는 명사는 "알지 않고 아는"(know without knowing) 능력이 너무나 강력한 나머지 마치 마술처럼 보이는 힘을 지닌 사람들을 묘사하게 되었다. 그러나 이번 장에서 다루는 직관 실습 과정은 그런 영매적 능력에 의지하는 것이 아니다. 그 실습은 수련과정 속에서 일상의 직관이 분별 과정에 필요한 정보로 받아들여지도록 허용하는 것에만 제한된다. 더구나 직관에만 의지해서 어떤 결정을 내리는 것은 현명한 일이 아니다. 분별에 이르는 다른 도입 항목들이 그렇듯이, 직관이 우리에게 주는 정보는 이성과 같은 다른 도입 항목들을 통해 얻은 정보들과 균형을 이루어야 한다.

그리고 직관은 다른 관점에서도 바라볼 수 있다. 성격 유형을 판단하는 데 널리 쓰이는 도구인 마이어-브릭스 유형 지표(The Myers-Briggs Type Indicator, MBTI)[4]는 직관을 감각의 관점에서 본다. MBTI는 직관과 생각을 반대 위치에 놓기보다, 우리가 정보를 수집하고 이어서 생각이나 느낌을 통해 평가하는 곳이 어디인지 살펴본다. 그 정보는 감각을 통해 외부세계에서 왔는가? 아니면 그것은 직관을 통해 수집된 내부세계에서 온 정보인가? 약 65퍼센트의 사람들이 외부세계에서 온 감각 정보에 기초에서 판단과 결정을 내린다.

MBTI는 이 선호도의 차이는 직관 기능과 감각 기능의 차이에서 왔다고 본다. 감각적인 기능을 선호하는 사람들은 여러 종류의 나무가 갖고 있는 각각의 특성들을 보지만, 직관을 선호하는 사람은 "나무들"로부터 "숲"을 이끌어내기 위해 반드시 있어야 하는 상호관련성에 근거하여 숲 전체를 본다. 감각적인 사람은 구체적인 세부사항들을 잘 인식한다, 즉 사물이 갖고 있는 독특함을 잘 인식한다. 직관적인 사람들은 (몇 분만 지나도 제대로 묘사할 수 없는) 사물로부터, 그 사물이 그 생각을 생생하게 자극하는 상호관계성으로 관심을 이동시킨다. 감각적인 사람은 종종 이미 존재하는 생각이나 체계를 개선하고 그에 맞는 참신한 적용법을 생각해 냄으로써 자신의 창의성을 입증한다. 직관적인 사람은 다른 사람들이 전혀 생각해 본 적이 없는 어떤 것을 상상함으로써 자신의 창의성을 입증한다. 감각적인 사람은 일직선상에서 생각하고, 명료하고 논리적인 증거들을 선호한다. 반면 직관적인 사람은 다른 사람이 따라오기 힘든 사고의 도약을 경험하며, 추론과 가능성 그리고 심리적 역학관계에 흥미를 갖는다. 감각적인 사람은 실제적인 생각을 하며 문제들을 풀 때 상식적인 해결책을 좋아한다. 반면에, 직관적인 사람은 자기만 갖고 있는 새로운 생각을 선호하며 오래된 문제에 대한 혁신적인 해결책을 찾으려는 경향이 있다.[5]

정보를 모으고 작업하는 위의 두 가지 방법, 즉 감각적인 방법과 직관적인 방법은 모두 유용하다. 모든 사람은 분별할 때 그 두 가지를 다 사용할 능력을 지니고 있다. 그러나 대개는 어느 하나를 다른 것보다 더 선호한다. 다음 장에서 우리는 감각적인 선호도에 대해 살펴보고, 몸과 감각이 우리의 분별 과정에 어떤 방식으로 정보를 제공하는지 조사하는 가운데 그것들이 얼마나 분별에 도움이 되는지를 알아보려고 한다. 당신은 정보를 모으는 각각의 방법을 사용해 기도하면서, 어느 한 가지를 다른 것보다 분명하게 선호하고 있음을 발견할 수도 있다. 만일 그렇다면, 앞으로 당신이 그 방법을 당신의 결정내리기 과정에서 사용할 것을 권한다. 그와 동시에, 정보를 모을 때 당신이 덜 선호하는 방법이라고 해서 완전히 무시하지 말기를 바란다. 왜냐하면 그 방법들도 종종 당신이 간과할 수 있는 중요한 어떤 것을 발견하도록 도울 수 있기 때문이다.

성경적이고 신학적인 기초 놓기

우리 생명의 창조주이시고 근원이신 하나님은 영의 깊은 충동을 받아 말씀하신다. 직관은 우리 안에서 삶의 방향에 대한 깊은 진리를 얻을 수 있는 한 가지 방법이다. 성경의 저자들은 비록 직관에 대한 현대적 개념을 알지는 못하였지만, 오늘날 우리가 직관이라고 부르는 즉각적인 앎에 대한 보기와 신학적 설명을 성경에서 얼마든지 찾을 수 있다.

성경의 저자들은 하나님께서 침묵, 꿈, 환상, 직접적인 말씀, 그리고 우리에게 부어주신 은덕과 은사와 능력을 포함하여 수많은 방식으로 하나님 자신을 드러내신다는 전제에 의문을 제기하지 않는다. 그 결과로 우리가 알게 된 지식은 하나님으로부터 온 것이며, 그분은 우리가 그 지식을 사용해서 섬겨야 하는 분이라고 이해되었다. 예를 들어 다니엘 1장 17절은 이렇게 말한다. "하나님이 이 네 소년에게 학문을 주시고 모든 서적을 깨닫게 하시고 지혜를 주셨으니 다니엘은 또 모든 환상과 꿈을 깨달아 알더라." 만약 이 본문을 그럴듯하게 해석해 볼 때, 이 지식이 일상적인 학습 과정 없이 직접적으로 왔다면 그것은 우리가 오늘날 말하는 직관을 말하는 것이다.

민수기 12장 6-8절은 하나님의 대화 방법의 다른 예를 보여준다. 시내 광야에서의 긴 체류 중 비교적 이른 시기에 이스라엘 백성과 그들의 지도자인 모세는 생존법을 배우기 시작했고 하나님의 백성이 되도록 연단을 받고 있었다. 그런데 모세와 아론과 미리암 사이에 누가 하나님을 대언할 것인가 하는 문제를 놓고 갈등이 일어났다. 여호와께서는 당시에 비록 많은 선지자들이 환상과 꿈을 통해 하나님과 대화를 나누고 있었지만, 모세는 더 특별한 방법, 즉 얼굴과 얼굴을 마주보고 대화를 나누는 특권을 갖고 있다고 분명하게 말씀하셨다.

너희 중에 선지자가 있으면
나 여호와가 환상으로 나를 그에게 알리기도 하고
꿈으로 그와 말하기도 하거니와
내 종 모세와는 그렇지 아니하니
그는 내 온 집에 충성함이라
그와는 내가 대면하여 명백히 말하고
은밀한 말로 하지 아니하며
그는 또 여호와의 형상을 보거늘
너희가 어찌하여 내 종 비방하기를 두려워하지 아니하느냐.

꿈과 환상은 분명히 하나님의 계시이지만, 그것들은 풀기 힘든 수수께끼와 같다. 직관을 통해 오는 것들도 대부분 그렇다. 그러나 하나님이 모세에게 직접 말씀하실 때, 이런 애매모호함은 사라진다.

열왕기상 19장에서, 침묵은 즉각적인 앎이 일어나는 상황이 된다. 엘리야는 광야에서 음식을 먹은 후, 40일 낮과 밤을 걸어서 하나님의 산인 호렙산에 도착했다. 여기에서 그는 밖으로 나가 산 위에 서서 주님이 지나가실 때 주님 앞에 서 있으라는 지시를 받았다. 그러나 주님은 당시 문화에서 신의 말씀과 관련해 기대되는 징조, 즉 산을 요동시키는 바람이나 지진 또는 불과 같은 현상 속에서 나타나지 않으셨다. 그 대신, 하나님의 계시는 침묵 속에서 전달되었고, 경건한 자세로 주의를 집중할 때 받아들여졌다.

열왕기상 3장에서는 꿈을 통한 계시에 대해 설명하는 것을 본다. 솔로몬 통치의 초기에, 주님은 솔로몬에게 말씀하셨다. "내가 무엇을 주었으면 좋겠는지 구하라." 솔로몬은 자신이 아버지 다윗과 비교할 때 "어떻게 나가고 들어오는지도 분간하지 못하는" 어린 아이에 불과하다고 주장하면서, 하나님의 백성을 지혜롭게 잘 다스릴 수 있도록 지혜로운 마음과 특히 선악을 분별하는 능력을 구했다. 하나님은 공동체를 섬기는 데 초점을 맞춘 이 솔로몬의 요청을 기뻐하시면서 그에게 지혜와 분별의 마음을 주실 뿐만 아니라 그가 청하지 않았던 것도 주셔서, 그는 주님의 길을 걷는 동안 부와 명예 그리고 장수를 누리게 되었다.

꿈은 또한 마태복음에 나오는 예수님의 어린 시절 이야기에도 나온다. 요셉의 꿈은 그로 하여금 마리아와 아이를 데리고 이집트로 가게 했는데, 이것은 헤롯의 군사들을 피해 먼저 도망하는 데 도움이 되었다. 동방박사는 꿈에 경고를 받은 대로 다른 길로 돌아감으로써 그 불쌍한 가족이 먼저 안전한 곳으로 출발하게 해주었다. 얼마 후 천사가 요셉의 꿈에 다시 나타나서 이제는 고향으로 돌아가도 안전하다는 메시지를 전해 주었다. 이런 직관들은 낮에 꾼 것이든 밤에 꾼 것이든 꿈이라는 형태를 띠고 있다. 이것은 성경 저자가 하나님께서 자신을 직접 드러내신다는 것을 보여주려고 한 것이 분명하다. 요셉의 관점에서 볼 때 하나님의 말씀은 다른 사람으로부터 직접 왔는데, 그는 요셉이 믿음의 눈으로 볼 때 신뢰할 만하다고 받아들인 인물로 바로 주님으로부터 온 천사였다.

이사야 11장은 이새의 줄기에서 나오는 싹에 대한 시적인 묘사로 시작한다. 주님의 영은 이 이새의 자손에게 여러 선물 가운데 지혜와 깨달음 그리고 지식의 영을 부어줄 것이다. 바울은 고린도전서 12장 4-11절에서 이 목록에 예언과 영분별 그리고 여러 종류의 방언 해석 등을 첨가하여 확대시킨다. 이 은사들은 일상과 다른 방식으로 성령의 직접적인 역사로 주어지며 바울은 그리스도 안에서 공동체를 온전하게 세우는 데 그것들을 사용하라고 권면한다. 이런 형태의 신적 계시는 일종의 직관인가? 다양한 시기의 기독교 공동체들은 이런 해석을 지지했다.

신학자들과 영성 저자들은 계속해서 성경이 기록된 이후의 세상에서 하나님의 의사소통 방법에 대해 생각했다. 예를 들어, 중세 신학자들은 우리가 알게 된다는 것이 어떤 것인지에 대해 설명하려고 노력했다. 토마스 아퀴나스(Thomas Aquinas)는 지성적 지식의 직관적 행위야말로(그는 다른 종류의 지식이 존재한다고 가정했다) 그 본성상 가장 완전한 지식 행위라고 주장했다. 왜냐하면 직관은 구체적인 실재를 직접 파악하기 때문이다. 사실 지복 직관(beatific vision, 천상의 성도가 하나님의 모습을 접하는 것)은 의식적으로 생각하고 이해하는 과정 없이 바로 이런 식의 즉각적인 이해와 직접적인 앎으로 이루어진다.[6] 다른 기독교 신비주의자들은 하나님을 직접 아는 것이 관상적 경험을 통해 이 세상에서도 가능하다고 주장했다. 토마스 머튼은 그것을 이런 식으로 표현했다: "깊은 관상 기도에서는 주체와 객체의 분리가 없는 것 같다. 그래서 하나님에 관한 것이든 그 자신에 관한 것이든 아무런 말도 할 필요가 없다. 그분은 존재하며, 이 사실은 다른 모든 것을 흡수하기 때문이다."[7] 다시 말해서, 우리의 이성적인 방법으로는 설명하기 힘들지라도, 우리는 하나님의 실재를 직관적으로 파악한다.

기독교 영성 전통의 두 가지 다른 본보기들은 직관을 통해 조명(illumination)에 이르는 것에 대한 기독교의 이해가 계속 발전되어 왔음을 보여준다. 이냐시오 로욜라의 경험은 성경의 지혜를 반영하는 직접적인 신적 조명이 어떤 것인지 잘 설명해 준다. 삼인칭으로 자세히 서술된 회상에서, 이냐시오는 한 가지 큰 깨달음의 순간을 묘사한다:

> 어느 날 그는 만레사에서 일 마일 가량 떨어진 교회에 기도하러 갔다. 성 바울 교회라고 불리던 곳 같은데, 길 옆으로 강이 흐르고 있었다. 그는 기도에 몰두하며 길을 가다가 잠시 앉아 아래로

흐르는 강을 바라보았다. 그곳에 앉아 있는 동안 그의 이해의 눈이 열리기 시작했다. 그것은 어떤 환상을 본 것이 아니었지만, 많은 것들, 즉 영적인 것들과 신앙 및 학문에 대한 것들 둘 다를 이해하고 알게 된 것이다. 이것은 엄청난 깨달음이어서 모든 것이 그에게 새롭게 느껴졌다.[8]

여러 해가 지난 뒤에도, 이냐시오는 그 때 받은 계시가 너무도 강렬하고 분명한 것이어서 신학공부를 포함해서 이후에 알게 된 모든 지식보다 더한 지식을 주었다고 기록했다. 이냐시오는 앞에서 인용한 성경 인물들과 마찬가지로, 자기가 받은 계시가 하나님으로부터 직접 왔다고 생각했다. 성경에 나오는 믿음의 조상들처럼, 그도 그것이 사도적으로—그의 경우에는 신앙고백을 가르치는 것—사용되어야 한다는 것을 알고 있었다.

오늘날 퀘이커 교도는 기독교 전통 가운데서 직관을 영적으로 가장 세련되게 사용하는 사람들이라고 할 수 있다. 이번 장에서 두 번째로 소개하는 직관-중심의 영적 실습인 명료화 위원회(Clearness Committee)는 퀘이커들이 실행하던 예배와 결정내리기에서 생겨났다. 그 실습 자체는 무척 단순하기 때문에, 몇 가지 역사적이고 서술적인 배경 설명이 이 실습의 깊이를 헤아리는 데 도움이 된다.

퀘이커 교도들은 스스로 "이끌림"(leadings) 또는 "열림"(openings)이라고 부르는, 신적 계시에 대한 신속한 직관적 수용을 권장하고 이해하는 방법을 발전시켜 왔다. 퀘이커 교도들의 예배를 위한 회합(Meeting for Worship)은 침묵과 예배에의 집중으로 구성되어 있다. 이따금 어떤 사람이 이끌림을 받게 되면 이어지던 침묵을 깨고 그것을 큰 소리로 말한다. 그런 후에 회합은 다시 깊은 예배의 침묵으로 돌아간다. 이 이끌림은 원천이신 분(the Source)에 대한 직접 경험 또는 우리 안에 계신 그리스도로부터 받는 가르침으로 이해된다.

퀘이커 교도들은 위와 동일한 깊은 침묵과 직접적 계시에 의존함으로써 자신을 다스린다. 그들만의 독특한 조직 체계는 침묵과 열림에서 나오는 일치를 중요하게 생각하며, 그럼으로써 다수와 소수라는 개념을 없애려고 노력한다. [회의를 할 때에], 사회자(의장)는 구성원들이 이 일치에 도달했다고 느끼는 순간, 이것을 "회합의 감각"(sense of the meeting)이라고 소리 내어 말하고, 그것을 그룹의 최종 결정으로 기록한다. 그들의 회의에는 투표를 비롯해 격렬한 논쟁, 의사방해, 자리배치표, 소수의견 보고서 같은 것들이 없다.[9]

그러나 직관으로 얻은 것이라고 반드시 하나님으로부터 온 것은 아니다. 퀘이커 교도들은 사람들이 지금 경험하고 있는 것이 무엇인지 이해하고 그것이 하나님으로부터 온 진정한 이끌림인지 아닌지를 판단하는 일에 도움이 되는 지혜를 삼백 년 넘게 발전시켜 왔다. 여기에서 우리의 목적에 도움이 되는 한 가지 예는 한 개인으로 하여금 특정한 일을 행하게 만드는 이끌림 역시 공동체에 의해 분별될 수 있다는 개념이다. 유명한 퀘이커 출신 노예 철폐론자인 존 울먼(John Woolman, 1720-1772)은 그런 경험을 영성일지에 다음과 같이 기록했다:

그때 나는 재단사 일을 하고 있었는데, 예배와 훈련을 위한 집회에 열심히 참여하면서 내 마음에 복음적 사랑이 확대되는 느낌과 함께 펜실베이니아와 버지니아의 정착촌에 사는 퀘이커교도들(Friends)을 방문하고 싶은 마음이 생겼다. 그래서 함께 갈 동반자를 생각하던 중 사랑하는 친구인 아이작 앤드류(Isaac Andrews)에게 말했다. 그는 나에게 그곳에 대한 끌림과 함께 메릴랜드, 버지니아, 그리고 캐롤라이나까지 가보고 싶은 마음이 있다고 말했다. 꽤 많은 시간이 흐르고 그와 여러 번의 협의를 거친 후에, 나는 길이 열린다면 그와 함께 계속 동행하는 것도 좋겠다는 마음이 들었다. 나는 그것을 월례회합에서 제안했고, 친우들은 그에 동의를 표했다. 그리고 우리는 동반자로서 함께 여행할 수 있는 허가증을 받았다—그는 헤든필드[회합]에서, 나는 벌링튼[회합]에서.[10]

울먼의 마음에 일어난 "열림"을 자세히 보라. 그는 개인적으로 그의 마음이 무엇으로 이끌리는지를 시험해 보고, 이어서 협의 시간을 가진 후에, 회합을 통하여 확인과 허가 그리고 후원받는 과정을 기다리는 시간을 가졌다. 퀘이커 교도들의 이 실습은 우리가 이끌림에 어떻게 도달할 것인가의 문제뿐만 아니라, 직관에 의해 얻은 정보를 어떻게 검증할 것인가 하는 문제에 대해 중요한 실마리를 제공해 준다: 우리는 직관을 얻고, 그것을 기도하면서 숙고한 뒤에 공동체 안에서 분별에 대해 의논하고 결론을 내린다.

퀘이커 교도들은 본래 명료화 위원회를 사용하여, 결혼을 앞둔 사람들이 진정으로 결혼이라는 인생의 중요한 결정으로 부르심을 받았는지 여부를 회합 안에서 분별할 수 있도록 도왔다. 보통 "위원회"라는 말을 들으면, 어떤 특별한 과제를 풀기 위해 구성한 특별 그룹을 연상한다. 사실 명료화 위원회는 우리가 어떤 결정과 관련된 내적 지혜를 얻어가는 동안 우리를 돕기 위해 만들어진 믿음을 나누는 관상적 그룹에 매우 가깝다. 그 모임은 우리가 중요한 결정을 앞두고 신앙 공동체의 도움을 받기 원할 때 많은 도움이 될 것이다.

이 영성실습을 당신의 분별에 적용하기 위해서는, 한 번 또는 두 번의 모임에 참석하여 네 시간 정도 시간을 낼 수 있는(이렇게 많이 걸리지 않을 수도 있다) 다섯 또는 여섯 명의 신뢰할 수 있는 사람들로 구성된 그룹을 소집해야 할 것이다. 이 일을 위해 영성에 대한 이해와 개인적인 경험이 있고 이 과정을 믿음으로 대할 수 있는 사람들이나 기도 그룹 혹은 교회의 친구들에게 부탁할 수도 있다. 그들의 생각이 당신과 같거나 또 구성원들끼리 생각이 서로 같아야 할 필요는 없다. 사실 그룹 안에 다양한 의견이 존재한다는 사실은 매우 유익한 일이다.

퀘이커들에게는 이 과정을 이끌어가는 한 가지 확신이 있다: "모든 사람 안에는 하나님의 것(that of God)이 있다." 명료화 위원회는 "하나님의 것" 다시 말해서, 당신의 직관적인 지혜를 통해 일하시는 하나님이 주신 것이 당신의 분별 주제와 관련해서 이미 당신 안에 존재한다는 것을 발견하도록 돕는다. 위원들의 역할은 단순하지만 어렵다: 바로 당신이 자신의 직관적인 지혜를 발견할 수 있도록 도와주는 질문을 하는 것이다. 그들의 질문은 간단하고 솔직하고 배려하는 것이어야 한다. 그들은 위장된 충고나 연설 또는 자기 이야기를 늘어놓아서는 안 된다. 질문이 반드시 논리적이고 합리적인 반응만을 이끌어내야 하는 것은 아니다. 가장 유용한 질문들 가운데 어떤 것은 마치 약간 "엉뚱하다고" 느껴질 수도 있다.[11] 각각의 질문이 당신의 상황이나 결정과 정확하게 관련되어 있을 필요도 없다. 어떤 질문이든지 중요하다고 여겨지면, 위원은 자유롭게 질문할 수 있다.

두 명의 위원은 특별한 기능을 담당한다. 사회자(의장)는 명료화 위원회를 시작하고 마친다. 그리고 예배 분위기를 조성하고 질문의 흐름과 속도를 조절하여, 말하기 원하는 모든 사람이 의견을 발표할 수 있도록 보장하는 일종의 관상적 교통 경찰의 임무를 수행한다. 서기는 사람들이 말한 것(질문과 답변)에 관해 기록하며 그것을 모임 후에도 계속 살펴볼 수 있도록 당신에게 나누어준다. 이렇게 해서 당신은 자유함 속에서 그 순간에 나온 질문들에 대답하는 데에만 주의를 집중할 수 있고, 모임이 끝난 후에 얼마든지 더 깊이 살펴볼 수 있다.

분별하는 사람으로서, 당신의 임무는 각각의 질문에 기도하는 마음으로 깊이 생각하며 답변하는 것이다. 그러나 어떤 질문에 대하여 어느 정도로 깊이 답변하며, 특정한 질문에 소리내어 답변을 할지의 여부는 당신의 마음에 달려 있다. 답변은 비교적 짧게 하는 것이 바람직하다. 그렇게 할 때 주어진 시간 안에 더 많은 질문들을 다룰 수 있기 때문이다.

참석자들은 질문 사이에 찾아오는 많은 침묵의 시간에 임할 준비가 되어 있어야 한다. 직관적인 작업은 대부분 침묵 가운데 진행된다. 그러므로 모든 사람은 침묵을 또 하나의 질문으로 얼른 채워버리고 싶은 유혹을 뿌리쳐야 한다. 사실 질문하는 사람들은 그들에게 편안하게 느껴지는 시간보다 약간 더 기다려야 한다. 왜냐하면 그 진행 속도는 질문에 답하는 사람—당신—에게는 훨씬 더 빡빡하게 느껴지기 때문이다. 만약 속도가 너무 빠르거나 급하다고 느껴지면, 천천히 진행하자고 요청하라. 마지막으로, 위원들은 그 과정에서 기록되고 구술된 부분들에 대한 비밀을 보장할 것에 동의해야 한다.

> ### 실습: 명료화 위원회[12]
>
> 1. 위원들을 선정한다. 사회자(의장)와 서기를 정한다. 그룹 모임을 위한 시간과 장소를 정한다. 소요 시간은 외부의 방해를 받지 않은 상태에서 최소한 두 시간 정도를 확보해야 한다.
>
> 2. 모임 전에 당신의 상황과 결정해야 할 것에 관해서 네 페이지에서 여섯 페이지 정도 기록한다. 관련된 배경 요소들과 앞으로 있을 일들에 관한 예상도 포함하되 가능한 간략하게 기록한다. 이 요약문을 모임 전에 위원들에게 전해 준다.
>
> 3. 사전에 계획된 대로 그룹을 소집하라. 사회자는 각자의 역할을 명확히 설명해 주고 참석자들에게 비밀 엄수를 주지시킨다. 그런

후에 모두 하나님으로부터 오는 것을 기다리며 기도하는 시간인 침묵의 시간을 정해진 만큼 갖는다.

4. 집중이 되고 준비가 되었다고 느껴지면, 당신의 상황과 결정해야 할 것을 요약해서 말한다.

5. 위원들이 당신에게 부드럽고 존중하는 태도로 질문을 던진다.

6. 그들의 질문에 답한다. 이 질문과 당신의 답변은 당신의 문제와 관련된 지혜에 이르는 길을 가리켜줄 것이다.

7. 약 두 시간이 지난 후에, 또는 마무리할 때가 되었다고 느낄 때는 위원들에게 그들이 모임 중에 관찰하고 느낀 것이 무엇인지 물어볼 수 있다. 또는 위원들에게 간단하게 감사를 표하고 사회자가 모임을 끝낼 수 있게 한다. 만일 한 번 더 모임을 갖기 원하면, 이 때 그것을 요청할 수 있다.

8. 기도하는 마음으로 모임 전체의 경험을 돌아본다. 그룹 모임이 끝난 후에 더 명확해지는 것을 경험할 수도 있다.

이번 장에서 소개한 두 가지 수련을 실천하다보면 다양한 반응이

나올 수 있다. 때때로 돌파구가 생기고 앞으로 나아갈 길이 열리기도 하지만, 그보다는 작은 실마리나 직감, 혹은 더 생각해 보아야 할 꿈을 얻는 경우가 많고 가끔은 비유나 이미지 등만 얻게 될 수도 있다. 때로는 직관을 통해 받는 선물이 아직 드러나지 않기도 한다. 그럴 때는 그 후에도 며칠 동안 그것을 기도 시간에 떠올리면서 주의 깊게 살펴보라. 예를 들면, "직관을 통해 분별에 접근하기" 실습의 3-6단계를 사용할 수 있다. 얼른 보기에 하잘것없는 자료들을 영성일지에 기록하는 작업은 직관에 의해 제시된 다양한 요소들 또는 직관이라는 도입 항목과 다른 도입 항목들 사이에서 제시된 다양한 요소들을 연결하는 데 도움을 줄 수 있다. 만약 당신이 분별하려는 주제에 대해 어렴풋한 느낌만 가지고 시작했다면, 지금은 분별하려는 특정 주제나 질문에 대해 더 분명한 감각이 생겼을 것이다. 그렇다면, 3장에 나오는 "분별 질문 만들기" 실습을 사용해서 당신의 분별 주제를 재구성해 보라. 그러나 조심하라. 그 반대 일이 생길 수도 있다. 우리가 무의식으로부터 올라오는 지혜를 접함으로써, 분별하려던 주제가 처음에 생각했던 것보다 훨씬 더 넓고 깊은 차원의 것임을 깨달을 수도 있다. 분별의 길은 때로는 곧은 길이고, 때때로는 꼬부랑길이다. 그런데 그것은 크게 문제가 되지 않는다. 왜냐하면 어떤 길로 가든 하나님과 함께 그곳에 가기 때문이다.

6. 몸의 인식
Body's Awareness

몸은 지혜를 운반하는 강력한 도구이다. 우리가 경험한 모든 것은 몸 안에 살아 있다. 사실, 몸은 우리가 아는 바 삶 그 자체이다. 우리의 감각은 세상을 기록하고, 우리의 근육은 몸을 움직이고, 소화기관은 음식을 분해하여 영양분을 만든다. 이것이 일하고 있는 몸의 모습이다. 우리의 활동, 즉 사람들과 함께 살아가고, 어린이를 돌보고, 사랑하고, 질병에 걸리고, 죽는 것도 우리 몸을 입고 있는 자아가 세상 속에서 활동하는 모습이다. 모든 경험들, 즉 분별을 위한 모든 정보들은 우선 우리 몸을 통해서 우리에게 오는 것임에 틀림없다. 우리 몸에 귀를 기울이는 것이 우리 앞에 놓인 결정과 관련된 지혜를 우리에게 줄 수 있을까? 만약 그렇다면, 몸은 어떤 언어로 말을 할까?

이번 장에서는 하나님이 어떻게 우리를 분별로 부르시는지에 대하여 우리의 몸이 담고 있는 지혜를 알아차리고 해석하는 것을 배울 예정이다. 그래서 우리가 몸을 대할 때 자주 나타나는 이중적인 관계를 고찰하고, 구체화(embodiment)에 관한 성경적 관점들을 보고, 어떻게 하면 몸에 더 귀를 기울일 수 있는지를 배울 것이다. 여기에는 다음 세 가지 수련이 있다: 첫 번째 수련인 "몸을 통해 분별에 접근하기"는 기본적인 분별 실습이다. "당신이 누구의 것인지 알기"는 우리의 육체성을 성경과 연결하여 살펴본다. 그리고 "초점 맞추기"는 어떻게 몸을 통해 더욱 깊은 지혜로 들어가는지를 배운다. 당신에게 몸이 특별히 효과가 있는 분별 수단이든 아니면 당신이 이제 처음으로 몸의 지혜에 주의를 기울이기 시작했든 관계없이, 당신이 갖고 있는 몸으로부터 오는 지혜를 받아들이는 능력이 자라갈 수 있다. 특히, "초점 맞추기"는 자기 몸에 귀를 기울이는 동안 초심자들과 숙련된 사람들 모두가 몸이 지니고 있는 깊은 수준의 지혜에 다가갈 수 있도록 도와준다.

이 장에서, 나는 "느낌 감각"(felt sense)과 "몸 감각"(body sense)이라는 개념을 소개한다. 이 말은 서로 바꿔서 쓸 수 있으며, 내적인 몸의 인식, 즉 문자 그대로 특정한 문제나 상황 또는 경험에 대하여 몸에 기록된 감각을 가리킨다. 이 감각들은 무척 미묘해서, 그것을 지각하고 해석하는 법을 배우기 위해 실습이 필요하다. 또는 그 감각들은 내가 컴퓨터가 고장 났을 때 항상 느끼는 두통처럼 명확히 나타날 수도 있다. 그렇지만, 그 안에 담긴 계시적 능력을 진지하게 고려하지 않는다면, 그것들이 제공하는 지혜는 주인을 잃고 만다.

몸이라는 도입 항목이 직관 다음에 온 이유는 그것들이 흥미롭게도 서로 대조되기 때문이다. 하지만, 분별을 위해 반드시 이 순서대로 사용할 필요는 없다. 이 다양한 항목들을 어떤 순서대로 사용하든, 새 도입 항목을 시작할 때는 이전에 기도했던 결과들을 모두 함께 가져 오라. 그러면 각각의 추가적인 수련과 함께 정보는 더욱 풍성해지고, 마침내 큰 줄기가 형성되기 시작할 것이다. 그래서 어떤 것들은 그 중요성이 사라지는 반면, 다른 것들은 더욱 의미가 커질 것이다. 그 와중에 당신은 다양한 수련을 통하여 나타난 하나님의 부르심에 귀를 기울이게 된다.

실습: 몸을 통해 분별에 접근하기

만일 당신의 몸이 말을 할 수 있다면, 분별에 관하여 무슨 말을 할까? 이 기도는 당신과 당신의 몸 사이에 대화를 나누게 해준다. 당신의 몸이 사용할 언어는 당신이 수련하는 동안 일어나는 감각이다. 나는 이 감각을 "느낌 감각" 또는 "몸 감각" 이라고 부른다. 아드레날린이 피의 흐름을 빠르게 하고 당신의 에너지를 넘치게 하는가? 때로는 위장에 결절이 생길 수도 있다. 당신의 어깨는 긴장이 되거나 이완될 수도 있다. 찡그리거나 웃을 수도 있다. 행복감으로 가득 차는가 아니면 몸의 어딘가에 자리 잡고 있는 불길한 예감으로 가득 차는가? 이런 것들이 바로 몸 감각의 예이다. 5단계에서, 지시문이 당신에게 몸과 대화하도록 초대할 때, 몸에게 이렇게 말할 수 있다. "그 일을 나 혼자 하는 대신에 다른 사람의 도움을 받는다면 느낌이 달라질까?" 우리는 모든 분별 기도를 할 때와 마찬가지로, 분별을 통해 하나님을 만나려는 갈망을 새롭게 함으로써 시작한다.

1. 하나님의 부르심을 따르고자 하는 당신의 갈망을 새롭게 하는 기도를 드리라. 다른 어떤 특정한 결과보다 이 갈망 자체를 더 중요하게 여기도록 해달라고 하나님께 요청하라. 언제라도 당신의 영적 자유함이 사라지는 것을 발견하면, 이 기도로 돌아오라. 어떤 특정한 결과에 대해서도 불편심을 유지하는 데 도움이 된다면 필요한 만큼 얼마든지 그 기도를 반복하라.

2. 당신의 내적 공간을 깨끗하게 하라. 몸 안에 있는 모든 기관과 장기들을 인식하라. 온몸을 흐르는 피, 기능에 따라 움직이는 근육, 당신이 관심을 갖지 않아도 제 기능을 하는 장기들에 주목하라.

3. 몸과 몸의 반응에 주의를 기울이는 동시에, 분별 질문을 어느 정도 상세하게 몸에 제시하고 그렇게 할 때 몸 안에서 일어나는 모든 것에 주의를 집중하라.

4. 당신은 자기 질문과 관련하여 몸 안에서 무엇을 감지하는가? "느낌 감각"의 모습은 어떠한가? 그것을 제법 자세하게 당신의 영성일지에 기록하라.

5. 당신의 분별 질문에 관하여 몸과 대화를 나누어보라. 만약 당신

의 "몸 감각"이 변화한다면, 그것이 어디로 당신을 이끌어가는지 따라가보라.

6. 이 몸 감각이 결정과 관련된 어떤 메시지를 전해 주는지 몸에게 물어보라. 몸을 통해 오는 임시 결정에 대한 새로운 인식이 있으면 모두 기록하라.

7. 하나님의 부르심을 따르려는 당신의 갈망으로 돌아오라. 당신이 새롭게 인식한 것을 하나님 앞에 드리고 무슨 일이 일어나는지 주목하라. 이 결과도 역시 기록하라.

계시의 원천으로서의 몸

나는 몸이야말로 우리가 분별을 통해 추구하는 지혜로 인도하는 길이며, 우리는 기도하는 가운데 결정을 내릴 때 몸을 통하여 오는 지혜에 다가갈 수 있음을 믿는다. 그러나 나는 이 수련이 당신에게 쉽게 여겨질지 아니면 어렵게 여겨질지 알지 못한다. 두 가지 반응 모두 흔히 있는 것이다. 긍정적인 측면에서 사람들이 이렇게 말하는 것을 들었다. "나는 내 몸과 대화를 나누는 것에 관해 꽤 회의적이었습니다. 그것은 지나치게 감상적인 것으로 느껴졌습니다. 그러나 나는 시도해 보았고 그것이 효과가 있음을 알게 되었습니다." 또 이렇게 말하는 것도 들었다. "나는 내 몸이 어떤 의견을 가지고 있다는 생각을 해본 적이 없었어요. 그래서 내가 다른 가능성들을 시도했을 때 내 몸에 명확한 변화가 일어난 것을 보고 크게 놀랐어요."

어쩌면 당신은 이 수련의 결과로 무언가를 발견했을 것이다. 때때로 사람들은 자기 몸이 자기 생각과 일치하지 않을 수 있다는 사실 때문에 놀라고 그것을 마음에 새겨 놓는다: "내 몸은 내 머리와 반대되는 것을 말해요. 그래서 이제 나는 그것이 무엇을 의미하는지 생각해 봐야겠어요." 혹은, 이런 말을 할 수도 있다: "내 몸과 내 머리가 똑같은 결정을 가리키고 있어요!" 그리고 어떤 사람은 자기 몸이 분별과정에 포함된다는 것에 기쁨을 표현한다: "나는 항상 무엇을 해야 할지 알아요. 왜냐하면 내 몸이 그것을 느끼거든요. 그래서 이런 식으로 기도하는 것이 자연스러워요."

몸을 분별에 반영하는 일과 몸의 지혜를 구하는 일은 다양한 반응을 불러일으킨다. 이 수련에서 올바른 반응이란 없다. 만약 당신이 무엇이 진행되는지 전혀 알아차리지 못한다면, 평소에 당신 몸에 주의를 기울이고 그것이 분별에 어떤 제안을 하는지 생각해 보는 습관이 없어서일 수도 있다. 그럴 때는 이번 장의 뒷부분에서 제시되는 "초점 맞추기"라는 수련을 사용해 보는 것이 당신의 몸이 내는 소리를 듣는 데 도움이 될 것이다.

그러나 어쩌면 당신은 위의 실습에서 정반대의 경험을 했을 수도 있다. 심지어는 몸의 감각이 흘러 넘쳐서 당황했을지도 모른다. 극도로 민감한 사람들은 어떤 일이 발생할 때마다 몸에 수많은 신호들이 나타나서 그로 인하여 힘들 수도 있다. 또 어떤 사람들은 몸에 초점을 맞추자 거기에 저장되어 있던 마음의 상처가 의식 밖으로 올라오는 것을 경험할 수도 있다. 때로는 특정한 냄새처럼 매우 단순한 어떤 것이 과거에 입은 큰 상처의 기억을 순식간에 불러올 수도 있다. 상처받은 감정의 치유는 육체의 치유처럼 직접적이지 않을 수도 있다. 상처에 대한 기억은 신체 조직과 신경 안에 깊숙이 저장되어 있을 수가 있는데, 이런 경우에 치유는 전문가의 도움과 참여가 필요할 수 있다. 분별과 관련해서 신체적 감각의 속도나 강도를 조절하는 능력은 그 감각을 효과적으로 사용하는 핵심 요소이다. 어떤 이유에서든지 이 수련이나 이 책의 다른 수련들을 행하기가 불편하거든 그냥 멈추라. 아니면 캐시가 4장에서 기억 수련을 사용할 때 했던 것처럼, 당신이 안전하다고 느끼는 장소에서 안전하다고 느끼는 사람들과 함께 있을 때만 행하도록 하라.

친구인가 적인가? 몸과 주고받는 양면적인 관계

몸은 분별에서 중요한 역할을 담당한다. 몸은 피부에 의해 그 어느 정도의 경계가 정해지는 우리의 독특한 자아의 원천이다. 동시에 몸은 우리를 다른 사람과 연결해 주는 가장 깊이 있는 수단이 된다. 우리는 갓난아기일 때, 우리 주변에 있는 세계를 만져보고 맛보고 냄새 맡으면서, 우리가 얼마만한 공간을 차지하고 있으며 그 공간 안에서 어떻게 움직일 수 있는지, 그리고 그 공간에 들어오는 다른 사람들과 어떻게 관계를 맺을 수 있는지에 대한 감각을 얻는 가운데 우리가 누구인지를 배워간다. 아기는 일찍부터 부모와 자기를 돌보는 사람에게 눈을 고정시키고 그들을 향한 시선을 사용하여 인간관계를 만들어간다. 그리고 성장하면서 더 복잡한 수준의 정체성과 관계를 형성해 간다. 우리의 육체의 성별은 우리의 성 정체성을 형성하기 시작하며, 우리의 성 정체성은 우리의 관계를 형성한다. 우리는 몸을 수단으로 삼아 집과 부모를 떠나 더욱 더 넓은 세상을 탐험하고, 그러면서 경험하고, 관계를 맺고, 헤어지는 과정을 여러 차례 반복하게 된다. 스테파니 폴셀(Stephanie Paulsell)은 우리가 우리 몸과 함께 살아간다는 역설, 즉, 몸에 의해 제한을 받으면서 몸을 통해 관계를 맺는 존재라는 역설에 대해 서술한다:

> 우리의 몸은 다른 이들의 몸과 맺고 있는 관계 안에서와 자기 몸이라는 제한된 통일성 안에서 존재한다. 가장 친밀한 관계에서도, 비밀이 지켜지고 몸 안에 간직될 수 있다. 가장 친밀한 관계에 있는 사이라도, 다른 사람의 내적 삶에 대해 완전히 알지 못할 수 있고 다른 사람의 신체적 경험을 공유하지 못할 수 있다. … 그러나 비록 우리 몸이 가장 가까운 이들의 몸과 구별된다고 할지라도, 우리는 몸을 통해서만 다른 사람들과의 관계 안으로 들어갈 수 있는 것이다. … 모든 것은 그들의 관계가 어떻게 형성되는지에 달려 있다. 그래서 친절한 관계이거나 잔인한 관계가 되고, 배려하는 관계나 업신여기는 관계가 된다.[1]

신체적 경험은 본질적으로 애매모호하다. 우리는 몸이 되는 것과 몸을 갖는 것, 통합성과 관계성, 자유와 제한, 그리고 거룩함과 연약함 사이라는 긴장 가운데서 살아간다.[2] 우리는 어느 순간, 아마도 육체적인 노력이 정점에 있을 때이겠지만, 우리의 자아가 우리의 몸 안에서 하나가 되고 통합되는 것을 경험할 수 있다. 그런데 다른 순간, 아마도 만성이거나 말기에 해당하는 질병을 진단받았을 때이겠지만, 우리의 몸은 그 자체로 원수가 된 것처럼 나타날 수도 있다. 그러나 우리의 온전한 자아는 여전히 우리의 몸을 포함한다. 그리고 온전함을 향해 나아가기 위해서는 몸이 무시당하거나 모욕당하거나 방치되어서는 결코 안 된다.

당신은 일반적으로 몸이 거룩할 수 있다는 것에는 동의하지만 자신의 몸이 하나님의 계시의 원천이라는 주장에는 불편함을 느낄 수도 있다. 어쩌면 당신의 몸은 상처받고, 학대받고, 심지어는 고문을 받았을 수도 있다. 어쩌면 음식, 약, 그리고 감각적인 쾌락들을 부적절하게 사용함으로써 스스로 몸을 무시하거나 학대했을 수도 있다. 혹은 만성적인 질병을 앓거나 몸의 일부분의 기능을 상실하는 고통을 받았을 수도 있다. 진실은 사람의 몸은 하나님이 창조하셨다는 사실이다. 어쨌든, 몸을 일반적인 범주에서 선한 것으로 보는 것은 무척 쉬운 일이다. 심지어 나의 참모습과 긴밀하게 연결되어 있는 나의 바로 이 몸은 선해 보이지도 않고 심지어 받아들일 만하게 보이지 않는데도 말이다. 그렇다면 어떻게 나의 몸이 하나님이 말씀하시는 통로가 될 수 있을까? 그리스도의 몸이라는 비유를 제공한 바울도 자기 몸과 씨름한 적이 있다: "내 속사람으로는 하나님의 법을 즐거워하되 내 지체 속에서 한 다른 법이 내 마음의 법과 싸워 내 지체 속에 있는 죄의 법으로 나를 사로잡는 것을 보는도다 오호라 나는 곤고한 사람이로다 이 사망의 몸에서 누가 나를 건져내랴"(롬 7:22-24).

기독교 전통은 몸을 제한하는 것처럼 보이지만 실제로는 최고의 경우에 더 깊은 자유함으로 안내해 주는 여러 가지 실습으로 가득 차있다. 예를 들어, 금식이라는 영성실습은 하나님께 귀를 기울이는 데 방해받지 않는 공간을 마련하고, 먹을 것이 충분하지 않은 사람들과 심정적으로 연결되도록 도울 수 있다. 몸에 옷을 입히는 것은 우리의 몸과 다른 사람의 몸을 존중하라고 조심스럽게 가르쳐준다. 불편심을 구하는 기도는 위험할 때에도 정의를 위해 행동할 수 있는 자유함을 얻게 해준다. 즉각적인 응답을 끊임없이 요구하는 것을 자제하는 일은 하나님이 어떤 분이신지를 되새기고 내일 할 일을 새로운 마음으로 준비할 수 있게 만들어 준다. 불행하게도, 성적 금욕, 식사 조절, 안식일 준수, 그리고 금식과 같은 실습들은 때때로 도가 지나치게 강조된 나머지 그 목적인 영적 자유함으로 연결되기보다는 몸의 훼손으로 이어져 자유함과는 정반대되는 모습이 나타나곤 했다. 그러나 어느 정도의 제한과 훈련은 자아에 대한 적절한 감각 즉 역량과 공동책임감을 계발하는 데 반드시 필요하다. 우리는 지나친 자유나 잘못된 종류의 자유 혹은 지나친 제한이나 잘못된 제한이 아닌, 자유와 제한이 역동적인 균형을 이루고 있는 이 긴장 관계를 유지시켜야 한다. 그 균형을 발견하기 위해서는 일상의 분별이 필요하다.

거룩함과 연약함 사이의 긴장은 가장 상처받기 쉬운 상태에 있는 몸을 돌보거나 돌봄을 받을 때 가장 잘 드러난다. 나는 편찮으신 어머니의 발을 손으로 들어올려 섬세한 향이 나는 기름을 바르며 조심스럽고 부드럽게 마사지를 해줄 때마다 눈물을 흘리지 않은 적이 없다. 나는 나와 나의 형제들과 수많은 다른 사람들을 돌보기 위해 수많은 걸음을 걸었던 그 발, 그러나 이제 더 이상 자기 자신은 한 발자국도 옮겨주지 못하는 그 발을 붙잡고 경의를 표했다. 폴셀은 거룩함과 연약함 사이에 있는 역동적 긴장을 묘사하면서 세족식을 떠올린다: "당신이 다른 사람에게 당신의 발을 씻기고 부드럽게 닦아주도록 내어 맡길 때, 우리 몸과 우리 정체성 사이에 있는 어려운 관계를 알아차리지 못한다는 것은 불가능한 일이다. 그리고 당신이 다른 사람의 발을 씻기 위해 무릎을 꿇을 때, 몸에 대한 집중이 불러일으킬 수 있는 연약함을 조금이나마 엿보게 된다."[3]

몸에 관한 성경 본문들

우리 문화에서는 많은 사람들이 자신의 몸에 대한 이중적인 관계로 인해 분별에 방해를 받는 경험을 하고 있다. 그러므로 기도를 통해 살아계신 하나님과 만나는 수단으로서 자신의 몸을 편안하게 하는 것은 매우 중요하다. 성경은 이 과제를 해결하는 데 도움을 준다. 성경은 몸 그리고 육체성(bodiliness)에 대한 내용으로 가득하다.

창세기가 창조 기사를 얼마나 시적으로 표현하는지를 생각해 보라. 하나님의 독창적인 방법인 "있으라"(창 1장)는 말씀은 엄청나게 다양한 생물의 몸이 생겨나게 했다. 그 가운데에는 하나님 자신의 형상으로 만들어진 아담(인류)도 있다. 만물 가운데 바로 이 창조물을 향하여 하나님은 매우 좋다고 평가하셨다. 두 번째 창조 이야기(창 2-3장)는 특별한 몸인 하와가 어떻게 만들어졌는지 자세하게 기록한다. 그 본문은 또 인간이 다른 것도 아닌 자신의 몸으로 구현된 자아에 불완전함, 갈등, 그리고 폭력을 불러일으킨 과정을 설명해 준다. 창조의 새벽 이래로 몸에 대한 양면성이 우리와 함께 있어 왔다는 것은 분명한 사실이다.

이스라엘 민족을 형성한 결정적 사건인 출애굽은 무척 육체적인 사건이다. 모세는 타지 않고 불붙은 가시덤불과 그에게 지시하고 안내하는 음성에 마음을 사로잡힌다. 전염병이 동물과 인간의 첫태생들을 죽인다. 죽음의 천사가 언약의 표지인 유월절 희생양의 피로 표시된 집들을 지나쳐 넘어간다. 이스라엘 백성들은 물로 가득했지만 설명할 수 없는 방법으로 말라버린 땅을 통과해서 도망한다. 그리고 뒤돌아서서 바다가 이집트 군대를 덮쳐 말과 병거도 함께 수장시키는 것을 본다. 그들은 사막에서 그날 먹을 만큼의 만나와 메추라기만을 거두고 다음날 먹을 것은 보관하거나 휴대하지 못한 채로 살아간다. 하나님이 율법을 주실 때 하나님의 음성과 동반한 천둥소리를 듣지 못하거나, 낮에 그들을 인도한 구름과 밤에 그들을 안내한 불을 보지 못한 사람은 한 명도 없었다. 이스라엘 백성의 이 하나님은 선택받은 백성들과 그들의 오감을 통해 이해할 수 있는 방식으로 의사소통하신 하나님이셨다.

아마도 성경에서 몸에 대한 가장 훌륭한 찬사는 솔로몬의 아가서일 것이다. 노골적인 사랑의 노래인 아가는 이렇게 시작한다. "그로 나에게 입 맞추게 하라!" 이 본문을 어떻게 대해야 할지 모를 정도로 불편함을 느낀 해석자들도 있어왔지만, 성적 욕망에 대한 이 사랑스러운 묘사들 안에는 몸에 대한 존중이 확실하게 드러나 있다!

내 사랑 너는 어여쁘고도 어여쁘다

너울 속에 있는 네 눈이 비둘기 같고

네 머리털은 길르앗 산 기슭에 누운 염소 떼 같구나

네 이는 목욕장에서 나오는 털 깎인 암양

곧 새끼 없는 것은 하나도 없이 각각 쌍태를 낳은 양 같구나

네 입술은 홍색 실 같고

네 입은 어여쁘고

너울 속의 네 뺨은 석류 한 쪽 같구나 …

네 두 유방은 백합화 가운데서 꼴을 먹는

쌍태 어린 사슴 같구나(아 4:1-3, 5).

우리는 복음서에서 하나님이 로마 식민지의 어느 보잘것없는 작은 마을, 그리고 한 가정에 속한 한 인간의 몸 안에 온전히 현존하시는 신비를 보게 된다. 예수님은 자기 삶의 종착지를 향해 가시면서, 무리들에게 설교하시고 열두 제자들을 자기 주위에 불러 모으셨고 그들에게 씨앗, 잡초, 동전 그리고 양과 같은 쉬운 비유를 들어 심오한 지혜를 가르치셨다. 그리고 돌아가시기 전날 밤에는 그들의 발을 씻기심으로써 가장 가까운 친구들의 몸을 돌보아 주셨다. 이것은 그분이 떠난 후에 그들이 행해야 할 일이었다. 그분은 제자들과 최후의 만찬을 함께 하시면서 그들에게 조각낸 빵과 포도주가 든 잔을 건네주셨다. 그 두 가지는 그분이 더 이상 그들과 함께 있지 않을 때 그들의 영혼과 공동체를 유지시켜줄 음식이었다. 로마 식민주의자들의 손에 의한 그분의 죽음, 아니 조국의 종교 지도자들의 선동으

로 촉발된 그분의 죽음은 그분이 바로 오랫동안 기다리던 메시아라는 제자들의 희망을 좌절시키는 듯했다. 그러나 그분이 다시 살아나 사람들에게 나타났다는 소문은 사실로 확인되었다. 그분은 제자들과 인사를 나눈 후 "나에게 먹을 것을 달라"고 말씀하셨다. 그리고 "내 손과 발과 옆구리를 만져보아라"고 도마에게 말씀하셨다. 그분은 그것이 유령이 아니라 정말 자신의 몸이라는 것을 확실히 그들에게 알려주셨다. 요한복음은 예수님이 밤에 물고기를 잡느라 지친 제자들을 위해 아침을 준비하는 이야기와 함께 끝을 맺는다. 이것이 "말씀이 육신이 되어 우리 가운데 거하시매 … 은혜와 진리가 충만하더라"(요 1:14)라는 말씀으로 시작했던 복음서의 마지막 이야기이다.

몸은 바울이 사용한 가장 효과적인 비유 가운데 하나인 그리스도의 몸으로서의 교회라는 은유를 낳게 했다. 그러나 몸은 은유 이상이다. 우리의 육체인 몸은 중요하다. 하나님은 죄를 제외하고(히 4:15) 모든 면에서 우리와 같은 사람의 몸 안에서 우리 가운데 거하셨다. 우리는 우리의 몸을 돌보라는 명령을 받았다. 그래서 세상적인 모든 것 즉, 음란, 더러움, 욕정, 악한 욕망, 그리고 탐욕 등을 죽이고, 대신에 긍휼, 친절, 겸손, 온유, 인내, 그리고 무엇보다도 사랑으로 옷 입어야 한다(골 3:5-12). 이런 방식의 제자도는 실제적이면서 동시에 몸으로 구현된 것이다. 우리는 이것을 야고보서에서 본다: "만일 형제나 자매가 헐벗고 일용할 양식이 없는데 너희 중에 누구든지 그에게 이르되 평안히 가라, 덥게 하라, 배부르게 하라 하며 그 몸에 쓸 것을 주지 아니하면 무슨 유익이 있으리요"(약 2:15-16).

진실로, 하나님의 계획에서 몸, 특히 가장 연약한 사람들의 몸은 중요하다.

나의 몸은 내가 다른 사람과 구별되는 '나'가 되게 한다. 나는 하나님께 소중하며, 당신은 하나님께 소중하다. 이제 성경이 몸을 어떻게 다루는지에 대한 간단한 탐색을 마무리하면서 한 가지 묵상을 제시하려 한다. 이 묵상 안내는 당신을 하나님과 더욱 깊이 연결시키며, 자신을 하나님께 가져가게 하고, 하나님이 보시는 것처럼 자신을 볼 수 있게 하고, 당신의 몸-자아 경험이 당신에게 개인적으로 들려지는 하나님의 말씀에 바탕을 둘 수 있도록 도와준다. 이 묵상은 당신의 분별 과정과 직접적인 관련이 없기 때문에, 아무 때에도 할 수도 있다. 그러나 만약 "몸을 통해 분별에 접근하기" 실습이 어렵다면, 다음 실습이 분별에서 몸을 사용하는 것을 더 편안하게 느끼도록 당신을 도와줄 것이다.

실습: 당신이 누구의 것인지 알기[4]

시편 139편은 이 묵상 안내의 기초가 된다. 그룹으로 기도하는 경우라면, 이 시편을 한 사람이 읽고 다른 사람이 묵상 안내문을 읽으라. 생략부호(…)가 있는 부분에서는 묵상을 위해 충분한 시간을 갖는다. 개인 기도를 위해 이 묵상을 사용할 때에는 시편과 묵상 안내문을 녹음해서 이 수련을 할 때 재생하면 도움이 될 것이다. 그럴 때는, 인쇄된 글자에 매이지 말고, 눈을 감고 시편을 들으며 원하는 부분에서 충분히 시간을 가질 수 있다.

여호와여 주께서 나를 살펴보셨으므로 나를 아시나이다.

주께서 내가 앉고 일어섬을 아시고

멀리서도 나의 생각을 밝히 아시오며

나의 모든 길과 내가 눕는 것을 살펴보셨으므로

나의 모든 행위를 익히 아시오니.

(당신은 하나님께서 속속들이 아신 바 되었습니다 … 완전히 아신 바 되었다는 사실이 어떻게 느껴집니까? 안도감? 두려움? 흥분됨? … 당신은 모든 것을 아시는 분에게로 더 가까이 가기 원합니까? 아니면 숨을 수 있는 안전한 곳을 찾고 싶습니까? … 당신을 아는 분이 누구인지가 당신에게는 얼마나 중요합니까? …)

주께서 나의 앞뒤를 둘러싸시고

내게 안수하셨나이다.

(알려진다는 것은 울타리와 같은 역할을 합니다. 그런데 그 울타리는 안전감을 제공해 줍니까 아니면 꼼짝 못하게 묶어버리는 것입니까? 아니면 역설적이게도, 둘 다 입니까?)

이 지식이 내게 너무 기이하니

높아서 내가 능히 미치지 못하나이다

(이 역설 안에서 잠시 머뭅니다…)

내가 주의 영을 떠나 어디로 가며
주의 앞에서 어디로 피하리이까?
내가 하늘에 올라갈지라도 거기 계시며
스올에 내 자리를 펼지라도 거기 계시니이다.
내가 새벽 날개를 치며
바다 끝에 가서 거주할지라도
거기서도 주의 손이 나를 인도하시며
주의 오른손이 나를 붙드시리이다.
내가 혹시 말하기를 흑암이 반드시 나를 덮고
나를 두른 빛은 밤이 되리라 할지라도
주에게서는 흑암이 숨기지 못하며
밤이 낮과 같이 비추이나니
주에게는 흑암과 빛이 같음이니이다.

(당신은 이 친밀함에서 도망가기를 원합니까? … 아니면 그 안에서 쉬기를 원합니까? … 사랑이 많고 자비로운 하나님께 완전히 알려 짐으로써 오는 자유함이 점점 당신의 존재 속에 스며들게 하십시오…. 아무 것도 숨길 것이 없고, 가장할 필요도 없고, 자신이 아닌 다른 어떤 것이 될 필요가 없습니다.)

주께서 내 내장을 지으시며
나의 모태에서 나를 만드셨나이다.
내가 주께 감사하옴은
나를 지으심이 심히 기묘하심이라.
주께서 하시는 일이 기이함을
내 영혼이 잘 아나이다.
내가 은밀한 데서 지음을 받고
땅의 깊은 곳에서 기이하게 지음을 받은 때에
나의 형체가 주의 앞에 숨겨지지 못하였나이다.
내 형질이 이루어지기 전에 주의 눈이 보셨으며
나를 위하여 정한 날이 하루도 되기 전에
주의 책에 다 기록이 되었나이다.

(당신을 향한 하나님의 사랑은 자녀를 향한 부모의 사랑보다 훨씬 더 무한정하게 큽니다. … 당신과 하나님 사이에 있는 깊은 관계에 대해 묵상해 보십시오.)

하나님이여 주의 생각이 내게 어찌 그리 보배로우신지요!
그 수가 어찌 그리 많은지요!
내가 세려고 할지라도 그 수가 모래보다 많도소이다.
내가 깰 때에도 여전히 주와 함께 있나이다.

(시편 기자의 감탄이 당신 안에서도 자라나게 하십시오… 그러나 우리 안에는 폭력적인 부분들도 있습니다. 이것들 역시 하나님께서는 알고 계십니다.)

하나님이여 주께서 반드시 악인을 죽이시리이다
피 흘리기를 즐기는 자들아 나를 떠날지어다.
그들이 주를 대하여 악하게 말하며
주의 원수들이 주의 이름으로 헛되이 맹세하나이다.
여호와여 내가 주를 미워하는 자들을 미워하지 아니하오며
주를 치러 일어나는 자들을 미워하지 아니하나이까?
내가 그들을 심히 미워하니
그들은 나의 원수들이니이다.

(당신 안에 있는 이런 부분들까지도 하나님께 가져갈 수 있습니까? … 당신은 하나님이 이미 알고 계시는 것을 당신 것으로 받아들일 수 있습니까? … 당신은 하나님이 당신의 가장 연약한 부분에서 일하시도록 허락할 수 있습니까? … 당신은 하나님이 필요한 모든 정의를 행하시게 할 수 있습니까?)

하나님이여 나를 살피사 내 마음을 아시며
나를 시험하사 내 뜻을 아옵소서.
내게 무슨 악한 행위가 있나 보시고

> 나를 영원한 길로 인도하소서.
>
> (아멘 … 그대로 이루어지이다….)

몸의 언어에 귀 기울이기

1970년대에, 심리치료사이자 연구자인 유진 젠들린(Eugene Gendlin)은 왜 어떤 심리치료는 효과가 있고 어떤 것은 전혀 효과가 없는지에 관해 의문을 가졌다. 그는 마침내 사람의 문제의 핵심이 실제로 어디에 놓여 있는지는 오직 몸만이 "알며", 또 사람들이 실제로 변화하면 그 변화가 몸에 기록된다고 결론을 내렸다. 그는 더 많은 실험을 거친 뒤에, 자신을 치유하고 변화시킬 수 있도록 몸이 보내는 신호를 읽는 법을 배우는 것이 가능함을 깨달았다. 나는 그의 오랜 연구 결과이며 그가 "초점 맞추기"[5]라고 부른 한 과정을 앞으로 짧게나마 채택하려고 한다. 성경과 기독교 전통에 대한 묵상을 통해 몸의 선함을 이미 확신하고 있던 몇몇 기독교 영성지도자들은 곧바로 젠들린의 연구가 분별에서도 중요한 점을 지적하고 있다고 깨닫기 시작했다.[6] 이번 장의 첫 수련인 "몸을 통해 분별에 접근하기"는 단서를 찾기 위해 몸에 귀를 기울이는 젠들린의 기본적인 접근법을 적용하였다. 그 단서들은 분별에 포함된 선택 조건들을 중심으로 맴돈다. 많은 현대인들은 몸을 분별하는 것은 말할 것도 없고 몸을 영성에 적용시키려고 노력하고 있기 때문에, 젠들린의 "초점 맞추기"는 몸에서 나오는 중요한 실마리들을 읽을 수 있는 능력을 계발시키는 방법을 제공해 줄 수 있다. 만약 "초점 맞추기"가 이런 실마리들을 감지하고 해석하는 법을 배우는 데 도움이 된다면, 모든 수단을 다 써서 그것이 인도하는 대로 경청을 실습하라. 만약 그것이 혼란스럽게 보인다면, 이 책에 나오는 다른 보충 수련들과 마찬가지로, 무시해도 좋다.

"초점 맞추기"는 여섯 단계로 되어 있는데, 각각의 단계는 우리 몸에 실제적인 신체적 변화가 일어나게 할 수 있다. 그와 동시에, 본래 가져왔던 문제나 주제 또는, 우리의 경우에는 분별 질문도, 미묘한 정도의 차이는 있겠지만 변화한다. 그렇게 되면, 몸에 일어나는 변화를 읽음으로써 변화의 과정을 추적할 수도 있다. 그리고, 이것이 분별에서 중요한데, 우리에게 어떤 선택 조건이 다른 것보다 더 좋은지를 감지할 수도 있다.

이 장의 앞에서는 내적인 몸의 인식, 즉 특별한 경험에 대한 몸의 감각을 표현하기 위해 "느낌 감각" 또는 "몸 감각"이라는 말을 사용했다. 그 용어는 사실 젠들린이 만든 것이다. 그는 심리치료의 성공을 결정짓는 것은 치료자의 기술이 아니라 환자가 행하는 어떤 것이라는 사실을 발견했다. 단 하나의 예외도 없이, 치료가 호전된 사람들은 직관적으로 자신 안에서 일어나는 매우 미묘하고 흐릿한 내적 몸의 인식에 초점을 맞추었다. 젠들린은 이 경험을 느낌 감각이라고 불렀고 그것을 그들을 치료하는 안내자로 활용했던 것이다. 바로 그 몸 안내 (body guidance)는 분별에서 다루는 주제들을 포함해서 어떤 주제들에도 잘 적용되기 때문에, 몸 안내는 우리의 분별에서도 도움이 될 수 있다.

젠들린이 지적하듯이, 이 느낌 감각 또는 몸 감각은 우리가 더욱 쉽게 감지할 수 있는 감정과는 다르다. 감정도 몸 안에 거주하지만, 느낌 감각은 감정보다 더 근본적이다. 우리는 우리가 행복하거나, 슬프거나, 화가 나거나, 무언가를 바라고 있을 때 대개는 그 사실을 안다. 그러나 느낌 감각은 그런 감정적인 공명이 없기 때문에 처음에는 감지되지 않을 수도 있다. 느낌 감각은 어떤 의미가 있다고는 느끼지만, 그것이 무엇인지 정확히 알지 못한다.[7] 그것은 예를 들어 통증이나 경련, 또는 긴장이나 그보다 훨씬 막연한 경쾌함이나 나른함 같은 것으로 마음에 기록될 수도 있다. 명시적인 언어를 찾기 힘들다는 것이 몸을 읽는 것을 어렵게 만든다. "초점 맞추기"는 이 미묘한 경험을 어떻게 정확히 듣고 말로 표현할지를 도와준다.

느낌 감각은 사람이 어떤 상황(우리에게는, 분별 질문)에서 주위를 둘러싼 모든 것에 주의를 기울일 때 형성된다. 사람들이 아직 언어로 표현되지 못한 채 알고 있는 이것에 주의를 기울일 때, 마침내 몸 안에서 일어나고 있는 것과, 그 다음 단계인 이 상황에 대한 새로운 통찰, 두 가지 모두를 표현하는 어떤 말을 발견하게 된다. 일단 우리가 이 느낌 감각을 언어로 표현할 수 있게 되면, 우리는 그것에 대해 다른 사람과 이야기하고, 그 의미를 생각해 보고, 마침내 그 감각이 우리에게 무엇을 말하는지 결정을 내릴 수 있게 된다.

실제로, "초점 맞추기"는 여러 수준에서 결정을 분별하는 데 도움을 줄 수 있다. 이 실습은 우리 자신의 느낌 감각에 익숙해지고 그것을 읽는 법을 알게 해줄 뿐 아니라, 분별 질문을 자유롭게 고찰할 수 있기 전에 반드시 해결해야만 한다고 우리의 몸이 말하는 어떤 것들을 드러내 보여줄 수도 있다. 앞서 3장에서 만난 피트(Pete)를 기억하는가? 그는 어떤 대학을 갈지 분별하고 있었다. 그 때 우리는 우리가 분별할 때 사용하는 전제조건의 중요성에 대해 논의하고 있었다. 내가 제시한 시나리오 중 하나는 피트가 지금 당장은 학교에 가도록 부르심을 받지 않았을 가능성이었다. 그런데 "초점 맞추기"를 사용하면 그런 시나리오는 어떻게 진행되어갈까? 이제 피트는 어떤 대학에 갈 것인지에 대해 분별을 계속하는 동안, 자신이 고려하고 있는 어떤 대학에도 전혀 흥미를 가진 적이 없다는 것을 알게 되었다고 가정해 보자. 그는 처음에는 불편함이라는 흐릿한 느낌을 의욕 없음으로 판단했다가, 뒤이어 "초점 맞추기"를 통하여, 대학에 대한 모든 선택사항들이 그에게는 단지 의욕 없음만을 느끼게 한다는 것을 깨닫게 되었다. 그는 몸에 계속 귀를 기울이는 가운데 결국 자신이 처한 상황에 대한 그의 몸 감각은 "목구멍에 뭔가 걸린 듯한 느낌"이라고 말할 수도 있다. 똑같이 중요한 사실은, 그가 학교에 대해 생각하지 않을 때는, 완전히 편안했다는 것이다. 만약 피트가 몸에서 얻은 이 실마리를 진지하게 여긴다면, 그는 자신의 분별이 잘못된 질문에 초점을 맞추고 있었다는 결론에 도달할 수 있을 것이다. 어쩌면 학교는 이 순간에 그를 향한 하나님의 부르심이 아닐 수도 있다. 그는 이제 그의 분별 질문을 "어떤 대학교에 갈 것인가?"에서 "지금 대학에 가라는 부르심이 있는가?"로 바꿀 수도 있다. 비록 나는 3장에서 서술한 교수임용 면접에 대한 응답을 분별할 때 "초점 맞추기"의 단계를 정식으로 사용하지는 않았지만(그때 나는 초점 맞추기를 몰랐다!), 위장이 계속해서 꼬이는 것을 본능적으로 알아차리면서, 이 증상은 나의 분별 질문인 "이 직장에서 채용하겠다고 제안하면 받아들일 것인가?"라는 질문에 부정적으로 응답해야 한다는 지시라고 해석했다.

만약에 "초점 맞추기" 실습이 충분히 편안하게 느껴진다면, 그것을 분별의 중요한 요소로 사용해도 좋다. 그 경우라면, "초점 맞추기" 안내문에서 "문제"라고 나오는 부분을 모두 당신의 분별 질문으로 대체하라. "초점 맞추기"는 또한 11장에서 좀 더 철저하게 다룰 확증 과정의 일부가 될 수 있다: 분별의 결과에 대해 몸이 "예"라고 말하는가?

실습: 초점 맞추기[8]

이 수련의 목표는 당신이 직면하고 있는 문제나 주제 또는 질문에 관하여 당신의 몸이 드러내 보일 수 있는 지혜를 경청하는 것이다. 다음의 여섯 단계는 이 경청을 용이하게 해주도록 마련된 과정의 기본적인 개요이다. 제시된 질문과 안내문은 단순히 당신이 몸을 경청하는 것을 더 잘 할 수 있도록 도와주는 길잡이다. 질문은 가능한 한 개방적이 되도록 의도했기 때문에 약간 모호하게 느껴질 수도 있다. 다른 질문들도 자유롭게 해보라. 더 많은 안내가 필요하거나 더 배우기를 원하면, 온라인에 있는 보충 자료들을 찾아보라(각주 8을 보라).

어느 때든지, 이 단계들 중 하나가 당신의 몸에 불편함을 주거나 서로 삐걱거린다고 느껴지면, 안내문을 따르는 것을 멈추고 과정을 약간 뒤로 되돌리라. 당신의 몸에 삐걱거림이 처음 감지된 지점으로 돌아가서 정확하게 무슨 일이 일어났는지 알아차릴 수 있을 때까지 그 지점에 머물러라. 그런 후에 당신이 새로 발견한 것에 비추어 과정을 조정해 보라. 이런 방식으로 해보면, 몸에 귀를 기울이는 자신만의 길을 마침내 개발하게 될 것이다.

1. 당신의 몸이 현재 어떠한가를 살펴본다. 당신 자신의 내면에 있는 공간을 깨끗하게 하라.

어떤 느낌이 드는가? 당신과 괜찮다는 느낌 사이에 무엇이 있는가? 이 질문에 말로 답하지 말라. 당신의 몸이 대답하게 하라.

그 감각에 몰입하지 말라. 단순히 그것을 받아들이고 잠시 옆에 놓아두라.

그 감각 외에는, 당신은 편안한가? 비유적으로 말해서, 당신의 몸 안에 있는 중요한 감각들이 당신을 에워싸며 떠오르기 시작할 때까지 이 질문을 계속하라.

2. 느낌 감각을 경험하라.

지금 당신의 삶에서 초점을 맞추어야 하는 문제나 상황 또는 주제를 선택하라. 그렇지만 거기에 몰입하지는 말라. 대신, 다음의 질문에 답해 보라: 그 문제나 상황 또는 주제를 떠올릴 때 당신의 몸은 어떤 느낌을 받는가? 몸이 느끼는 모든 것, 전반적인 것이나 알 수 없는 불편함 또는 명확하지 않은 몸 감각을 감지해 보라.

3. 이제 그것을 다루어본다. 느낌 감각을 표현할 말을 찾아보라. 당신의 느낌 감각의 성질은 어떠한가? 이 느낌 감각으로부터 나오는 하나의 단어나 구절 또는 이미지는 무엇인지 묘사해 보라.

4. 공명하라, 비교하라, 다듬어라.
앞으로 돌아가 말(또는 이미지)과 당신의 느낌 감각 사이를 비교해 보라. 앞서 표현한 그 말은 정확한 묘사인가?

　만약에 그 말과 감각이 잘 어울린다면, 당신의 문제나 주제 또는 질문과 그 감각 사이를 비교해 봄으로써 여러 차례 그 느낌 감각을 재경험해 보라.

　그 느낌 감각이 변화한다면, 그것이 데려가는 곳으로 주의 깊게 따라가 보라.

　분명히 어울린다고 느껴지면, 다시 말해서, 그 말과 (이미지) 당신 몸 감각이 일치한다고 느껴진다면, 잠시 그것을 느껴보라.

5. 그 느낌 감각에 관해 질문해 보라.
"전체 문제와 관련하여, 나를 너무 ＿＿＿＿＿하게 만드는 것은 무엇인가?"

　잘 모르겠으면, 다른 질문들을 던져보라: 이 느낌에서 가장 나쁜 점은 무엇인가? 이 느낌에서 정말 나쁜 것은 무엇인가? 이 느낌은 무엇을 필요로 하는가? 무슨 일이 일어나야 하는가? 말로 대답하지 말라. 느낌이 일어나서 당신에게 답해 주기를 기다려라.

만일 모든 것이 괜찮다면, 어떤 느낌이 들까? 몸이 대답하게 하라. 그 느낌 가운데 무엇이 존재하는가?

6. 그 느낌 감각을 통해 오는 지혜를 받아들이라.
느낌 감각을 통해 당신에게 오는 것을 환영하라. 그것이 말한 것을 기뻐하라. 그것은 당신의 문제나 주제 또는 질문을 해결하는 마지막 단계가 아니라 겨우 한 걸음 나아간 것일 뿐이다. 이제 당신은 그것이 어디에 있는지 알았으므로, 그곳을 떠났다가 후에 다시 돌아올 수 있다.

당신의 몸은 또 다른 초점 맞추기를 더 행하기를 원하는가, 아니면 여기에서 멈추는 것이 좋겠는가?

마지막 묵상

11세기의 신신학자(New Theologian) 시므온(Simeon)은 몸에 대한 놀라운 묵상을 우리에게 전해 준다. 그의 말을 묵상한 후에 이번 장의 첫 번째 수련인 "몸을 통해 분별에 접근하기"로 돌아가도 좋다. 그리고 당신의 몸이 분별에 더 많은 또는 다른 도움을 주는지를 알아볼 수도 있다. 그럴 경우에 당신이 새로 깨닫는 것들을 영성일지에 추가로 기록하라. 몸의 지혜는 강력하지만 미묘하다. 그 지혜는 깊은 사색을 낳는다.

우리는 그리스도의 몸 안에서 깨어난다
마치 그리스도가 우리의 몸을 깨우듯이,
그러면 나의 연약한 손은 그리스도가 되고
그는 내 발에 들어오며 영원히 내가 된다.

나는 내 손을 움직인다, 그러면 훌륭하게도
나의 손은 그리스도가 된다, 그의 모든 것이 된다
(왜냐하면 하나님은 그 신성에 있어서
나눌 수 없는 전체이기 때문이다)

나는 나의 발을 움직인다, 그러면 즉시
그는 섬광처럼 나타나신다.
나의 말이 신성모독처럼 들리는가? 그렇다면
당신의 마음을 그분을 향해 열어라

그리고 당신에게 활짝 열려 있는
그 분을 즉시 받아들여라
만일 우리가 진정으로 그 분을 사랑한다면
우리는 그리스도의 몸 안에서 깨어날 것이기 때문이다.

그 곳에서 우리 몸 전체가
그 숨겨진 모든 부분이
그 분처럼 기쁨 안에서 실현될 것이다

그리고 그는 우리를 완전히 실현시킬 것이다.

그러면 상처받은 모든 것,
우리에게 어둡고, 가혹하고, 부끄럽고,
굽어지고, 추하고, 치료할 수 없을 정도로 훼손된 것처럼 보이는
모든 것이 그 분 안에서 완전히 변화될 것이다.

그리고 온전한 것으로, 사랑스러운 것으로 인식될 것이며
그 분의 빛 안에서 빛을 반사하고 있는 것을 깨닫게 될 것이다.
우리는 우리 몸의 모든 부분 안에서
사랑받는 자로 깨어난다.[9]

7. 상상력의 통찰
Imagination's Insight

상상력은 분별의 강력한 보조도구가 될 수 있다. 그 이유는, 어떤 하나의 길을 확정하기 전에 상상력을 통해 다양한 시나리오를 시도하고 가능성을 검증해 볼 수 있기 때문이다. 우리는 이번 장에서 상상력과 친해지는 방법을 배우고, 상상력 안에 담긴 창의적인 가능성을 점검해 보며, 성경과 영적 전통에서 이미지들이 어떻게 사용되었는지를 살펴볼 예정이다. 이번 장의 수련은 앞 장들과 같은 궤적을 밟는다: 첫 번째 수련은 분별 안에서 상상력에 접근하고 상상력을 사용하는 단순한 과정을 안내하고, 두 번째 수련은 핵심 이미지를 활용하여 깊이 작업하는 것을 도우며, 세 번째 수련은 이냐시오 로욜라가 사용했던 상상력을 활용한 분별 실습을 소개한다.

만일 당신에게 상상하는 것이 쉽게 느껴진다면, 분별을 위한 기도 안에 상상력을 정식 과정으로 포함시키고 싶은 생각이 들 것이다. 그러나 그러기 위해서는 상상력이 분명히 현실에 터를 잡고 있는지 확인시켜주는 동반자가 있어야 한다. 이성이 바로 그 부분을 보충해 줄 수 있다. 이 도입 항목은 다음 장에서 살펴볼 것이다. 그러나 지금은 당신의 상상력을 조율해 보라! 당신이 앞에서 나온 다른 도입 항목들을 가지고 기도해 왔다면, 상상력을 발휘할 대상들을 분별 안에 이미 제시한 것이다. 그리고 이곳이 처음이라면, 상상력을 통해 흘러나오는 창의적인 것들을 맛보게 될 것이다.

실습: 상상력을 통해 분별에 접근하기

이 기도는 상상 가운데서 여러 가지 선택조건들을 시도해 보고, 제시된 결정에 대해 무엇을 배웠는지 알아볼 수 있는 기회를 제공해 준다. 설령 마음속에 있는 것들을 보지 못한다 해서 염려하지 말라. 상상력은 그밖에 다른 방법들도 사용한다.

1. 하나님이 어떻게 부르시든지 하나님을 따르겠다는 갈망을 달라고 요청하면서, 영적 자유함을 구하는 기도를 다시 드린다. 상상력을 통한 성령의 인도하심을 요청하라.

2. 어떤 것이든, 자신에게 맞는 방법을 사용해서 주의를 집중한다. 예를 들면, 깊은 호흡을 반복하거나, 한두 개의 단어를 반복하다가 침묵 속으로 흘려보낸다. 그리고 몇 분가량 침묵 속에 머문다.

3. 분별하고 있는 상황이나 주제를 떠올린다. 만일 한 개 이상의 가능한 조건들이 떠오르면 이 대안들이 각각 어떻게 실제로 작용할 수 있는지를 한 번에 하나씩 상상해 보라. 그리고 아직 존재하지 않는 시나리오들을 상상력을 사용하여 구성해 보라.

또는
당신이 결정으로부터 생겨날 예상 가능한 시나리오를 마음에 그려 보라.

4. 이제 상상하거나 마음에 그려본 것을 당신이 실제로 선택한다고 상상해 보라. 그 장면에 적극적인 참여자로 들어가 본다. 그렇게 할 때 무슨 일이 일어나는지 주목하라. 그 결과를 기록하라.

5. 이번에는 다른 길을 선택한다고 상상해 본다. 그 길이 열어 보여 주는 것들을 기록하라.

6. 영성일지에 다음의 질문들에 대한 답변을 기록함으로써 그 선택 조건들을 평가해 보라:
  어느 길을 따라 행동하는 것이 가장 자연스러운가?
  어느 것이 당신을 가장 흥분시키는가?
  어느 것이 "옳다고" 느껴지는가?
  어느 것이 당신의 개인사와 가장 잘 연결되는가?

> 7. 당신이 보다 자유롭고, 보다 옳고, 보다 통합된 길을 따르려 한다고 할 때, 앞에 있는 그 선택조건이 어떻게 느껴지는가? 잠정적인 결정을 내리면서 배운 것은 무엇인가? 여기서 배운 것과 당신의 임시 결정을 하나님께 올려 드린다.

상상력과 친해지기

"저는 상상력이 부족해서 이런 수련이 어려워요." 나는 이런 말을 얼마나 자주 듣는지 모른다! 자기는 상상력이 별로 없다고 믿고 있는 사람들이 이렇게나 많다는 것은 참 놀라운 일이 아닐 수 없다. 나역시 학창시절 어디쯤에서 이런 판단을 내 것으로 받아들이면서 스스로를 그렇게 생각했던 적이 있다. 그러다 다행히도 오래 전에 안내자가 있는 피정에 참여하면서 이런 자기를 제한하는 판단에서 벗어날 수 있었다. 그 당시 나의 피정 안내자는 내가 부활하신 예수님이 막달라 마리아에게 나타나신 장면을 가지고 기도하면서 경험한 것에 대해 말하는 것을 듣고 있었다. 그는 내가 그 장면 밖에서 안을 바라보고 있다는 것을 알아차리고는, 내게 상상력을 사용하여 그 장면 안으로 실제로 들어가 보라고 제안했다. 내가 그 장면으로 들어갔을 때 정원은 해변으로 바뀌었고, "엘리자베스!"라고 말하는 어렴풋하지만 익숙하게 느껴지는 한 인물을 볼 수 있었다. 나는 그분에게로 달려갔고, 그분은 힘껏 나를 안아주셨다. 내가 상상력을 발휘해 그 장면 속으로 들어갔을 때 그 본문이 나에게 준 충격은 그 장면

밖에 머물며 생각할 때보다 훨씬 컸음은 두말할 필요가 없다. 나는 그 경험을 통해 상상력의 힘이 얼마나 큰지 알게 되었고, 자유롭게 기도하면서 그것을 사용하게 되었다. 그리고 상상력이라는 선물을 영원히 감사하게 될 것이다. 나는 "나에게는 상상력이 없어요"라고 판단했던 것을 돌이켜보기 시작했고 그 생각을 해체했고 스스로에 대해 이렇게 말하는 법을 배웠다. "나는 정말로 여러 종류의 상상력을 엄청나게 많이 가지고 있다."

만약 당신도 스스로에 대해 비슷한 판단을 해왔다면, 다음과 같은 간단한 실험을 해보기 바란다.

— 내일 입을 옷을 생각하고 선택해 보라. 그 옷과 함께 어떤 신발을 신을 것인가?
— 베이컨을 굽는 냄새를(또는 행복한 마음이 들게 해주는 또 다른 냄새를) 맡고 있다고 생각해 보라. 어떤 장면이 상상되는가?
— 당신이 잔디를 깎거나 설거지 같은 일을 반복해서 하고 있을 때 당신의 마음은 어디를 향해 가는가?
— 당신이 어렸을 때 좋아하던 장소가 있다면, 지금 상상 속에서 그곳에 가보라.
— "내가 어렸을 때, 우리는 …"라고 말하거나 생각해 보고, 마음에 떠오르는 이야기를 말해 보라.
— "그날 밤은 무척 어둡고 폭풍이 몰아치고 있었지" (또는 "옛날 옛날에")로 시작하는 이야기를 지어보라.

이 모든 경우에 당신의 상상력은 작동하고 있다. 문제는 우리가 종종 상상력이란 단지 우리 생각 속에서 무엇인가를 보는 것이라고 여긴다는 것이다. 그러나 모든 사람의 상상력이 전적으로 무엇을 보는 것만을 의미하지는 않는다. 사실 상상력에는 수많은 종류가 있다. 글을 쓰기 전에 이야기의 결말을 미리 보는 작가, 머릿속으로 멜로디와 화음을 듣는 작곡가, 겨울에 다음 해의 정원을 어떻게 꾸밀지 생각하는 정원사, 시합 전에 앞으로 몇 분 동안 일어날 모든 움직임을 예상해 보는 운동선수, 자기의 근육이 오랫동안 연습한 동작을 수행할 수 있도록 몸을 푸는 무용수, 특정한 성경 본문을 해석하기에 앞서 그 본문의 사회적 위치를 고심하며 재구성해 보는 성경학자, 갓난아기가 왜 우는지 이해하려고 노력하는 부모, 친구가 왜 고통스러워하는지 파악하려고 노력하는 사람—이들 모두는 지금 있는 것과 앞으로 될 것 사이에 다리를 놓기 위해 상상력을 사용하고 있다: 복잡한 반전이 있는 스토리, 재즈 선율, 잘 조형된 정원, 숙련된 운동선수의 기술, 아름다운 무용, 잘 해석된 성경본문, 보살핌을 받는 갓난아기, 그리고 자기 말을 들어줄 친구를 얻은 이. 우리 모두는 상상력을 가지고 있고, 또한 발휘하고 있는 것이다.

상상력이 주는 창의적인 자극

우리는 왜 상상력을 계발하여 분별에 사용하려고 하는가? 만약 당신이 분별을 할 때 직관으로부터 상상력으로 곧바로 이동한다면, 직관과 상상력이 꽤 긴밀한 관계에 있다는 것을 알 수 있을 것이다. 그러나 직관이 자신을 설명하기 위해 상상력을 사용하는 경우도 종종 있지만, 상상력은 직관의 대변자 이상의 역할을 한다. 우리는 직관보다 상상력을 더 의식적으로 제어할 수 있다. 창의적인 돌파구를 마련하게 해주는 상상력의 유연성과 잠재력은, 믿음을 다루는 상황에 놓였을 때 상상력이야말로 분별을 위한 더할 나위 없는 파트너가 될 수 있다는 것을 가르쳐준다.[1]

상상력이 크게 기여하는 점은 그것을 통해 지금 당장은 존재하지 않는 것의 이미지들을 만들 수 있고, 그럼으로써 첫 번째 수련에서 사용한 특성인 새로운 가능성을 눈으로 볼 수 있게 한다는 것이다. 예술가적 상상력은 우리에게 위대한 미술과 문학과 시를 가져다주었다. 현실적 상상력은(이런 표현은 모순처럼 들리지만) 상황을 연구하여 문제를 어떻게 개선하고 해결할지를 미리 볼 수 있게 해준다. 우리는 상상력을 통하여 우리의 미래를 내다볼 수 있고 우리의 기억 속에 묻혀있는 과거를 현재로 가져온다. 상상력은 우리 삶의 의미를 구성(compose)하고, 분해(decompose)하고, 재구성(recompose)한다. 상상력은 메마른 정보나 단조로운 경험에 의미와 목적을 채워줄 수 있다. 그리고 인생의 한 부분에서 오는 어떤 것을 창의적으로 다른 부분에 적용해볼 수 있게 한다. 우리가 상상하는 것을 실제로 해보지 않고서도 말이다. 시인 피터 레비트(Peter Levitt)는 이렇게 말했다. "상상력은 모든 경계가 사라질 수 있는 장소이다. 그 경계는 대개 우리의 자아가 조장하는 제한된 자기 감각에 의해 결정된다."[2]

분별에 사용하기 위해 상상력을 계발하려는 또 다른 확실한 이유들이 있다. 인지 행동(cognitive acts)의 단계에서 볼 때, 상상력은 일

7. 상상력의 통찰

어난 사건과 가장 가까이 있다.³ 이성은 추론을 이끌어내고 추상적 개념들을 만들어낸다. 반면에, 상상력은 대상을 그 구체적인 특성과 그에 따르는 감정 안에서 이해한다. 상상력을 이토록 강력하게 만드는 것은 상상력에 수반되는 감정적인 공명뿐 아니라 그 안에 담긴 경험과의 근접성이다. 결국 이 모든 것이 우리를 행동하게 만드는 것이다. 이성과 상상력은 우리의 경험을 온전히 받아들이고 이해할 수 있도록 도움을 주기 때문에 분별 안에서 중요한 자리를 각자 차지하고 있다.

상상력과 친해져야 하는 또 다른 이유는 상상력이 영성 생활에서 아주 중요하기 때문이다: 하나님을 아는 지식에서 비롯된 언어는 우선적으로 상상의 언어이다. 존 헨리 뉴먼(John Henry Newman)이 지적한 것처럼, 신앙은 관념이나 개념이 아니라 이미지와 상징 안에서 시작되고 자라는 것이다. 그러므로 상상력은 믿음과 기도 그리고 분별에서 중심이 된다.⁴

일단 기도와 분별에서 상상력을 사용하는 것이 합당하다는 사실을 받아들인다면, 다음 두 갈래의 문제에 직면하게 된다: 우리가 듣고 있는 대상이 우리 자신의 상상이 아니라 하나님이라는 것을 어떻게 아는가? 「천로역정」과 「죄인의 괴수에게 넘치는 은혜」(Grace Abounding to the Chief of Sinners)의 저자인 청교도 존 번연(John Bunyan)이 이 딜레마의 첫 번째 부분에 대한 답을 제공할 수 있는 것은, 그가 비슷한 문제로 씨름했기 때문이다. 번연은 자신의 글 가운데 많은 부분을 성경에 의존하였고 신학적 관점의 기초를 칼뱅과 루터에게 놓고 있다. 그러나 그의 이야기는 자신의 개인적인 경험에서 온 것이다. 그는 이 모든 자료들을 상상력으로 한데 엮어서 위대한 신앙작품을 창조해 냈다. 그러나 그의 청교도 동료들은 영적 저술에서 상상력을 사용하는 것에 대해 깊은 의구심을 가졌다. 번연의 비유적 소설은 청교도 개혁가들이 그렇게 중시했던 이성이라는 경계를 벗어나는 것이었다. 번연은 그에 대한 답변으로 「천로역정」을 출판하게 된 세 가지 이유를 이렇게 적시한다: (1) 청교도 저자들은 "문자적" 진실로부터 어느 정도 자유로운 대화라는 형식을 사용해서 글을 쓸 수 있다. (2) 성경은 비유적 표현과 은유법 그리고 직유법의 사용을 부정하지 않는다. 그리고 (3) 성경은 은유나 유추를 사용했다. 그는 이런 근거를 제시하면서 왜 자기는 그렇게 해서는 안 되냐고 질문을 던졌다.[5]

독일의 영화감독 빔 벤더스(Wim Wenders)도 인간들 사이에 천사가 존재한다는 상상력이 발휘된 〈베를린 천사의 시〉(Wings of Desire)라는 영화에서 종교적 상상력에 관해 한 마디 했다. 그는 천사들이 우리에게 영향을 끼치려고 시도하는 방식을 상상한 것이다: "천사는 자신의 목표가 당신의 귀에 말하는 것이 아니라 당신의 눈에 보이려고 노력하는 것임을 깨달았다." 우리 눈이 회심하면, 우리 마음이 따라올 것이다. 우리 마음의 눈이 밝아져서 우리 부르심의 소망이 무엇인지 알게 되기를 바란다(엡 1:18).[6]

그런데 우리가 어떻게 종교적 상상력을 키워 가는가는 중요한 문제이다. 이와 관련해서 사회운동가 앤드루 비쓰(Andrew Beath)는 다음 이야기를 소개한다:

격한 감정을 느끼면서도 비폭력을 유지하는 것에 대한 토론을 하는 도중에, 아메리칸 인디언 친구가 나에게 자기 부족의 전통 가운데 이어져오는 한 이야기를 들려주었다. 어느 할아버지가 손녀에게 말했다. "내 마음 속에 서로 싸우는 두 마리 늑대가 있는 것 같구나. 하나는 복수심에 가득차고, 화가 나 있고, 폭력적이야. 다른 하나는 사랑이 넘치고, 친절하고, 동정심이 많아." 소녀가 그에게 물었다. "할아버지, 할아버지 마음에서는 어떤 늑대가 이길 건가요?" 그는 대답했다. "내가 먹을 것을 주기로 결심한 녀석이지."[7]

우리는 우리가 먹을 것을 주고 있는 상상력을 선택하는 일에 대해 책임을 져야 한다. 우리는 스스로에게 다음과 같은 질문을 해야 한다: 나는 어떤 이미지들을 의도적으로 내 머릿속에 집어넣고 있는가? 내가 의도하지 않았는데도 나의(또는 우리 아이들의) 상상력에 무차별적으로 영향을 끼치고 있는 것은 어떤 메시지들인가? 내가 머릿속으로 계속 반복해서 전개시키고 있는 상상 속의 시나리오는 무엇인가?

딜레마의 두 번째 부분은 특별한 주의를 요한다: 나의 상상력은 단순히 내가 나에게 말하는 것이 아님을 어떻게 아는가? 이 문제는 이미지들에 대해 의심을 품는 사람들에게 특히 통렬한 질문일 수 있다. 기독교 전통의 깊은 핵심으로부터 오는 두 개의 주장들은 근본적인 것이며 다시금 확신을 준다: "네 뜻을 다하여 주 너의 하나님을 사랑하라"(눅 10:27). 우리 마음이 이성적으로 생각할 뿐만 아니라 상상도 할 수 있게 창조되었다면, 왜 하나님이 우리와 관계를 맺을 때 우리의 상상력을 사용하는 것을 피하시겠는가? 왜 하나님이 때때로 우리의 상상력을 통하여 위대한 능력으로 우리에게 오시는 것을 피하시겠는가? 그러나 기독교 전통이 주는 두 번째 문장도 똑같이 필요한 구절이다: "그들의 열매로 그들을 알리라"(마 7:20). 우리는 이미지가 가져다주는 열매가 무엇인지 물어야 한다. 만약 그 열매들이 바울이 갈라디아서에서 우리에게 제시한 목록, 즉 사랑, 기쁨, 평화, 인내, 자비, 양선, 충성, 온유, 그리고 절제와 같은 것들이라면 우리가 상상을 통해 하나님이 하시는 말씀을 제대로 듣고 있다고 확신하며 안심할 수 있다.

상상력에도 분명 어두운 측면이 있고, 우리 자신과 다른 사람들에 관해 파괴적이고 부정적인 이미지들을 제공할 수 있다. 예전에 겪은 어떤 사건에서 형성된 부정적 자아상이 오랫동안 우리를 따라다니며 괴롭힐 수 있다. 상상력은 비현실적인 두려움을 만들고 현실에 있는 두려움을 확대해서 우리가 스스로의 행복을 추구하는 것을 방해할 수도 있다. 상상력은 우리가 인식한 다른 사람을 경멸하는 마음 위에서 형성될 수도 있으며 다른 사람들을 그들의 실제 인격과는 상관없이 부정적으로 판단하는 마음을 지어낼 수도 있다.[8] 우리에게 주어진 도전은 과연 상상의 이미지들이 생명을 가져다주고 우리의 믿음, 소망, 사랑을 증가시키는 데 도움이 되는지를 기준으로 그것들을 판단하는 것이다. 이 시험을 만족시키지 못하는 이미지들은 수상한 이미지이며, 그런 이미지는 의문을 제기하고 때로는 완전히 폐기해야만 한다. 특별히 우리에게 방해가 되는 자아상의 힘을 무력화시키기 위해서는 전문가의 도움이 필요할 수도 있다. 그런 이미지들을 당신의 삶에서 경험하거든, 분별에서 도입 항목의 하나로 상상력을 사용하는 것을 조심스럽게 진행하라. 그리고 그 이미지들이 당황스럽게 느껴지거든 언제든지 수련을 중단하고 거기에서 빠져나오라. 또한, 분별에서 사용하는 다른 모든 도입 항목들에서와 마찬가지로, 상상력을 사용해서 내린 임시 결정을 다른 경로를 통해 얻은 분별의 다른 결론들과 함께 검증해 보라.

핵심 이미지를 가지고 작업하기

분별을 위해 상상력을 사용할 때 또 하나 도움이 될 만한 방법은 우리가 나아갈 방향을 가리키는 지혜를 담고 있는 한 가지 이미지에 집중해서 작업하는 것이다. 핵심 이미지(central image)는 우리 안에 깊이 자리 잡고 있는 내적 지혜로부터 올라와서 우리가 시도하려고 하는 중요한 변화들에 대하여 중요한 지시사항을 제공할 수 있다. 마치 한쪽 해안에서 반대편 해안으로 건너가는 뗏목처럼, 그 이미지는 무의식으로부터 의식으로 지혜를 날라준다. 그러면 의식은 그 이미지를 숙고해서 그 안에 잠겨 있는 지혜를 끄집어낼 수 있다.

엘리자베스-앤 바네크(Elizabeth-Anne Vanek)는 진정한 이미지란 실제임을, 다시 말해서 가공으로 만든 것이 아니라 하나의 특별한 경험, 심지어는 존재의 현재 상태를 말해 주는 "삶의 한 조각"임을 우리에게 상기시켜 준다. 이미지는 일상적인 활동을 포함해서 다양한 방식으로 우리에게 올 수 있다. 예를 들어, 이미지는 우리의 꿈과 환상에서 또는 우리가 성경을 읽고 있는 동안에나 음악을 듣고 있을 때 혹은 석양을 보고 있을 때 떠오를 수 있다. 우리는 그런 이미지들을 기도 가운데 떠올릴 수 있다. 어떤 하나의 이미지는 우리를 흥분시키거나, 다양한 감정을 싣고 있거나, 수수께끼 같거나, 심지어는 불쾌하게 느껴질 수도 있지만, 또한 우리 삶에 매우 의미 있는 무언가를 담고 있을 수도 있다. 핵심 이미지는 독특한 각 개인의 창조물이다. 그것은 내면 깊은 곳에 이미 알려져 있는 무엇을, 즉 밖으로부터는 올 수 없는 지혜를 담고 있다.[9] 다음 수련은 당신이 핵심 이미지들을 반갑게 맞이하고 작업할 수 있도록 도와줄 것이다.

실습: 이미지 안내[10]

이 수련은 내면으로부터 오는 이미지를 받아들일 수 있도록 준비시켜주고, 그 의미를 푸는 데 도움이 되는 몇 가지 간단한 단계들을 제시해 준다. 이미 떠오른 이미지가 있지만 분별을 위해 그 의미를 풀기 원한다면, 1-2단계와 6-9단계를 사용하라. 만약 당신이 꿈을 가지고 작업하는 데 익숙하다면, 꿈을 해석하는 과정 역시 다른 이미지들을 푸는 데 효과적으로 사용된다. 어떤 것이든지 당신에게 도움이 되는 것을 사용하라.

1. 조용하고 어수선하지 않은 장소, 기도하기가 쉽고 방해받지 않을 장소를 찾으라. 몸과 마음을 편안하게 한다. 당장 해야 할 일들 그리고 시계를 봐야 한다는 생각으로부터 정신적으로나 감정적으

로 벗어나라.

2. 하나님의 현존을 상기하라. 하나님께서 당신의 이미지 작업을 통해 당신에게 말씀해 주시도록 요청하라.

3. 당신의 삶이 기도, 놀이, 일, 관계라는 관점에서 각각 어떻게 진행되어 왔는지 생각해 보라. 영성일지에 기록된 내용을 읽으면서 또는 의미 있는 만남이나 최근의 사건들을 기억하면서 당신이 현재 어디에 있는지를 자세히 살펴보는 시간을 가지라. 다음의 질문들과 이와 비슷한 다른 질문들이 이 성찰을 안내해 줄 것이다:

─최근에 나에게 특별한 일이 일어난 적이 있는가?
─내 안에 혹시 어떤 변화가 있었는가?
─이번에 하나님께서 나를 어떤 새로운 것으로 부르시는 경험을 했는가?
─최근에 어떤 특별한 은사와 은혜가 온 적이 있는가?
─쉬지 못하거나 불만족스러웠던 적이 있는가?
─오래된 문제가 다시 떠오르거나 새로운 문제가 나타났는가?
─나의 태도와 반응을 돌아볼 때 어떤 반복되는 유형이 있는가?
─나를 동요하게 만드는 어떤 것이 있는가?
─내 삶에 변화시키고 싶은 측면이 있는가?

4. 당신의 감정 상태를 살펴볼 때, 당신의 느낌을 반영하는 어떤 이미지들이 마음에 떠오르는가? 아무 것도 떠오르지 않는다고 해서 억지로 만들어내지는 말라.

5. 심호흡을 통해 긴장을 푼다. 마음이 빈 화면처럼 될 때까지 주변과 마음속에서 올라오는 것들을 모두 흘려보낸다.

6. 하나의 이미지가 떠오르면, 그 이미지에 주의를 집중하라. 다른 것은 생각하지 말라. 아무 이미지도 떠오르지 않으면, 그냥 조용히 기다린다. 무언가 떠오를 때까지 마음을 빈 화면으로 유지한다.

7. 관망하라. 당신의 이미지를 분석하거나 판단하지 말고 그 의미가 드러날 때까지 바라보라. 그 이미지가 변화하고 발전할 때, 어떤 느낌이 드는지 인식하라.

8. 당신의 이미지와 자유롭게 대화를 나누어 보라. 그 이미지가 무엇을 의미하는지 그리고 왜 이 순간에 당신에게 왔는지 물어보라. 그 이미지에 담긴 지혜를 드러내달라고 요청하라. 그 대답에 귀를 기울이라. 비록 그것이 당신 자신의 목소리로 대답하는 것 같지라도, 떠오르는 단어들이 당신을 생명으로 이끈다면 그것들을 신뢰하라.

9. 그 이미지가 당신에게 선물을 주었다고 느껴질 때, 배운 것에 대해 감사하라. 당신이 새로 인식한 것을 기억하며 잠시 침묵기도의 시간을 가진다.

10. 기도가 끝난 즉시, 그 이미지 경험이 당신에게 어떤 의미가 있는지 생각해 보라. 그것을 영성일지에 기록하라.

여기 내 삶에서 가져온 간단한 예가 있다: 몇 년 전에, 나는 아직 종신 교수가 되지 못한 동료 교수들이 마음속에 담고 있던 말을 꺼내야 할지 고민하고 있는 것을 알게 되었다. 그들은 자기들의 생각이 다른 사람들에게 별로 달갑지 않게 느껴지거나 행정 당국에 반대하는 것처럼 비쳐질까 걱정했다. 나는, "그들이 말을 했으면 좋겠어. 우리는 그들의 지혜가 필요해"라는 생각이 계속 들었다. 그래서 개인적으로 그런 생각을 전했지만, 그들은 앞으로 있을 종신 교수직 심사로 인해 계속 주저했다. 비슷한 시기에 장기 계획을 위한 교수 피정모임이 있었는데, 거기에서 학교에 들어온 순서대로 줄을 서보라는 요청을 받았다. 놀랍게도 나는 앞에서부터 다섯 번째에 서게 되었고 내 뒤에는 거의 스무 명 이상이 서 있었다. 어느 날 어느 후배 교수를 위해 기도하고 있는데, 나는 내가 선임교수 중 한 명이며 그에 걸맞게 행동해야 한다는 것을 깨달았다. 이제 내가 교수회의 한 구성원으로서 나의 영향력을 어떻게 사용해야 할지에 대해 생각할 때면, "선임교수"라는 이미지가 자주 떠오른다. 이 이미지는 나 자신과 동료 교수들, 그리고 행정부서와 학교 기관 그 자체를 대하는 방법에 변화를 가져왔다.

이미지들은 명료하게 하고 드러내기 위하여 온다. 내가 가진 에너지를 어디에 쏟아 부어야 할지를 결정하려고 할 때 학교와 후배 교수들에 대한 책임감을 고려하는 것처럼, 그 이미지들은 우리가 특정 상황에서 어떻게 행동해야 하며 또한 우리 인생의 특정한 순간에 어떤 존재로 있어야 하는지를 분별할 수 있도록 도와준다. 이미지는 우리가 두 가지 대안 사이에서 결정을 내릴 수 있게 도와준다. 또한 하나님과 자기 자신 그리고 다른 사람들과의 관계를 매우 명확히 해주기도 한다. 이미지가 나타날 때 우리는 그것을 받아들일 수 있도록 열려 있어야 함과 동시에, 떠오른 이미지가 어떤 성격과 열매를 지니고 있는지 그리고 언제 이미지를 가지고 작업하는 것을 멈추어야 하는지를 잘 분별해야 한다.[11]

전통 속의 이미지들

인류는 하나님의 형상으로 창조되었다. 이 신비는 우리의 상상력, 즉 이미지를 구성하고 작업하는 우리의 능력도, 하나님이 창조하신 인간의 한 부분으로서 하나님의 사랑을 받고 있다는 믿음에 확신을 준다. 그래서 우리는 상상을 한다!

구약성경에 전해져 오는 그 모든 훌륭한 이야기들을 기억하라. 그리고 그 이야기가 특히 아이들의 상상력 안에서 어떻게 생생하게 되살아나는지를 생각해 보라: 가인과 아벨, 아브라함을 부르심, 이집트로 팔려갔다가 나중에 굶주린 가족을 구원하는 요셉, 갈대밭 사이에서 살아남은 모세, (지혜로운 산파들을 포함하여)자기가 낳은 아기의 유모가 된 모세의 어머니를 기억하라. 여러 가지 재앙, 갈라진 바다, 낮의 구름과 밤의 불, 그리고 매일 내린 만나를 기억하라. 솔로몬의 재판은 어린 시절 나의 관심을 끌었으며(나라면 진짜 엄마를 가릴 수 있을 만큼 그렇게 지혜로웠을까?), 그리고 바알의 예언자들을 향한 엘리야의 도전 장면도 그랬다(그 작은 조각구름은 때맞춰 왔다!). 에스더와 유딧(Judith, 앗수르의 장군을 죽이고 유대를 구한 과부)과 룻과 나오미. 이 여인들은 화가와 시인들의 상상력을 사로잡았다. 성경이 상상력에 대해 많은 말을 하지 않을지도 모르지만, 성경은 하나님의 말씀을 우리에게 전할 때 분명 상상력을 사용하고 있다.

예수님은 비유를 말씀할 때마다 청중이 상황을 이해하고 비유의 의미를 파악할 수 있도록 상상력을 사용하였다. 상상력이 아니었다면, 청중들은 양떼 그림을 떠올릴 수 없었을 것이며, 잃어버린 양을 찾으러 가는 목자의 비유는 사실상 아무 의미가 없었을 것이다. 상상력이 없었다면, 요한복음 10장 9절에 나오는 예수님의 말씀, "내가 문이니 누구든지 나로 말미암아 들어가면 구원을 받고 또는 들어가며 나오며 꼴을 얻으리라"는 무의미할 것이다. 사실 우리가 성경을 본래의 상황에서 현재로 가져올 때, 이미 상상이라는 어마어마한 행위를 시행하는 것이다. 개인적으로 또는 공동체적으로 성경이 우리에게 펼쳐지는 모든 순간에, 하나님은 계시의 과정을 현재에도 지속시키기 위하여 우리의 상상력을 사용하고 계신다.

그 자체로 상상력의 역작인 계시록을 읽을 때, 상상력을 사용해 보라. 다음의 본문에 귀를 기울여보라:

또 내가 새 하늘과 새 땅을 보니 처음 하늘과 처음 땅이 없어졌고 바다도 다시 있지 않더라 또 내가 보매 거룩한 성 새 예루살렘이 하나님께로부터 하늘에서 내려오니 그 준비한 것이 신부가 남편을 위하여 단장한 것 같더라 내가 들으니 보좌에서 큰 음성이 나서 이르되

"보라 하나님의 장막이 사람들과 함께 있으매 하나님이 그들과 함께 계시리니 그들은 하나님의 백성이 되고 하나님은 친히 그들과 함께 계셔서 모든 눈물을 그 눈에서 닦아 주시니 다시는 사망이 없고 애통하는 것이나 곡하는 것이나 아픈 것이 다시 있지 아니하리니 처음 것들이 다 지나갔음이러라"

보좌에 앉으신 이가 이르시되 "보라 내가 만물을 새롭게 하노라" (계 21:1-5).

이 새 하늘과 새 땅을 상상해 보라. 모든 피조물이 새롭게 되는 것을 상상해 보라! 저자는 계속해서 우리의 상상력에 재료를 공급해 준다: 이 새 예루살렘은 다이아몬드로 만든 높은 성벽, 금으로 만든 길, 진주로 만든 문, 그리고 보석으로 만든 주춧돌로 이루어졌다. 하나님과 어린 양의 보좌로부터 시내 한 가운데로 생명의 강이 흐른

다. 그리고 그 강의 양 옆에는 매달 새로운 열매를 맺고 만국을 치유할 잎사귀를 가진 생명나무가 자란다(계 21:11; 22:1-2). 이 얼마나 멋진 도성인가! 이것이 얼마나 강하게 우리의 상상력을 끌어당기며, 현실을 뛰어넘는 어떤 것을 향한 우리의 갈망과 얼마나 강하게 공명을 일으키는가!"[12]

오랜 기독교 영성의 전통 안에서, 많은 사람들은 영적 저작을 남길 때 상상력을 사용하는 방식을 받아들였다. 우리는 이미 존 번연이 어떻게 상상력을 사용했는지를 살펴보았다. 이제 이냐시오 로욜라에게 관심을 돌려보자. 그는 번연보다 한 세기 앞서 살았으며, 영성 형성과 관련해 상상력을 기독교적으로 이해하고 받아들이는 데 큰 영향을 끼쳤다. 실제로 이냐시오의 회심은 상상력에 의해 일어난 사건이었다. 부러진 다리 때문에 형제의 집에 갇혀 지내게 된 이냐시오는, 계속되는 지루함을 달래기 위해 읽을 만한 책을 달라고 요청했다. 그는 기사와 여인들이 나오는 익숙한 이야기들을 기대했었지만, 집 안에 있는 책이라고는 「그리스도의 생애」(a Life of Christ)와 「성인열전」(Lives of the Saints)밖에 없었다. 지루함이 극에 달하자 결국 그는 그 책들을 집어 들었다. 기사가 되어 위대한 공을 세우는 공상을 즐겨했던 그는 이번에는 그리스도와 성인들에 대한 공상에 빠지기 시작했다. 그는 차츰 그 두 종류의 공상은 성격이 전혀 다르다는 것을 알아차렸다: 기사도 이야기는 그의 마음을 메마르게 하고 불만족스럽게 했지만, 성인들의 삶과 자신이 어떻게 성인이 될지를 상상하는 것은 마음에 위로를 주었을 뿐만 아니라, 시간이 지난 후에도 계속해서 만족과 기쁨을 주었다. 게다가 상상력이 더욱 발전

하면서 그의 마음은 변화되었다.[13]

상상력이 이냐시오 방식의 기도에서 뚜렷한 특징을 이루는 것은 놀라운 일이 아니다. 성경 본문에 능동적으로 참여하기 위해 상상력을 사용하는 것은(내가 피정 안내자의 제안대로, 부활하신 예수님이 막달라 마리아에게 나타난 장면에 참여하며 기도할 때 사용했던 동일한 과정) 이냐시오의 「영신수련」(Spiritual Exercises)에서 핵심이 되었다. 또한 이냐시오는 분별을 통하여 결정내리기에 상상력을 사용하였고 분별이라는 전통에 큰 영향을 끼쳤다. 우리가 행할 마지막 상상력 수련은 「영신수련」에 나온 선택하기를 위한 지시사항에서 인용한 것이다.[14] 거기에서 이냐시오는 우리로 하여금 세 가지 다른 시나리오들을 상상하게, 즉 상상력을 사용해서 스스로를 이런 상황 속에 놓게 한다. 그런 후에 그 관점으로부터 우리가 무엇을 선택하고자 원할 것인지를 생각해 보도록 한다. 그리고 나서 그것을 선택하라고 말한다. 이 모든 시나리오는 각각 당신이 분별하려고 하는 결정을 바라보는 독특하고 유익한 관점을 제시한다.

실습: 세 가지 상상 속의 시나리오

1. 당신이 현재 무엇을 분별하고 있는지를 명확히 하라. 가능한 명료하고 뚜렷하게 그것을 마음에 떠올린다.

2. 인생의 목표는 하나님을 찬양하고 높이고 섬기는 것이라는 사실을 스스로에게 상기시키라. 항상 그렇듯이, 하나님이 당신을 위해 원하시는 것을 갈망하도록 하나님께 은혜를 구하라.

3. 어떤 것을 선택하는 것이 더 나은지 당신의 상상을 통하여 말씀해주시기를 하나님께 구하라.

4. 그런 후에, 서두르지 말고 다음의 시나리오들을 상상력을 사용하여 생각해 보라. 원한다면 그것을 글로 자세히 기록해 보라:

―당신이 누군가의 신뢰를 받는 조언자라고 상상해 보라. 그가 어떤 결정을 내려야 하는 상황에서 충고를 듣기 위해 당신에게 왔다고 하자. 그 사람이 최선의 결정을 내리기를 원할 때, 당신은 그가 어떻게 하도록 권면하겠는가?
―당신이 인생의 마지막 순간에 이르러 그 결정을 돌아본다고 상상해 보라. 그 자리에서 돌아볼 때, 당신이 어떤 길을 택하기를 원할 것 같은가?
―당신이 최후의 심판을 기다리고 있다고 상상해 보라. 그 자리에서 바라볼 때, 현재의 당신은 어떤 결정을 내렸으면 하고 바라겠는가?

5. 이 상상 속의 시나리오들이 당신 앞에 놓인 결정에 관해 무슨 말

> 을 해주는가? 이것을 통해 어쩌면 당신은 임시 결정을 내릴 준비가 되었을 수도 있고, 아니면 단지 분별 과정에 도움이 되는 정보를 조금 더 얻었을 수도 있다.
>
> 6. 당신이 상상력을 사용해 분별 작업을 할 수 있도록 도와주신 하나님께 감사의 기도를 드리며 마친다.

이 세 가지 상상 속의 시나리오들은 무엇이 더 하나님을 기쁘시게 하며, 그럼으로써 영적인 관점에서 당신이 장기적이고 깊은 만족과 기쁨을 경험하는 데 무엇이 더 도움이 되는지를 분명히 보여준다. 만족과 기쁨, 이 두 가지는 이냐시오가 이 상상 속의 가능성들을 묘사하면서 명시적으로 사용하는 말들이다.

상상력은 분별을 가져다주는 다목적 도구이다. 당신은 가능성 있는 결과들을 상상해 보고, 그것들을 상상 안에서 시도해 보고, 자신이 어떻게 반응하는지를 볼 수 있다. 당신은 당신이 추구하는 방향을 자기 방식대로 가리켜주는 핵심 이미지를 가지고 작업할 수 있다. 그리고 이냐시오의 고전적인 상상력 수련을 사용해 볼 수 있다. 당신이 상상 속에서 분별 수련들을 구성하려 할 때 존재하는 유일한 한계는 바로 자신의 상상력이다.

8. 이성의 숙고
Reason's Considerations

많은 사람들에게 결정을 내린다는 것은 곧 다양한 대안을 이성(Reason)으로 선별해서 논리적으로 가장 옳은 것을 집어내는 것을 의미한다. 사실, 이성을 사용하는 것은 분별에서 중요한 도입 항목이다. 그러나 우리가 지금까지 살펴본 것처럼, 이것만이 분별을 위한 유일하고 특별한 항목은 아니다. 이냐시오 로욜라는 상상력과 느낌 그리고 이성이라는 세 가지를 강조한다. 우리는 이번 장에서 이성의 강점과 한계를 알아보고 성경과 영적 전통에서 이성이 어떻게 사용되었는지 추적해 볼 예정이다. 영적 전통과 관련해서는 17세기 인물로 영국의 시인이자 성공회 목회자인 토머스 트러헌(Thomas Traherne)과 18세기에 미국의 대각성 운동을 불러일으킨 조나단 에드워즈(Jonathan Edwards)를 다룬다. 우리의 첫 번째 수련은 결정 내리기에서 이성을 사용하는 이냐시오 로욜라의 방법을 소개한다.

두 번째 수련에서는 분별 과정의 앞에서 다루었던 부분, 즉 적합한 정보를 모으는 일과 정보를 갱신하는 과정으로 돌아간다. 만약 당신이 이미 여러 가지 도입 항목을 가지고 기도해 왔다면, 아마도 분별 주제와 관련해서 새로운 측면, 아니면 심지어는 전적으로 새로운 주제를 보게 되었을 수도 있고 그래서 정보를 더 모아야 할 필요가 있을 수 있다. 여기에서 한 가지 중요한 점은 이 수련은 어느 지점으로든지 이동이 가능하다는 것이다. 당신의 분별 과정 중 어느 지점에 서든지, 정보 모으기는 적합할 수 있다. 내가 여기에 정보 모으기 수련을 다시 배치한 이유는, 그 작업이 종종 이성의 사용을 강조하기 때문이다.

실습: 이성을 통해 분별에 접근하기

이 수련은 분별 질문이 간단하게 잘 짜여 있을 때 효과가 있다. 아직 당신의 결정을 위한 질문이 그렇게 잘 만들어져 있지 않다면, 다음에 나오는 2단계가 도움이 될 것이다. 장점과 단점을 기록하는 과정은 때때로 빛을 밝혀주는 새로운 것들을 불러일으킨다. 4단계는 당신에게 일어난 새로운 것들을 기록할 수 있도록 도와준다. 이 기도에서 핵심이 되는 동사는 ("개수를 세다"가 아니라) "무게를 달다"이다. 하나님의 현존 안에서 당신이 장점과 단점 목록에 각각 적은 것들의 무게를 달아보라. 그리고 그 결론으로 임시 결정을 내려보라.

1. 하나님의 현존 안에 거할 준비를 하라. 하나님의 부르심이 분명해지면 그것을 따르겠다는 갈망을 새롭게 다지라.

2. 아직 결정을 위한 질문을 만들지 않았다면, 당신의 분별 주제를 "예" 또는 "아니오"라고 답할 수 있는 간단한 질문으로 만들라.

3. 영성일지 또는 종이 한 장을 두 칸으로 나누라. 한쪽 칸에는 "장점", 다른 쪽 칸에는 "단점"이라고 이름 붙인다. 장점의 칸에는 당신이 임시 결정을 하게 만든 이유라고 생각되는 것들을 최대한 많이 기록한다. 단점의 칸에는 그와 반대되는 이유들을 기록한다.

4. 단점 항목에서 시작해서 양쪽 목록을 차례로 숙고해 본다. 또 다른 장점들과 단점들이 생각나거든, 각각의 목록에 덧붙인다.

5. 심사숙고한 결과 당신의 분별 주제가 어떻게 보이는지 주목하라. 그리고 깨달은 것들을 기록한다.

6. 목록의 개수보다는 의미에 무게를 두면서 주의 깊게 목록들의 무게를 달아보라. 이 무게 재기의 관점에서, 임시 결정을 내려보라.

7. 하나님의 부르심을 따르겠다는 당신의 갈망을 새로이 다짐하라. 이제 당신의 임시 결정을 하나님의 부르심을 따르겠다는 당신의 갈

> 망과 함께 놓는다. 그리고 마음에 무슨 일이 일어나는지 주목하라.
> 그것을 영성일지에 기록하라.

지성을 사용해 하나님 찾기

분별 과정으로 들어가는 올바른 길은 단 하나가 아니다. 서양 문화는 이성을 사용하는 과정을 지나치게 강조해서 많은 사람들은 지식이란 곧 이성을 사용한 결과라고 여기고, 다른 종류의 지식, 예를 들어 몸, 직관, 상상력, 그리고 느낌을 통한 지식을 무시하거나 소홀히 취급했다. 지식을 얻는 방식은 분별에 이르는 서로 다른 정보들을 제공한다. 마찬가지로, 각각의 과정은 당신이 생각하고 있는 주제 가운데 어떤 측면은 드러내는가 하면 다른 측면들은 감춘다. 당신은 이미 이런 방법들 중 최소한 몇 가지를 사용해서 분별 주제에 대해 기도해 왔기 때문에, 아마도 이런 차이점을 알아차렸을 것이다. 이런 다양성은 우리가 분별에서 이성적 과정을 거칠 때에도 계속된다.

이 과정을 효과적으로 사용하려면, 주제를 명확하게 정의해야만 한다. 이제 당신은 본래의 주제로 다시 돌아가서 그것을 단순하고 확정적인 문장으로 재구성할 필요성을 느낄 것이다. 때때로 특별히 복잡한 주제는 여러 개의 작은 부분으로 나누고, 그것들을 명확하게 정의된 문장 또는 질문으로 만드는 것이 도움이 된다. 앞서 지적했듯이, 분별 주제들이 언제나 간단하고 확정적인 하나의 문장으로 쉽게 줄여지는 것은 아니다. 때때로 앞에 나오는 이성적 과정을 밟기 전에, 예를 들어 당신의 직관이나 몸 또는 상상력을 사용해서 다양한 가능성들이 열리게 할 필요도 있다.

여섯 번째 단계의 핵심단어는 "무게를 달다"인 점에 유의하라. 이 말은 단순히 각각의 목록에 기록한 항목들의 숫자를 세는 것 이상을 의미한다. 이것은 어떤 대안이 더 무게가 나가는지, 즉 더 의미가 있는지, 더 당신을 끌어당기는지(또는 밀어내는지), 그 명확성이나 논리 또는 올바름이 더 인상적인지를 감지해 보는 것을 의미한다. 예를 들어, "단점"을 적는 칸에 오직 한 개의 정보만 있을 수도 있다. 그러나 그것이 무척 의미 있는 것이어서 "장점"의 칸에 적힌 모든 것들보다 더 무게가 나간다고 느낄 수도 있다.

내가 이 방법을 처음 배운 것은 1970년대 초반의 교수법 워크숍에서였다. 그 방법이 400년도 더 된 이냐시오가 제안한 과정과 비슷하다는 것을 알고 내가 얼마나 놀랐을지 상상해 보라. 이냐시오가 처음 제시한 과정은 실제로는 우리의 것보다 훨씬 더 복잡하다:

> 나는 [현재 묵상중인 선택으로부터] 얼마나 많은 유익이 와서 오직 우리 주 하나님을 찬미하고 내 영혼을 구원하는 데 도움이 될 것인지를 따지고 고찰해야 한다. 또 그와 반대로 그것을 취함으로써 따라오는 단점과 위험들도 생각해야 한다. 그 후 둘째 부분을 고찰하는데, 이번에는 이것들을 취하지 않음으로써 예상되는 장점과 유익들을 생각하고 또한 그와 반대로 취하지 않음으로써 주어지는 단점과 위험들도 생각해야 한다.[1]

따라서 "장점"과 "단점"을 기록하는 각각의 칸은 원래 이중적인 과정으로서, 장점과 단점을 포함한 선택사항을 지지하는(for) 문장이 있고, 역시 장점과 단점을 포함한 선택사항을 반대하는(against) 문장이 함께 있었다. "너무 복잡하다!"고 당신은 말할지 모른다. 비교적 간단한 분별의 경우에는 아마도 당신의 말이 맞을 것이다. 실제로, 나는 좀처럼 명료해지지 않는 분별 문제에 사로잡히기 전까지는 항상 이 간단한 형태의 수련을 제시했었다. 그런 방식에 의한 분별의 순간은 새로운 직분을 맡으라는 요청을 받아들일 것인가를 결정해야 할 때 빠르게 다가왔고, 그 분별에는 시간이 제한되어 있었다. 나는 앞의 장들에서 다루었던 실습과 나중에 다룰 실습들을 포함해 여러 가지를 시도해 보았다. 그리고 위에 나오는 더 간단한 형태로 된 이성을 사용하는 도입 항목을 사용했을 때는, 장점과 단점 가운데 어느 것이 더 낫다는 결론을 내리지 못한 채로 무게달기를 끝냈다. 그래서 어차피 더 잃을 것이 없기 때문에, 이번에는 이냐시오가 제안한 더 복잡한 형태를 시도해 보기로 결심하고, 지지하는 문장과 반대하는 문장을 만든 후 각각에 대해 장점들과 단점들을 나열했다. 놀랍게도 네 개의 칸들은 두 칸 형태일 때와 전혀 다른 정보를 만들어냈다. 그 중 한 칸에는 이렇게 쓴 것도 있었다. "글을 쓸 시간이 전혀 주어지지 않는다면 매우 화가 날 것이다." 무게달기 과정을 진행하면서 바로 이 점이 무척 무겁게 느껴졌고, 그래서 더욱 나는 내가 쓴 것의 이면에 무슨 일이 벌어지고 있는지를 생각해 보기 시작했다. (나는 내 합리적 지성이 생각해 볼 수 있도록 한 조각 지혜를 제공한 내 직관에 좋은 점수를 주고 싶다.) 마침내 나는 기도와 성찰을 더 해본 후 원래의 분별 질문을 수정했고, 만일 그 일이 나로 하여금 계속 글을 쓸 수 있게 하는 방식으로 조정된다면 그 일을 수락하겠다고 결정하게 되었다.

위에 제시한 실습에서는, 이냐시오가 제안한 것과는 반대로 "단점들"을 먼저 돌아보도록 제안했다. 이렇게 바꾼 이유는? 이냐시오와 그의 초창기 동료들은 서로에게 순종의 맹세를 하는 공동체를 만들 것인지를 결정하기 위해 이 장점/단점 실습을 채용했다. 그들의 모범을 따르는 이 방법은 우리 시대에 공동체 분별을 위한 보편적인 방법이 되었다. 이 과정이 개인 분별에서 공동체(집단) 분별로 전환되면 집단 심리학이 이 실습에 영향을 끼친다. 공동체 분별에서는 모든 구성원이 제시된 사항의 좋은 점들을 말하는 시간을 가진 다음에 이번에는 모든 구성원이 제안된 사항에 반대하는 이유들을 제시한다. 사람들은 모든 방해물이 바로 앞에 펼쳐지면 하나님께서 그들을 새로운 것으로 부르시지 않는지 자유롭게 발견할 수 있다. 더 나아가 모든 사람이 약점과 강점 모두를 말한 상태에서는 그룹의 구성원들이 각자 자기 관점을 억지로 관철시키기 위해 분파를 만들어 반대할 가능성이 적다.

만약 당신이 "이성을 통해 분별에 접근하기" 실습을 공동체를 위해 사용하려고 한다면, 공동체가 단순히 결정을 내리는 것보다는 그 결정을 통해 하나님의 부르심을 경청하는 것이 더 중요하다는 것을 분명히 하기 위해 1단계에 많은 시간을 할애하라. 분별 주제를 명확하게 하는 2단계는 개인 분별에서 행하는 것만큼 중요하다. 한 가지 이상을 담고 있는 주제 역시 주의해서 살펴보라. 왜냐하면 그 경우에 한 부분은 지지하고 다른 부분은 반대하는 결과가 나올 수 있기 때문이다. 만약 당신이 당신 자신의 분별을 행하는 중이라면 그런 이중 질문에 쉽게 적응할 수 있겠지만, 공동체의 경우라면 공동체를 절망스러운 혼란에 빠트릴 수도 있다. 3-6단계에서는, 단점들과 장점들을 분리시킨다: 참석자들 모두 기도하게 한 후에 단점들에 대해 이야기하게 한다. 그런 후에 장점들에 대해 동일한 과정을 밟는다. 다시 기도 시간을 가지면서 참여한 모든 사람들이 지금까지 이야기된 모든 것의 무게를 달아보게 한 후에, 어떤 길이 최선인지에 대해 각자가 판단한 것을 말하게 한다. 만약 공감대가 형성되면, 확증의 단계들을 밟는다(11장). 그렇지 않으면, 다시 3-6 단계로 돌아가서 공감대가 형성될 때까지 그 과정을 반복한다. 이러한 공동체 분별은 투표하는 것보다 시간이 많이 걸리지만 그 결과는 모든 사람을 만족시킨다.

전통의 지혜를 사용하기

하나님은 진리이시다. 이것이 분별에서 이성을 사용하는 동안 신학적으로 이리 저리 떠밀려 가지 않도록 고정시켜주는 닻이다. 사람들이 하나님을 아는 방법과 진리를 아는 방법 사이에는 깊은 관련이 있다. 우리가 진리를 끝까지 추구하면 그것은 우리를 반드시 하나님께로 이끌 것이다. 하나님의 진리는 모든 창조를 관통하고 있고 우리가 이성을 사용해서 창조를 깊이 살펴보면 하나님이 만드신 것들을 통해서 하나님을 더 깊이 이해하게 된다는 사실은 바울만 깨달은 것이 아니다. 그러나 바울은 그뿐 아니라 우리의 이성이 죄의 결과로 어두워졌고, 인간은 죄에 의한 왜곡을 꿰뚫어볼 수 없으므로 더 이상 진리를 분명히 인식하지 못한다고 주장했다:

> 창세로부터 그의 보이지 아니하는 것들 곧 그의 영원하신 능력과 신성이 그가 만드신 만물에 분명히 보여 알려졌나니 그러므로 그들이 핑계하지 못할지니라 하나님을 알되 하나님을 영화롭게도 아니하며 감사하지도 아니하고 오히려 그 생각이 허망하여지며 미련한 마음이 어두워졌나니(롬 1:20-21).

하나님께 감사하게도, 이 딜레마에는 치유책이 있다: 바로 사람의 몸을 입은 예수님을 통해 새로운 빛이 어두움에 비춰진 것이다(고후 4:6). 성령은 이 새로운 빛을 믿는 자들의 마음에 비추고 그들을 하나님과의 회복된 관계를 실습하는 공동체로 이끄시는데, 이 일은 그들을 진리에 대한 새로운 인식으로 인도한다. 일단 우리가 기독교 공동체와 진리에 대한 새로운 인식을 연결시키게 되면, 진리를 추구하는 행위로서의 분별이 그 공동체 안에 자리 잡아야 한다는 것을 깨닫게 된다. 비록 우리가 독특한 개인적 결정을 분별하기 위해 극도로 개인적인 방법들을 사용하더라도, 그리스도인의 분별은 고립된 개인과 하나님 사이에서 일어나는 사적인 기도가 아니다. 오히려 분별은 믿음의 공동체라는 상황 안에서 그리고 그 상황에 근거해서 일어나는 판단 행위이며, 우리는 그 공동체 안에서 그리스도의 눈으로 함께 진리를 보는 법을 배운다.[2]

그러나 우리가 어떤 것을 보고 그것이 진리인 줄을 어떻게 확신하게 되는가? 이 딜레마는 네 번째 복음서의 주요 관심사였다. 일련의 대치 상황에서, 예수님은 자신이 누구인지에 관하여 사실, 곧 진리를 계속 가리키셨다: "너희가 내 말에 거하면 참으로 내 제자가 되고 진리를 알지니 진리가 너희를 자유롭게 하리라"(요 8:31-32). 그러나 제자들 사이에서는 언쟁이 지속되었다. 마침내 예수님은 죽음 직전에 분명하게 제자들에게 말씀하셨다: "내가 곧 길이요 진리요 생명이다"(요 14:6). 바울이 표현한 대로, 예수님을 아는 것은 예수님 안에 있는 모든 것을 아는 것, 새로워진 마음, 생명, 그리고 하나님의 자녀가 누리는 자유로 이끈다.

네 번째 복음서는 또한 성령과 공동체 그리고 진리를 서로 이어 준다. 예수님의 가르침은 그분의 임박한 죽음과 부활, 곧 그분의 영광이 제자들의 삶 속에서 완성되고 작용할 때에 비로소 최종적으로 확증되었던 것이다. 그러나 예수님은 죽음에 앞서 이미 약속하셨다:

> 내가 아직도 너희에게 이를 것이 많으나 지금은 너희가 감당하지 못하리라. 그러나 진리의 성령이 오시면 그가 너희를 모든 진리 가운데로 인도하시리니 그가 스스로 말하지 않고 오직 들은 것을 말하며 장래 일을 너희에게 알리시리라. 그가 내 영광을 나타내리니 내 것을 가지고 너희에게 알리시겠음이라(요 16:12-14).

기독교 전통은 오성(understanding)과 분별의 관계를 오랫동안 고찰해 왔다. 아우구스티누스는 요한복음에 분명히 서술되어 있는 이 새로운 지식의 행위로부터 분별이 일어난다고 믿었다. 아우구스티누스에 의하면, 일찍이 시간과 공간 안에 존재했거나 앞으로 존재할 것이거나 혹은 존재할 수 있는 모든 것은 그들에 대한 하나님의 지식 속에 영원히 존재한다. 성부 하나님이 말씀 또는 성자 안에서 그 자신을 나타내시고 모든 것을 아시는 것처럼, 그 지식은 동시에 하나님의 지성 안에서 모든 피조물을 붙잡고 있다. 모든 피조물 가운데서 인간은 이 거룩한 지식을 가장 잘 받아들이고 찬양의 반응을 기꺼이 보일 수 있는 존재이다.

아우구스티누스로부터 얻은 이 통찰은 분별에 어떤 의미를 주는가? 그 가장 중요한 의미는 우리가 (이성을 사용하거나 다른 종류의 앎을 사용해서) 어떤 피조물을 깊이 알게 될 때, 하나님도 아시고 사랑하는 어떤 것을 알게 된다는 사실이다. 피조물에 대한 부분적인 진리를 발견하는 것조차도 하나님으로부터 직접 전달되는 말씀을 듣는 기쁨을 우리에게 가져다줄 수 있다. 우리는 만물 가운데 담겨 있는 진리를 더욱 잘 알고 사랑하게 된다. 우리는 그리스도께서 우리의 정신을 조명해 주셔서 피조물의 실재를—하나님이 의도하신 대로—분별하게 하시고, 또한 모든 피조물이 거룩한 공동체의 충만함에 이르기를 바라는 갈망을 우리 안에서 이끌어냄으로써, 분별하는 마음을 계발하게 된다.[3]

17세기 신학자이며 신비주의자이자 시인인 토머스 트러헌은 이성의 역할을 더욱 폭넓게 본다. 그는 우리가 어떤 것을 보는 것은 오직 우리의 생각이라는 수단을 통해서라고 믿는다. 트러헌에게, 하나님에 대한 관상은 다른 어떤 기능보다도 정신과 관련이 있으며, 그

는 우리가 하나님이 생각하시는 것을 생각할 때 하나님처럼 된다고 믿는다:

> 생각이란 하나님이 거하시는 모든 영역들을 방문하기 위하여,
> 우리가 세상에 보내는 천사이다.
> 생각이란 우리 모두가 고백하는 것처럼
> 그 안에 죄와 거룩함의 정수가 놓여 있는 것이다.
> 생각 안에서 모든 지혜는 빛을 비추며,
> 오직 생각에 의해서만 영혼은 거룩해진다.[4]

그러나 더욱 하나님처럼 된다는 것은 하나님이 생각하시는 것처럼 생각하는 것 이상이다. 그것은 자유로이 선물을 주시는 하나님 안에서 기뻐하는 것, 하나님이 자유로이 주시는 선물들 안에서 기뻐하는 것, 이제 우리가 다른 사람들을 위한 선물이 된다는 것, 그리고 이 주고 받는 친교의 기쁨을 누리며 살아간다는 것을 의미한다. 이 기쁨으로 가득찬 광대한 친교는 참된 분별을 가져온다. 우리는 그것을 소중히 여기며, 그것에 참여하며, 그것을 다른 사람을 향하여 확장시킨다.[5]

트러헌은 영국 국교회에서 광교회파(혹은 자유주의자, Latitudinarians)로 알려진 운동에 속해 있었다. 그들은 거룩한 아름다움에 지나치게 사로잡힌 나머지 악과 고통의 심각성을 평가절하 하는 경향이 있었다. 악을 평가절하 하는 것은 18세기 미국 청교도인 조나단 에드워즈에게는 전혀 맞지 않는 것이다. 그는 「진노하시

는 하나님의 손 안에 있는 죄인들」(Sinners in the Hand of an Angry God)이라는 설교로 잘 알려졌다. 그는 진정한 근대인으로서, 로크와 뉴턴의 철학을 읽었고, 과학의 발전을 매우 진지하게 받아들였다. 그는 또한 노샘프턴에 있던 자기 교구를 휩쓸었던 수많은 논쟁의 대상이 된 부흥에 참여했다. 이 부흥현상들의 유익한 점들과 지나친 점들을 보면서 에드워즈는 그것들이 어떻게 공동체와 개인에게 영향을 끼치는지 조사하게 되었다. 예를 들어, 부흥이 하나님의 일인지 아닌지 어떻게 알 수 있는가? 더 개인적인 차원에서 말하자면, 나의 경험이 진정으로 구원과 관련이 있는 것인지 내가 어떻게 알 수 있는가? 이런 질문들에 답을 찾으려는 깊은 갈망으로부터 쓰여진 분별에 관한 그의 작품은 영적 고전이 되었다.

에드워즈에게 분별이란 "사람들 사이에 활동하는 영이 작용하는 방식을 관찰하는 것"을 의미했다. 그는 부흥 때문에 일어난 변화의 성질과 방향을 관찰하고 그 결과를 성경에서 이끌어낸 규범과 비교해 보았다. 그는 이런 식으로 진행하는 것이 판단을 내리는 데 상대적인 안전함을 제공한다고 믿었다.[6] 에드워즈는 이 판단을 내릴 때 우리가 가진 "정서"(affections)의 성질에 초점을 맞추었다(정서에 대해서는 다음 장에서 살펴볼 것이다). 여기서 그가 이성과 정서의 관계를 어떻게 이해했는지를 알아보는 것은 흥미 있는 일이다: 뜨거운 마음에 담긴 온기와 오성의 빛은 함께 성령의 활동을 특징짓는다. 그는 "종교라는 위대한 것이 올바르게 이해된다면 마음에 영향을 끼칠 것이다"라고 결론을 내렸다.[7] 이성과 정서가 함께 있어야 한다는 그의 주장은 우리의 분별에서도 유사한 균형이 필요하다는 사실을 부각시켜준다. 하나님이 우리를 어떻게 부르시며 우리가 어떻게 응답해야 하는지를 이해하려고 할 때 정신과 마음을 둘 다 사용해야 한다는 말이다.

조나단 에드워즈는 「하나님의 영의 역사를 구별하는 표지들」(Distinguishing Marks of a Work of the Spirit of God, 1741)에서, 대각성 운동이 하나님의 일인지 아닌지를 조사했다. 한편으로, 그는 그 자신의 경험을 통해서 지나친 종교적 광신으로 단순하게 무시되어서는 안 되는 사건들에 대해 다른 사람들이 반대할 것을 예상해야 했다. 다른 한편으로, 그는 과도함과 실수를 조장하고 부흥 운동 전체에 오명을 씌운 사람들이 부흥 운동 안에 있다는 것도 인식했다.

에드워즈는 너무나 정확하게 글을 쓰는 작가였다. 그는 우리가 오성을 얼마나 신뢰할 수 있는지를 탐색하기 위해 "신뢰할 만한 표지들과 신뢰할 수 없는 표지들"이라는 범주들을 사용했다: 어떤 종류의 오성이 하나님이 일하고 계시다는 것을 말해 주는가? 그는 "신뢰할 수 없는 표지들"을 다음과 같이 정의한다. "사람들 사이에 행해진 일이 하나님의 영의 일이 아니라는 증거가 아닌 것." 여기 사용된 이중 부정에 주목하라: 우리는 신뢰할 수 없는 표지로부터는 그 현상이 하나님의 일인지 아닌지 여부를 말할 수 없다. 그것은 표지로서 확정되지 않은 것이다. 우리가 분별 가운데 실습해 보기 원하는 "이성을 사용하기"와 관련해서 에드워즈는 한 가지 확정되지 않은 표지를 거론한다: 판단의 실수와 사탄의 미혹은 서로 혼동될 수 있다. 다시 말해서, 대각성 운동에 참여한 사람들이 행한 판단의 실수를 지적하며 "이것은 하나님의 일일 수 없다"고 결론짓는 사람들에게, 에드워즈는 이렇게 말하고 있는 것이다. "부흥 안에서 판단의 실수를 발견했다고 해서 그 부흥이 구원을 가져온다는 것을 입증하거나 부정할 수 없다. 하나님은 우리를 판단의 실수로부터 보호하시지도 않으며, 판단의 실수가 하나님께서 역사하시지 않는다는 증거가 되지도 않는다." 에드워즈는 또한 지식에 초점을 맞추어서, 하나님의 일을 분별하는 한 가지 신뢰할 만한 표지도 제시한다: 그 운동은 진리의 영으로서 작용하며, 사람들을 진리로 인도하고, 그들에게 참된 것을 확신하게 만든다(요일 4:6).

에드워즈는 「신앙적 정서」(Religious Affections)에서 자신의 주된 관심을 부흥 현상으로부터 부흥 안에 있는 개인의 회심 경험으로 옮겼다. 그는 그 경험이 하나님이 주시는 참되고 구원하는 경험인지 아닌지에 관한 판단(분별)을 내리기 원한다. 한 가지 신뢰할 만한 표지는 다음과 같다: "은혜로운[즉, 구원하는] 정서는 거룩한 것들을 바르고 영적으로 이해하거나 감지할 수 있도록 각성된 정신으로부터 일어난다."

> 거룩한 정서들은 빛이 없는 열이 아니다. 오히려 항상 오성의 정보, 정신이 받아들인 어떤 영적 가르침, 어떤 빛이나 실질적인 지식 등으로부터 나온다. … 참으로 영적이고 은혜로운 정서들은 … 하나님과 그리스도에 관해 새로운 방식으로 가르쳐진 것들을 이해하도록 오성을 계몽하는 데서 나온다. 여기에는 하나님의 탁월한 본성과 그분의 놀라운 기예에 대한 이해와, 영적으로 탁월하고 충만함 가운데 있는 그리스도에 대한 약간의 깨달

음이 존재한다. 그는 그리스도로 말미암은 구원의 방식과 관련된 것들이 새로운 방식으로 열림으로 인해, 한때 어리석게 보았던 거룩하고 영적인 교리들을 이제는 이해하게 된다.[8]

달리 말해서, 우리의 지식의 효험을 판단하는 기준은 그 지식으로 인한 열매이다. 우리는 지식의 결과로 하나님과 하나님의 방법들을 더 잘 이해하는가? 우리는 그리스도의 마음을 더 깊이 파악하는가? 우리는 창조주를 반영하는 창조의 진리에 공명하는가? 우리의 정신은 점점 더 그리스도와 일치되어 가는가? 에드워즈는 자신이 처한 상황에서 바울이 자기 시대에 말했던 것을 말하고 있다:

> 육에 속한 사람은 하나님의 성령의 일들을 받지 아니하나니 이는 그것들이 그에게는 어리석게 보임이요, 또 그는 그것들을 알 수도 없나니 그러한 일은 영적으로 분별되기 때문이라. 신령한 자는 모든 것을 판단하나 자기는 아무에게도 판단을 받지 아니하느니라. "누가 주의 마음을 알아서 주를 가르치겠느냐?" 그러나 우리가 그리스도의 마음을 가졌느니라(고전 2:14-16).

더 넓은 관점 취하기

생각하기/무게달기의 과정은 우리 모두의 내부에 있는 이성적 자아에 호소한다. 천성적으로 생각하기를 좋아하는 사람들에게는 이것이 가장 우선적으로 사용할 수 있는 의사 결정 방법이다. 문제는, 많은 사람들이 의사 결정 과정에서 이 방법만을 중요하게 여기지만,

이것 역시 다른 형태의 결정 방법처럼 맹점이 있다는 사실이다. 이 냐시오는 자신의 이성적 방법은 우리가 어떤 종류든 강한 느낌에 의해 좌우되지 않을 때 매우 적합한 방법이라고 제안했다. 나는 또한 이 방법은 이성에 치중하는 사람들, 예를 들어 엠비티아이(MBTI) 성격 유형에서 이른바 "생각 유형"에 해당되는 사람들이 사용하는 것이 좋지만, 그때에도 항상 현실에 접근하는 매우 다른 방법을 적어도 한 가지 이상 반드시 함께 사용해야 한다고 제안하고 싶다.

두 가지 유의할 점이 더 있다: 모든 도입 항목들은 임시 결정을 내리는 일과 (그것이 내가 제시했던 방법들이다) 분별을 위한 또 다른 항목을 뒷받침하며 자료를 공급해 줄 수 있는 정보를 모으는 일, 둘 다를 위해 사용할 수 있다. 결정을 내리는 데 필요한 정보를 논리적으로 조직하는 것은 분별에 이르기 위한 이성의 중요한 기능이다. 예를 들어, 우리는 직관이나 상상력을 통해 선택 조건들을 파악하고, 이성을 사용하여 더 필요한 정보를 모으고 장점과 단점의 무게를 달아봄으로써 그 조건들을 세밀하게 구별할 수 있다. 일단 다양한 도입 항목들을 파악하면, 첫 번째 장에서 우리를 분별로 인도해 온 더 큰 분별 과정의 다양한 순간들을 골고루 병용하면서 상당한 융통성을 가지고 그것들을 사용할 수가 있다:

—분별의 기초가 되는 영적 자유함이라는 내적 성향을 추구하라.
—분별할 주제 또는 선택 사항을 발견하고 파악하라.
—적합한 정보를 모으라.
—계속해서 성찰하고 기도하되, 특별히 무게달기 과정을 할 때 더

욱 기도하라.
―하나 또는 더 많은 도입 항목들을 사용하여 잠정적인 결정사항
  을 만들라.
―하나님으로부터 확증을 구하라.
―그 과정을 평가하고 지난 과정을 돌아봄으로써 배우라.

이런 방식의 상호작용과 강화를 통해, 결정에 이르는 우리의 일곱 겹의 분별 방식은 딱딱한 행진이라기보다는 은혜로운 춤과 같은 것이 된다.

둘째, 우리는 이성을 사용하는 과정에서는 다른 무엇보다 정확한 정보가 중요하다는 것을 안다. 그러나 정확한 정보는 "이성 사용하기" 뿐만 아니라 모든 도입 항목들을 뒷받침한다. 이제 당신은 분별에 깊이 들어와 있으므로, 전체 과정을 더 넓게 보기 위해 한 발짝 물러서보는 것이 중요하다. 어느 한 개의 도입 항목이 보충할 필요가 있는 무언가를 제안하고 있는가? 당신의 분별 질문이 더욱 다른 뉘앙스를 풍기거나 아니면 완전히 바뀌었는가? 더 많은 정보가 필요한가? 다른 종류의 정보가 필요한가? 다음 수련은 당신으로 하여금 기도하면서 이런 질문들을 살펴보도록 초대한다. 또한 당신이 지금까지 해온 것을 요약하고 더 분명한 초점을 부여하기 위해 그것을 사용할 수도 있다.

실습: 자신의 분별을 돌아보고 재방문하기

1. 잠시 멈추라! 당신 주위에 깊은 침묵이 흐르게 하라. 당신이 왜 분별 작업을 하고 있는지 기억하라: 당신은 지금 하나님께 더 큰 영광을 드리고 있다는 사실로 인해 가장 깊은 만족을 가져다 줄 길을 찾고 있다. 잠시 시간을 내서, 하나님께서 당신 안에 하나님의 부르심을 듣고 따르려고 하는 갈망을 불러일으키실 수 있게 하라. 서둘러서 다음 단계로 넘어가지 말라.

2. 분별 과정을 기록한 영성일지를 펼친다. 지금까지 해온 모든 것을 돌아본다.

3. 당신이 밟아온 분별 과정의 결과로 당신의 분별 질문에 변화가 생겼는가? 그렇다면, 당신은 이 수정된 분별 상황을 위해 더 많은 정보를 모을 필요가 있을 것이다. 그 결정이 충분한 정보를 바탕으로 내린 결정이 될 수 있도록 당신이 더 모아야 하는 정보는 무엇인가? 그것을 어떻게, 언제 모을 것인가? 3장의 "관련 있는 정보 모으기" 실습에 나오는 질문들이 이 과정에서 도움이 될 것이다.

4. 당신의 분별 질문이 크게 달라지지 않았다면, 지금까지 모은 정보를 돌아보라. 아직 부족한 정보는 무엇인가? 그것을 언제, 어떻게 모을 것인가?

> 5. 모은 자료를 살펴보면서 그것이 당신이 생각하고 있는 결정에 어떤 영향을 미치는지 생각해 보라. 당신은 거기에 어느 정도의 무게를 두겠는가? 그것이 어떤 특정한 방향으로 결정하도록 이끄는가? 그 방향으로 움직이는 것에 대해 당신은 어떻게 느끼는가?

이냐시오는 분별하는 사람이 결정한 것을 하나님께 올려 드리고 하나님께서 그것을 확증해 주시도록 안내하는 것으로 이성을 사용하는 과정을 마무리 짓는다. 우리는 확증 기간을 가질 것을 주장함으로써 이냐시오의 지혜를 따라왔고, 그렇게 해서 각각의 도입 항목들은 임시 결정을 내리면서 종결된다. 나는 마지막 장에서 확증을 받기 위해 임시 결정을 하나님께 가져가는 과정을 제시한다. 그 시점에서, 당신은 분별을 마무리하게 될 것이다.

두 개 또는 세 개의 도입 항목들을 놓고 기도한 당신은 이제 자신의 결정이 어디에 와 있는지 분명한 감각을 얻을 수도 있다. 그 때가 언제 올지는 사람마다 다르고 분별마다 다르다. 그것은 당신의 분별이고, 당신이 분별에 접근하는 방법을 선택했으며, 언제 분별이 마쳐질지도 알게 될 것이다. 그 때가 되면, 당신에게는 몇 가지 선택조건이 주어진다. 당신이 절대로 해서는 안 되는 것은 아무 생각 없이 결정을 내려버리고 그것을 실행하기 시작하는 것이다. 분별을 마무리할 준비가 되었다고 느끼면, 11장에 나오는 수련들을 사용해서 당신의 결정을 확증하고 과정을 평가하라. 하나님은 확증에 사용되는 시간을 통해 우리가 바른 과정을 밟아왔는지 아닌지를 알게 해주실 것이다. 물론, 당신은 자유롭게 다른 도입 항목들을 가지고 계속 기도할 수도 있다. 추가되는 각각의 항목들은 하나님이 당신으로 하여금 무엇을 하도록 부르시는지에 대한 감각을 더욱 키울 수 있는 기회를 제공할 것이다. 종종 이 부가적인 도입 항목들은 나름대로 확증을 전해 주는 느낌을 줄 수도 있다. 그러면 당신의 영은 당신의 임시 결정에 대해 계속 "예"라고 말할 수도 있다.

이냐시오는 이성을 사용하는 과정에 깊은 주의를 기울이고 정확성을 기울였지만, 그가 더 선호했던 도입 항목은 느낌이었다. 이 도입 항목에 대해서는 다음 장에서 살펴보자.

9. 신앙적 정서의 힘
The Power of Religious Affections

우리는 이 도입 항목을 통하여 분별 여정에서 느낌의 영역에 들어선다.[1] 대부분의 사람들은 중요한 결정을 내릴 때는 느낌에 의지하지 말라고 배워왔다. 그러나 분별의 전통은 느낌에, 비록 제한적이기는 하지만, 중요한 위치를 부여한다. 우리는 먼저 분별의 목적에 맞도록 우리의 느낌과 친해지는 법을, 그 다음에는 감정에 대한 성경적 관점을, 그리고 신앙적 정서(religious affections)가 지닌 의미에 대한 조나단 에드워즈의 생각과 그것이 분별에 미치는 영향을, 마지막으로 분별에 핵심이 되는 두 가지 특별한 신앙적 정서인 위로(consolation)와 실망(desolation)에 대한 이냐시오 로욜라의 생각을 살펴볼 것이다. 여느 때와 같이, 우리는 우리의 느낌을 분별에 사용할 수 있도록 이끄는 한 가지 수련으로 시작할 것이다. 이냐시오는 위로와 실망 두 가지를 사용해서 결정을 내리고 결정을 확증하는 데 도움을 얻었기 때문에, 우리도 두 번째 수련에서 그가 한 대로 따라 해 보려고 한다. 두 번째 수련은 우리가 이 시점까지 진행해온 전 과정을 돌아보고 각 단계에서 위로나 실망이 존재하는지를 살펴볼 것이다.

실습: 느낌을 통해 분별에 접근하기

지금 다루고 있는 주제에 관해서 당신의 느낌은 무슨 말을 하는가? 이 기도는 다양한 느낌들을 감지한 후에 분별의 핵심 요소 두 가지를 검토해 보도록 요청할 것이다. 만일 결정을 내리는 데 느낌을 사용하는 것이 불안하다면, 느낌이 분별에 기여하는 것만큼, 다른 도입 항목들이 균형추 역할을 할 것이라는 점을 기억하라.

1. 개인적으로 당신을 위한 하나님의 현존, 하나님의 사랑과 돌봄을 인식하라. 하나님의 사랑을 느끼면서 원하는 만큼 충분히 쉼을 맛보라. 당신의 결정을 통해 하나님의 부르심이 드러날 때 그것을 따르겠다는 갈망을 새롭게 다지라.

2. 당신이 고려하고 있는 모든 선택조건들을 살펴보면서 그것이 당신 안에 불러일으키는 느낌들에 주목해 보라. 그 느낌들을 영성일지에 기록하라. 당신이 싫어하거나 상식에 어긋난 것처럼 보이는 느낌이라고 해서 간과하지 않도록 조심하라.

3. 만일 당신이 이 느낌만을 근거로 결정을 내리고 있다면, 어느 느낌에 마음이 기우는가? 그 가능성에 대해 어떤 느낌을 받는가? 그 느낌도 기록하라.

4. 현재 만들어지고 있는 임시 결정과 그 결정에 따르는 모든 느낌들을 떠올리고 그것들이 당신 안에 불러일으키는 것을 살펴보라. 그 결정이 위로를 가져오는가? 즉 하나님과 다른 사람 그리고 자신을 향하여 믿음과 소망과 사랑이 증가된다는 느낌을 주는가? 단순히 좋은 느낌보다는 더 깊은 곳에 있는 안도감을 주는가?

또는

그 결정으로 인해 실망감이 드는가? 즉 믿음과 소망 그리고 사랑의 감소를 가져오는가? 쉼 없음, 낙심, 무거움, 전진하기 싫어함, 잘못되었다는 느낌을 주는가? (하나님은 사실 우리의 두려움, 희망 없음, 또는 다른 부정적인 느낌에도 불구하고 우리를 부르실 수 있다. 그렇다면 제대로 되었다는 느낌이 불편한 느낌보다 더 깊은 곳에 자리하고 있을 것이다.)

5. 이런 위로 또는 실망의 느낌에 기초해서 당신의 임시 결정을 수정하라. 당신의 임시 결정과 그 결정으로 이끌었던 내적 움직임을 영성일지에 기록하라.

느낌과 친해지기

"느낌을 통해 분별에 접근하기"는 우리가 느낌을 알아차리고, 또 이냐시오 로욜라가 "위로"와 "실망"이라고 이름붙인 두 가지에 초점을 맞추도록 도와준다. 그러나 아마도 당신은 한편으로 자신이 어떻게 느끼는지를 모르거나, 아니면 다른 한편으로 많은 느낌 때문에 당황해서 똑바로 생각을 할 수 없을 수도 있다. 분별에서 느낌을 사용하는 몇 가지 상황을 살펴본다면 이 두 가지 반응들을 다루는 데 도움이 될 것이다.

믿음의 언어는 대부분의 경우 느낌의 언어이다. 영적인 삶이란 우리의 독특한 자아와 독특한 환경을 통하여 표현되는 하나님을 향한 열정이다. 감정이 갖는 힘은 우리로 하여금 행동하게 만드는 능력에 있다. 만일 우리가 아무 것도 느끼지 않는다면, 아마도 행동하지 않을 것이다. 결과적으로, 분별 과정에 의도적으로 우리의 느낌을 가져올 때 무엇이 우리에게 앞으로 나아가는 힘을 주는지 고려하게 된다. 그러나 대부분의 사람들에게 느낌을 분별에 가져오는 것은 쉽지 않은 일이다.

나는 어렸을 때 자신의 느낌을 신뢰하지 말라는 경고를 받던 것을 기억한다. 그 경고는 누가 했는지에 따라 다양한 경계의 메시지를 담고 있다: "그렇게 느낌에 휩쓸려가다가는 미처 깨닫기도 전에 너무 멀리 가버릴 수도 있어!" 혹은 나는 (숙제 같은) 무엇인가를 하기 위해 열심을 내기도 전에 이런 말을 듣기도 했다. "잔말 말고 그거나 해라. 네가 어떻게 느끼는지는 중요하지 않아." 동네에서 난장판을 벌이며 놀던 때에는 대개 이런 소리가 들려왔다. "우는 것은 계집애들이나 하는 거야." 나는 항상 매우 강한 느낌을 받아왔기 때문에, 이런 종류의 충고는 내게 도움이 되지 않았고, 나의 느낌이 신뢰할 만한 안내자가 될 수 있다는 것을 의심하게 만들었다.

우리가 받은 신앙 교육도 우리의 느낌과 우리의 관계를 깨뜨릴 수 있다. 우리는 어떤 느낌, 예를 들면, 분노, 증오, 그리고 질투 같은 것은 실제로 죽음에 이르는 죄악이라고 배웠다. 다른 한편, 사랑 또한 많은 울타리로 인해 가로막혔다. 어떤 사랑은 격려를 받고 다른 종류의 사랑은 적극적으로 좌절당했다. 우리는 심지어 이런 충고를 내면화했을 수 있다. "좋은 느낌이 드는 것은 나쁜 것임에 틀림없어!" 신앙 전통의 많은 부분들이 느낌을 열등한 것, 심지어 의심스러운 것으로 격하시켰고, 느낌을 분별에서 빼놓을 수 없는 요소로 사용하는 것을 반대했다. 이런 신앙 교육을 받고 자란 사람들은 대개 분별에서 느낌이 하는 역할을 완전히 신뢰하기 전에 느낌에 대해서 교정 작업을 해야 한다.

다행히, 최근에 느낌을 포용하는 보다 온전한 영성을 향한 움직임이 있어 왔다. 신학자이자 영성지도자인 캐슬린 피셔(Kathleen Fischer)는 느낌을 우리의 영성생활 안으로 통합하는 데 도움이 되는 두 가지 원리를 다음과 같이 제시했다: (1) 감정은 영성의 주변부가 아니라 중심에 속한다. (2) 감정은 이성과 반대되는 것이 아니다. 사실, 감정은 이성의 한 형태이다.[2]

나는 감정이 영성의 중심이라는 생각을 받아들이는 데 한참이 걸렸다. 그동안에는 "위험한" 감정들은 억누르고 "긍정적인" 감정들만 격려할 수 있다고 오랫동안 생각해 왔다. 어렸을 때 버럭하고 화를 내면 꼭 문제가 생겼기 때문에 당황스러움과 분노를 억누르는 법을 배웠다. 질투는 우정에 금이 가게 했고, 때때로 내 친구들로 하여금 나와 다른 아이 사이에서 하나만을 선택하게 만들었기 때문에, 관심을 끌고 싶은 마음을 조금 더 부드럽게 표현하는 법을 배워야 했다. 모든 느낌들은 서로 밀착되어 있고 "나쁜" 느낌들을 계속 부정하려고 한다면 "좋은" 것들도 가질 수 없다는 사실을 배우는 것이 내게는 쉽지 않은 일이었다. 나는 덜 바람직한 것들을 "틀어막는" 대신에 다른 방식으로 그것들과 타협하기를 배워야 했다. 다행히, 나를 힘들게 했던 감정들을 그대로 하나님 앞에 가져갈 수 있다는 것을 발견했다. 그렇게 했을 때, 마침내 하나님의 은혜의 역사가 나에게 임하여 감당하기 힘든 감정들이 안으로부터 변화되는 것을 경험할 수 있었다. 그래서 나 자신의 온전한 부분들을 부정하기 보다는 차라리 그것들을 하나님께 가져갔다. 그리고 하나님의 은혜로 불안이나 분노 그리고 시기에서 나오는 에너지를 더 긍정적인 방식으로 내 삶에 통합시킬 수 있었다.

여러 가지 감정들이 우리의 인생에 더해 주는 풍요로움을 생각해 보라. 멋진 석양을 바라보며 생긴 경외감, 오르간으로 연주하는 복잡한 토카타와 푸가를 들을 때 전해지는 전율, 배우자를 잃은 슬픔, 분주한 날의 중간에 찾아온 잠깐의 침묵에 대한 감사, 처음으로 손자손녀를 보았을 때 넘쳐나는 사랑, 친구가 곤경에 처했을 때 일어나는 도와야겠다는 각오. 이런 느낌들은 우리를 다른 사람과 연결해 줄 뿐만 아니라, 하나님과도 연결해 준다. 경험은 어떤 측면이든지 거룩함을 매개해 줄 수 있으며, 사실 우리를 향한 하나님의 사랑에 대한 깊은 확신은 건강한 정서적 삶의 기초가 된다. 하나님이 우리의 모든 느낌들과 반항들을 포함해서 우리를 있는 그대로 사랑하신다는 것을 확신할 때, 비로소 우리의 감정을 건강한 영성에 통합시키는 일을 행할 수 있다.[3]

이제 피서의 두 번째 지침으로 가보자: 감정은 그 자체로 일종의 이성적 작용이다. 감정은 이성적 작용과 반대되지 않는다. 사실, 모든 이성 작용에는 일정 수준의 감정이 부착되어 있다. 극단적으로 감정이 저하된 심각한 우울증으로 고통 받는 사람들은 무엇인가를 하려고 하는 것이, 심지어 아침에 일어나는 일까지도 얼마나 힘든 일인지를 안다. 그리고 어떤 생각을 붙잡고서 그 결론까지 계속 따라가는 것이 얼마나 어려운지도 안다. 올바른 단어 하나를 찾으려는 작가의 열정(감정이다!), 가족의 식탁에 음식을 올려놓으려는 일용직 노동자의 결심, 갓난아이와 노는 젊은 엄마의 자부심, 그리고 침대에 누워 있어야만 하는 노인의 수발을 드는 간호사의 동정심 등과 대조해 보라. 감정이라는 단어를 파생부분으로 나누면 e-motion이 되어 "움직임을 향하여"(toward motion)라는 의미를 갖고 있음을 쉽게 알게 된다. 우리는 감정이 없이 올바른 결정을 내릴 수 없다. 그것들은 지식과 판단의 필수적인 요소가 된다.

느낌을 갖는 것과 느낌을 바탕으로 행동하는 것 사이에는 큰 차이가 있다. 그 차이를 인식하게 되면, 분별에서 감정을 사용하는 것이 훨씬 더 편안하게 느껴진다. 감정은 어떤 주어진 순간에 우리에게 일어나는 것에 대한 육체적 반응으로 즉시 일어난다. 우리는 대체로 우리의 통제 밖에 있는 그 순간과, 대체로 우리가 통제하고 있는 우리의 반응을 서로 구분하는 법을 배울 수 있다. 그리고 어느 정도 실습을 통해, 우리의 감정을 읽는 법을 배울 수 있다. 우리는 스스로에게 다음과 같이 물어보는 것을 배울 수 있다: 여기서 나는 무엇에 대해 열정을 느끼는가? 왜 이것이 나를 분노하게 만드는가? 이 불편함은 무엇 때문인가? 우리는 우리의 감정들을 우리가 선택을 하고 있다는 사실과 어떤 감정은 더욱 격화시킬 수 있고 다른 것은 가라앉힐 수 있다는 사실을 배울 수 있다. 그리고 어떻게 하나님의 영이 우리를 자극해서 어떤 특정한 느낌에 반응하게 하시는지 묻기 시작하게 된다. 마침내, 우리의 감정은 늘 변화한다는 것을 알아차릴 수 있게 되고, 이 변화가 무엇을 의미하는지 물을 수 있게 된다. 우리의 감정에 대한 이런 모든 작업들은 분별 과정에 대단히 큰 기여를 한다.

성경적이고 전통적인 관점들

느낌은 성경 전체에 스며들어 있다. 곳곳에서 생동감 있는 인물들이 강한 감정을 표현한다. 아벨의 미덕에 대한 가인의 시기, 방문객들의 예언을 의심한 사라, 레아의 다산에 대한 라헬의 부러움, 요셉을 잃은 야곱의 슬픔, 또는 나단의 책망을 들은 다윗의 후회를 생각해 보라. 그리고 시어머니 나오미에 대한 룻의 사모하는 마음, 자기 백성을 위해 싸우는 에스더의 용기, 그리고 요나단과 다윗의 위대한 우정을 기억하라. "다윗이 사울에게 말하기를 마치매 요나단의 마음이 다윗의 마음과 하나가 되어 요나단이 그를 자기 생명 같이 사랑하니라"(삼상 18:1).

동방박사들은 아기 예수님을 보고 기쁨으로 어쩔 줄 몰라 했지만, 얼마 떨어지지 않은 곳에 있던 헤롯은 그들이 자기를 속였다는 것 때문에 분노에 휩싸였다. 시므온과 안나가 예수님을 보았을 때 즉시 하나님을 향한 찬양이 터져 나왔다. 그리고 마리아는 "이 모든 것을 마음에 간직했다." 또 예수님의 격렬한 감정들을 기억해 보라: 나사로의 무덤에서 보인 그분의 슬픔과 눈물, 환전상의 테이블을 뒤엎은 그분의 분노와 예언자적 행동, 피할 수 없는 죽음을 앞둔 날 밤에 느낀 그분의 번민. 요한복음은 "예수님이 사랑한 제자"에 관해 언급하며, 이로 인해 예수님이 이 제자를 향해 품으셨던 감정들을 다른 사람들도 알아차릴 수 있었다. 두려움에 사로잡혀서 예수님을 부인하고 자기가 행한 것에 대해 비통하게 통곡하던 베드로를 기억해 보라. 베드로와 바울은 심각한 의견 충돌을 빚었는데 바울은 그를 "그분의 면전에서 책망하였다"(갈 2:11, 바른성경). 또한 바울은 그분의 교회들이 그분을 놀라게 하거나 실망시켰을 때 책망하기를 주저하지 않았다.

그러나 진정으로 우리의 신앙적 정서들에 대해 가르쳐주는 것은 시편이다. 왜냐하면 그 안에서 우리는 하나님 앞에서 펼쳐지는 인간의 모든 감정을 발견하게 되기 때문이다. 시편에서는 격렬한 감정들이 기도로 바뀐다. 시편으로 기도할 때 우리는 하나님께는 물론이고 스스로도 받아들이기 힘든 감정들을 만날 수 있게 된다.

시편 137편은 그 최악의 경우를 보여주는 예이다. 그 시편은 유배지의 백성들이 품고 있는 슬픔과 동경으로 시작한다:

우리가 바벨론의 여러 강변
거기에 앉아서 시온을 기억하며 울었도다
그 중의 버드나무에
우리가 우리의 수금을 걸었나니
(시 137:1-2)

그러나 시편 기자는 그 슬픔과 동경 안에서 정복자들에게 지독한 저주도 함께 퍼붓는다:

네가 우리에게 행한 대로
네게 갚는 자가 복이 있으리로다
네 어린 것들을
바위에 메어치는 자는 복이 있으리로다
(시 137:8-9)

자기를 붙잡아온 정복자들의 자녀들에게 퍼부은 저주를 부적절하다고 판단하는 예배 집례자들은 공예배에서 이 부분, 혹은 종종 이 시편 전체를 관행적으로 삭제해 버린다. 그러나 나는 예배 가운데 격한 분노 같은 감정을 삭제하는 것은 회중을 과소평가하는 것이라고 믿는다. 그런 태도는 회중에게 오직 "긍정적인" 느낌만이 기도할 가치가 있다는 인상을 남겨주게 된다. 이것은 내가 어린 시절 느낌에 대해 경고를 받고 내면화했던 것과 비슷한 내용의 메시지이다. 교육자들은 어떤 내용을 전혀 언급하지 않는 교육을 "무의미한 교육과정"(null curriculum)이라고 부른다. 우리 교회 안에 있는 무의미한 교육과정은 우리가 격노나 화 또는 다른 강한 감정을 갖게 되면 교회에 속한 사람이 아니라고 가르치는 경우가 너무 많다.

그러나 시편 137편이 서술하고 있는 것은 사실 포로들이 느낀 격렬한 분노에 단순히 이름을 붙인 것 이상으로 훨씬 급진적인 것이다. 시편 기자는 모든 그런 감정들을 바로 하나님 앞에다 내려놓는다. 그럼으로써 정의를 실현시켜 모든 것을 올바로 돌려놓을 책임을 하나님께 넘겨드리는 것이다: "오 주여, …을 기억하소서." 우리는 이 시편으로부터 우리가 그런 격렬한 감정들을 가지고 있다는 것뿐만 아니라, 그것들을 하나님께 가져갈 수 있다는 것을 배운다. 그리고 그런 감정들을 분별의 일부분으로 다룰 수 있게 된다.

두 명의 고대 영성 저자 오리겐(Origen)과 아타나시우스(Athanasius)는 우리가 느낌을 수용하고 그것을 기도로 가져감으로써 느낌을 분별의 한 요소로 사용할 수 있도록 도와준다. 오리겐(185-254)은 분별에서 정서의 역할을 조직적으로 서술한 초대 기독교 사상가 중 한 명이다. 그는 정념(passions)과 감정이 지나치게 흘러나오면 개인의 자유함을 제한하게 되고, 성령이 아닌 다른 영이 작용하는 것이라고 가르쳤다. 그러므로 만약 어떤 특별한 방식으로 행동하거나 생각하도록 압력을 느낀다면, 분별의 기초가 되는 자유가 결여되는 것은 아닌지 의심해 봐야 한다. 다른 한편으로, 만약 우리의 내적 자유함이 보존되고 자라간다면, 그것은 성령이 역사하고 있다는 표지가 된다.[4] 우리는 오리겐으로부터, 분별이란 항상 더 큰 영적 자유함으로 우리를 이끄는 것임을 배운다.

아타나시우스(c. 357)는 「성 안토니우스의 생애」(Life of Antony)라는 책에서 성령의 역사하심을 보여주는 긍정적 또는 부정적 표지들에 관한 논의를 제시한다. 아타나시우스는 만일 느낌이 그 사람의 고요함을 교란할 정도로 매우 강력하거나 폭넓게 요동치면 그 이면에 성령이 없는 것이 아닌지 의심해 보아야 한다고 주장한다. 혼란과 소란스러움은 두려움, 낙담, 슬픔, 후회와 같은 것들의 원인이 된다. 반대로 성령의 임재는 "조용하고 부드럽게 찾아와서 즉시 영혼 안에 기쁨과 즐거움과 용기가 일어나게 한다." 두려움은 사라지고 힘, 생각의 고요함, 기쁨 그리고 안정된 상태로 바뀐다.[5] 그리고 일천백 년 후에, 이냐시오 로욜라는 이 차이를 잘 반영하는 인상적인 비유를 제시했다: "더 좋은 상태로 향상되고 있는 이들에게 선한 천사는 마치 스펀지에 물방울이 스며들 듯이 달콤하고 부드럽게 다가가며, 악한 천사는 마치 돌 위에 물방울이 튀듯이 거칠고 요란하고 불안스럽게 다가간다."[6] 이냐시오는 또한 위로와 실망이라는 개념을 체계화했다. 이런 개념 뒤에 또 다른 개념, 즉 신앙적 정서라는 개념이 등장하게 된다.

신앙적 정서

지금까지 우리는 느낌과 감정에 관해 말하면서 이 두 단어를 서로 바꿔가며 사용했다. 그런데 분별 전통에는 "정서"(affection)와 "정서성"(affectivity)이라는 두 개의 연관된 개념이 있다. 정서성이란 감정을 느끼고 그것에 반응하는 능력, 즉 누군가에게 또는 어떤 것에 의해 감동을 받고 반응하는 역량이다.[7] 18세기 위대한 미국의 신학자 조나단 에드워즈가 이 개념을 분별과 관련된 그의 중요한 작품에서 소개했다. "진정한 종교는 상당 부분 거룩한 정서로 구성된다"고 그는 말한다.[8] 에드워즈에게 있어서, 정서란 감정이나 정신적 선호 이상의 것이다. 오히려 그것은 생각, 느낌, 그리고 행동의 조화로운 상호작용, 다시 말해서 정신, 의지, 그리고 느낌의 조화로운 상호작용이다.[9] 에드워즈는 또한 우리의 정서는 선택이 가능하다는 것을 깨달았다: "사람이 많은 정서를 가지고 있다는 것이 그가 진정한 신앙을 지니고 있음을 입증하는 것은 아니다. 그러나 만약 그가 아무 정서도 가지고 있지 않다면, 그것은 그가 진정한 신앙을 지니고 있지 않다는 증거이다. 올바른 길은 모든 정서를 거부하거나 승인하지 않는다. 반대로 다양한 정서를 구분해서 어떤 것은 받아들이고 어떤 것은 거부한다."[10]

정서란 우리로 하여금 다른 어떤 방식이 아니라 바로 그런 방식으로 반응하게 하는 생각, 느낌 그리고 의지의 복잡한 상호연관성이라고 생각하라. 그리스도인의 정서는 그리스도를 따르려는 우리의 갈망, 기도 양식, 그리고 습관화된 윤리적 반응이라는 상황 안에서 일어나는 복잡한 상호연관성이다. 회개는 그리스도인의 신앙 정서의 좋은 예이다. 회개는 비록 잘못되었다는 느낌이나 죄책감 혹은 양심의 가책 전부 또는 그 가운데 어떤 하나로부터 영향을 받긴 하지만, 그런 느낌 이상의 것이다. 그것은 하나님이 누구신가 그리고 나는 하나님을 어떻게 거역했는가(생각)에 대한 깊은 인식과, 이 하나님과의 관계가 끊어진 데 대한 슬픔(느낌), 그리고 앞으로 자기 행동을 변화시키겠다는 분명한 결단(선택)이다.

분별에서 두 가지 중요한 신앙적 정서들은 위로와 실망인데, 이 두 가지는 자주 오해를 받는다. 위로는 좋은 느낌을 의미하는 것이 아니고 실망도 나쁜 느낌을 의미하는 것이 아니다. 이 두 가지 신앙적 정서들은 고전적 기독교 분별에서 핵심적인 역할을 하기 때문에, 그것들이 어떤 의미이고 어떻게 그것들을 사용해야 하는지를 분명하게 하는 것이 중요하다.

이냐시오 로욜라에게 위로는 세 가지 의미를 내포한다: (1) 평화와 즐거움 같은 느낌(또한 후회와 같은 "부정적" 느낌도 그것이 우리를 하나님께로 이끈다면). (2) 그런 느낌의 원인(궁극적으로 성령). 그리고 (3) 이 특정한 느낌의 긍정적인 결과(증가된 소망, 믿음, 그리고 사랑). 실망은 정확하게 그 반대이며 다음과 같은 것들을 포함한다: (1) 어두움, 혼란, 낙심, 불행, 그리고 미지근함과 같은 느낌. (2) 그런 느낌의 원인(궁극적으로 성령을 거역하는 영). 그리고 (3) 그런 느낌의 결과, 다시 말해 소망과 믿음과 사랑의 감소.[11]

위로와 실망에 대해 이해하는 것이 우리에게 왜 중요한가? 만일 영적 실망, 즉 우리의 영성 생활을 가로막는 정서적 방해물이 무엇인지 안다면, 그것에 저항할 수 있고 나아가 거절할 수도 있기 때문이다. 그것은 미끄러운 비탈길을 만들어서 우리로 원래 가려고 했던 곳, 다시 말해 하나님께로 가까이 가는 길에서 벗어나게 만든다. 다른 한편으로, 우리는 우리의 영적 여정을 강화시켜주는 영적 위로가 주는 격려를 힘입어 그 안에서 즐거워할 수 있다. 또한 그 길을 계속 가다보면 반드시 오게 되어 있는 힘든 시기를 대비해 지금까지 격려받았던 기억들을 저장해 놓을 수 있다.[12]

이냐시오가 사용한 위로와 실망이라는 개념은 "성령의 역사의 신뢰할 만한 표지는 믿음, 소망, 그리고 사랑의 증가"라는 기본 믿음에 바탕을 두고 있다. 그는 우리가 그 시금석을 가지고 우리의 느낌들을 구별할 수 있다고 믿었다. 만약 그 느낌들이 믿음과 소망과 사랑을 증가시킨다면, 우리는 바르게 분별하고 있는 것이다. 그러나 믿음이나 소망 또는 사랑이 줄어드는 것을 경험한다면, 우리가 걷고 있는 길이 하나님을 따르는 최선의 길인지 의심해 보아야 한다.

그렇다고 단순히 특정 느낌들을 규명하고 좋은 느낌이 드는 것들을 따라가는 것으로는 충분하지 않다. 우리의 믿음과 소망 그리고 사랑에 무슨 일이 일어나는가를 바탕으로 더 구별된 판단을 하는 것이 필요하다. 예를 들어, 어떤 사람이 대단한 즐거움과 기대감을 경험했다고 가정해 보라. 그러나 그의 즐거움이 저녁에 즐길 마약을 사기 위해 어머니의 집에서 훔친 은수저를 팔았기 때문에 오는 것이라면, 분명히 이 느낌은 믿음과 소망 그리고 사랑을 증가시켜 주지 않는다. 다른 한편으로, 만약에 어떤 유치원 교사가 그녀의 어린 학생들이 부모를 위해 노래를 연습하는 것을 보면서 즐거움과 기대감을 경험했다면, 그녀의 느낌은 아마도 이 어린이들과 그들의 가족을 더 사랑하는 마음으로 이끌어갈 것이다. 그리고 그녀가, 힘들고 종종 고맙다는 말을 듣지 못하더라도, 아이들 때문에 하는 일에 더 열심을 내고 헌신하게 만들어 줄 것이다. 첫 번째의 경우에, 그 느낌은 비록 즐겁지만 실망의 범주에 들어간다. 그러나 두 번째의 경우에는, 그 느낌은 분명히 위로에 해당한다.

물론 이냐시오는 강박중으로부터 자유로운 내면, 하나님을 향한 겸손한 갈망, 사명감의 강화, 그리고 사람들과 세상 속에서 일하시는 그리스도와의 위대한 만남 같은 것들은 믿음, 소망, 그리고 사랑이 드러나는 또다른 방식임을 이해했을 것이다. 아마도 그는 조나단 에드워즈가 은혜로운(즉 구원하는) 정서들의 표지라고 한 것들, 즉 새로운 영적 인식과 하나님을 향한 갈망, 증가된 지혜, 겸손, 온유, 확신과 확실성, 증가된 균형, 열린 마음과 부드러워진 마음 그리고 당연하지만, 그리스도인의 실천을 통해 나타난 실제적인 열매들에 대해 공감하며 "예"라고 말했을 것이다. "위로"라는 개념은 수많은 모습으로 이루어지는 성령의 역사하심을 요약해 주는 단어이다.

나는 "느낌을 통해 분별에 접근하기" 실습에서, 하나님은 때때로 우리가 "부정적인" 느낌을 갖고 있음에도 불구하고 우리를 부르실 수 있다는 점을 주지시켰다. 당신이 나른한 느낌을 좋아하기 때문에 일요일마다 침대에서 뒹구는 습관에 빠져 있다고 가정해 보자. 아주 작은 양심의 가책이 당신으로 하여금 신앙 공동체와의 관계를 회복하라고 떠미는 성령의 역사가 될 수도 있다. 다른 사람들로부터 저항을 불러일으킬 수 있는 중대한 결정에 이르려고 할 때 당신이 불안감과 두려움을 느낀다고 가정해 보자. 그 느낌은 하나님이 그런 결정을 내리도록 당신을 부르시지 않는다는 것을 의미하는가? 반드시 그렇지는 않다. 느낌들을 구별할 때 믿음과 소망 그리고 사랑을 따라가 보라. 당신의 계획된 행동은 당신의 깊은 성실함에서 나오는가? 그것이 당신을 하나님이 당신과 함께 하시리라는 더 큰 믿음으로 이끄는가? 그것으로부터 상당한 선이 나올 것인가? 그렇다면 불안감과 두려움에도 불구하고 아마도 하나님은 당신을 그것으로 부르고 계시는 것이다. 당신은 이런 느낌들을 참고 견딜 수 있는 올바른 과정 가운데 있다는 깊은 느낌을 구할 수 있다. 분명히 위로는 좋은 느낌에 관한 것만은 아니며, 실망은 나쁜 느낌에 관한 것만은 아니다.

우리는 분별 과정의 마지막 단계인 확증(confirmation)을 다룰 때, 우리의 삶 가운데 있는 성령의 역사를 나타내는 이 진정한 표지들을 다시 살펴볼 것이다. 그 때, 우리는 위로가 우리의 임시 결정을 마무리하는 데 핵심적인 역할을 하는 것을 보게 될 것이다.

분별과정 전체 바라보기

많은 사람들은 느낌이란 한순간에도 바뀌고 변덕스럽다는 것을 알기 때문에 분별에서 느낌을 사용하기를 꺼려한다. 그들은 우리가 오늘 느끼는 것이 내일 달라질지도 모르는데 어떻게 분별에서 느낌을 의존할 수 있는지 의아해 한다. 이냐시오는 이 문제를 붙잡고 씨름한 뒤에 우리에게 또 다른 도움을 제공한다. 그에 따르면, 우리는 분별의 모든 경로, 우리 생각의 모든 경로, 우리 느낌의 모든 경로에 주의를 기울여야 한다. 우리는 대단한 열심을 가지고 제대로 시작했을 수도 있다. 그러나 갈수록 우리의 에너지가 분산되고 점점 사라져가는 것을 알아차린다. 우리는 훌륭한 목표를 가지고 있을 수 있지만 사용하는 방법에는 회의가 들 수도 있다. 처음에 결정을 내리면서 느꼈던 평화가 얼마 후에는 불안과 괴로움으로 바뀐다. 이 느낌은 처음에 결정을 내릴 때 가졌던 즐거운 안도감 아래에 숨어 있던 느낌이다. 만약 시작과 중간 그리고 끝이 모두 좋고 또한 우리를 믿음과 소망과 사랑 안으로 더 깊이 이끌어간다면, 우리의 결정을 신뢰할 수 있다.[13] 사실, 우리는 느낌들이 쉽게 일어나고 사라지는 현상으로부터 거리를 두고, 느낌들이 하나로 통합되어 있는 더 큰 그림을 볼 수 있어야 한다.

다음의 실습은 이냐시오의 통찰에 기반을 두고 있다. 이 실습은 분별의 마지막 작업인 확증으로 넘어가는 다리가 되고 있기 때문에, 당신의 분별에서 대부분의 과정을 거친 다음인 가장 뒷부분에 위치해야 한다. 만약 당신이 분별을 막 시작했다면, 이 수련은 당신의 임시 결정에 대해 확증을 받기 위해 하나님께 가져가기 바로 전까지 늦추라.

실습: 처음, 중간, 그리고 마지막

1. 우리는 분별에서 우리 인생에 대한 하나님의 이끄심을 추구한다. 이 하나님의 은혜로운 영에 의해 이끌림을 받고 싶다는 당신의 갈망을 새롭게 하면서 시작하라.

2. 분별에서 성령의 첫 번째 열매는 불편심을 느끼는 것, 즉 하나님의 부르심을 듣고 따르는 것을 방해하는 것은 무엇이든 버리겠다는 갈망이다. 지금 이 은총을 구하라.

3. 지금까지 해온 당신의 분별 과정을 돌아보라. 처음 시작했던 때를 기억하라. 어떤 갈망들이 당신에게 이 과정을 시작하도록 동기부여를 해주었는가? 당신은 무엇을 추구하고 있었는가? 어떤 느낌들이 떠올랐는가? 그것들은 일반적으로 위로를 주었는가, 아니면 어느 정도 불안하게 했는가? 그것들은 과정을 지속해 나가는 것을 더 어렵게 했는가 아니면 더 쉽게 했는가?

4. 당신의 분별 과정의 중간을 돌아보라. 어떤 생각과 느낌 그리고 동기들이 이 부분의 특징이 되고 있는가? 만약 어떤 부분이 명료하지 않았다는 것을 발견한다면, 그 중간에 어떤 느낌들이 떠올랐는지를 살펴보라. 그것들이 불명료했음에도 불구하고 당신이 과정을 지속하는 것을 도와주었는가 아니면 반대로 그것들이 당신의 영을 억눌렀는가? 위로의 느낌과 실망의 느낌 사이에 균형 상태는 어떠했는가?

5. 당신의 분별 과정에서 결론을 향해 다가가는 지금 어떤 느낌들이 올라오는가? 다시 그것들을 위로와 실망이라는 성질을 기준으로 판단해 보라.

6. 당신이 발견한 것을 하나님께 말씀드리라.

우리는 이냐시오와 에드워즈라는 사려 깊은 분별자들의 지혜를 통해 분별에서 느낌이 중요한 역할을 한다는 것을 확인할 수 있다. 그러나 다른 도입 항목들과 마찬가지로 느낌에 접근할 때 너무 많은 권위를 부여하거나 반대로 너무 작은 권위를 부여하지 말고 조심스럽게 해야 한다. 느낌을 인간의 결정 내리기에서 필수적인 부분으로 이해할 때, 느낌이 분별 가운데 갖고 있는 정당한 위치를 인정할 수 있다. 이것은 나 같은 사람, 즉 MBTI에 의하면 "느낌을 선호하는 사람들"(Feelers)에게는 좋은 소식이다. 그들에게 결정에 이르는 최우선적인 방법은 궁극적으로 그것이 "옳게 느껴지는 것"이다. 그러나 분별에서 느낌을 사용하는 것은 느낌을 무시하는 경향이 있는 사람들에게도 좋은 소식이다. 그런 사람들 역시 느낌을 분별의 한 부분으로 고려해야만 한다. 그렇게 하는 것이 당신이 더욱 신중하고 사려 깊은 결정을 내리는 데 도움이 되며, 당신의 느낌을 세상을 대하는 방식 안으로 꾸준히 통합해 가는 데 도움이 될 것이다.

10. 자연의 관점

Nature's Perspective

지금까지 우리가 살펴본 모든 도입 항목들은 당신의 관심을 당신의 내부, 즉 당신의 기억, 직관, 몸, 상상력, 생각, 그리고 느낌에 기울이게 했다. 이 마지막 도입 항목은 당신을 자연으로 데리고 간다. 이런 관점의 변화는 당신의 분별 질문을 새로운 각도에서 보게 하는데, 왜냐하면 이 과정은 다른 피조물의 현존 앞에서 질문을 하기 때문이다. 당신은 당신이 우주의 중심이 아니라 동일한 창조주에 의해 함께 지음 받은 피조물이라는 현실 위에서 행동하는 것이다. 이번 장은 이에 대한 이론적 근거를 제시하고, 당신이 기도할 때 자연을 사용하는 것을 편안하게 느끼도록 도와주며, 분별의 기초가 되는 자연에 대한 성경적이고 신학적인 이해를 제공해 준다. 첫 번째 수련인 "자연을 통해 분별에 접근하기"는 자연에 기반한 분별 실습을 제시한다. 두 번째 수련은 자연으로부터 오는 계시를 받아들이는 데에 초점을 맞춘다. 만약 자연을 기반으로 한 기도가 당신에게 낯설다면 이 기도가 그것에 편안함을 느낄 수 있도록 도와줄 것이다.

실습: 자연을 통해 분별에 접근하기

이 수련은 이상적으로는 야외에서 하는 것이다. 그러나 그것이 가능하지 않거나 실용적이지 않다면, 조약돌, 조개껍질, 나뭇잎, 꽃, 화분의 식물, 또는 부목 한 조각 같은 자연의 물체를 기도의 동반자로 활용할 수 있다. 그리고 만약 사람이 없는 장소나 밤에 야외로 나가는 것을 선택한다면, 안전에 주의해야 한다.

1. 밖으로 나가라. 편안하게 느껴지는 곳을 걷거나 그 자리에 앉으라.

2. 다시 한 번, 하나님이 원하시는 것을 갈망하고 그것이 분명해지면 그것을 따르겠다는 내적 자유함을 구하라.

3. 걷거나 앉아 있을 때, 주변에 있는 것들을 살펴보라. 당신의 관심이 주변에 있는 자연의 어떤 것, 즉 생물이나 무생물을 향하게 하라. 할 수 있는 한 완전히 그것에 집중하라. 그것을 변화시키거나 당신의 목적대로 사용하려고 하지 말고, 있는 그대로 그 물체를 바라보라.

4. 그 자연의 대상물 앞에서, 당신이 분별하려고 하는 결정에 대하여 다시 말해 보라. 그렇다고 그 결정을 자세히 묘사하거나 그 결정의 다양한 측면을 다시 말할 필요는 없다. 단지 이 자연의 물체를 생각하는 동안 당신의 분별 질문이 당신 곁에 머물러 있게 하라.

5. 이 자연의 일부분 앞에서 그것이 당신에게 무슨 말을 하는지 기다리면서 들어보라. 그것을 영성일지에 자세히 기록하라.

6. 그 자연의 대상물 앞에 있으면서 당신이 얻은 경험은 당신의 결정에 대해 어떤 제안을 하는가?

7. 당신의 결정에 대해 새롭게 인식하게 된 것이 있다면 그것을 하나님의 부르심을 따르겠다는 갈망 앞으로 다시 가져가보라. 그리고 당신의 생각과 느낌에 무슨 일이 일어나는지 살펴보라. 어쩌면 어떤 이미지가 올라올 수도 있다. 당신의 결정이 이 관점에서 보면 다르게 느껴지는가? 어떤 변화가 있다면 영성일지에 기록한다.

8. 당신의 임시 결정을 하나님께 올려드리라.

그리스도인은 자연을 사랑해야 하는가?

몇 년 전에 나는 신학자 샐리 맥페이그(Sallie McFague)가 쓴 짧은 논문 "그리스도인은 자연을 사랑해야 하는가?"를 읽은 적이 있다.[1] 이 질문은 긍정적으로 대답할 수 있는 간단한 질문처럼 보인다. 그러나 기독교의 오랜 역사를 통해 볼 때 놀랍게도 많은 그리스도인들은 자연을 사랑하지 않았고 지금도 여전히 그렇게 하고 있다. 기독교 사상사를 보면 자연을 대하는 기독교의 양면성과 그것이 영성생활에 차지하는 위치는 놀라운 것이 아니다.

생태신학자이자 루터교 목사인 폴 샌트마이어(H. Paul Santmire)는 이 양면적인 역사를 시대순으로 정리하고, 자연의 관점에서 기독교 사상이 취했던 두 가지 주요 노선을 지적했다. 한쪽의 관점에서는, 인간의 영은 자연보다 위에 있다. 다른 관점에서는, 인간의 영은 자연 안에 속해 있다. 첫 번째 관점은 두 번째 관점보다 자연에 대하여 덜 호의적이다. 두 번째 관점은 인간의 자기 의식 가운데 체화된 자아가 생물물리학적 질서 안에서와 그 질서와 함께 그리고 그 질서 아래에 임한 하나님의 임재를 축하하고 있는 것으로 본다.[2] 그리고 환경에 대한 의식이 부각되면서, 다른 신학자들도 이 주제를 다루고 있다. 스와트모어 대학에서 종교를 가르치는 마크 월러스(Mark I. Wallace)는 그리스도인과 자연 사이의 벌어진 틈을 메우기 위해 삼위의 세 번째 위격인 창조주 성령에 대한 성경적 전통을 되살리려고 한다.[3] 수학자이며 철학자, 관상가인 베아트리체 브루토우(Beatrice Bruteau)는 다른 방향에서 연구를 진행한다. 그녀는 우주의 기원에 관한 현대 이론에서 시작하여, 생명현상과 관련된 화학, 그리고 의식과 관련된 신경생물학을 연구하고 성육신과 삼위일체 신학의 개념들을 숙고한다.[4] 이 학자들은 인간과 하나님에 대하여 기독교 전통이 말해 주는 것이 우리가 종종 상상하는 것보다 훨씬 풍성하다는 것을 지적한다.

맥페이그는 앞서 제시한 "그리스도인은 자연을 사랑해야 하는가?"라는 자신의 질문에 "예!"라고 대답하기를 원한다. 왜냐하면 "단순하게 말해, 하나님은 우리가 사는 땅 안에서 그리고 땅 위에서 우리와 함께 계시기 때문이다. 그것이 성육신이 말하는 것이다… 물리적 실재, 지상의 실재가 우리가 하나님의 현존을 발견하는 장소이다—바로 이 사실이 성육신 신학이 우리에게 말해 주는 것이다."[5] 신학자 마크 월러스는 이 성육신 신학을 확장시켜서, 성령이 모든 생명체의 가슴 안에서 그 생명체에 생명을 주는 힘으로 거주하신다고 지적한다: "예수님 안에서 그때 거기에서 이루어진 하나님의 성육신은, 세상 속에서 지금 여기에서 이루어지는 성령의 체현(embodiment)을 통해 다시 나타난다. 그 체현은 혼돈 가운데 질서를 탄생시킨 본래 부모(originary Parent)이신 하나님을 다시 기억나게 한다."[6] 그렇다면 삼위일체의 모든 위격들은 창조와 긴밀하게 연결되어 있는 것이다.

이처럼 기독교 신학 안에, 그리고 더 나아가 그리스도인의 삶 안에 자연의 자리를 존중하는 현대 신학적 사고들이 존재하고 있음에도 불구하고, 자연에 대한 오랜 불신의 찌꺼기들이 그리스도인의 뼛속에 깊이 자리잡고 있는 경우가 종종 있다. 그리스도인들은 자연의 청지기라는 개념에 대해서는 잘 이해하고 지지할 수 있다. 그러나 자연을 사랑하는가? 이 말은, 때때로 무의식에서 일어나는 일이기는 하지만, 많은 그리스도인들에게는 도전이 된다. 이런 미묘한 불편함의 기원은 가끔 자연이 이방인 바알 숭배자들의 장소였다고 말하는 구약성경 본문을 읽다가 생긴 자연에 대한 개념 때문일 수도 있다. 때때로 이런 불편함은 현대 여성신 숭배나 마술 숭배 때문에 생기기도 한다. 이런 것을 깨닫지 못하더라도, 선한 그리스도인들은 우상숭배에 대한 불편함을 자신이 갖고 있는 자연에 대한 접근 방식에 이입시킴으로 해서, 자연 안에서 그리고 자연을 통해서 하나님을 찾는 것을 회피하기도 한다. 아이러니하게도 그들은 그리스도인으로 양육 받은 것은 강조하면서, 자연을 통해서 자연 안에서 드러나는 하나님의 능력은 부인한다.

맥페이그의 물음은 두 번째 질문을 내포하고 있다: 왜 그리스도인은 자연을 사랑해야 하는가? 자연을 향하여 관상적으로 대하면서 시간을 보내본 사람들이 우리에게 그 단서를 제공한다. 자연은 실존의 지평인 자신에게 초점을 맞추는 데서 빠져 나와 궁극적 신비의 지평으로 넘어가는 특별한 길이다. 자연은 우리의 관점을 우리 자신의 것이 아니라 하나님의 것으로 변화시킬 수 있도록 도와준다. 우리는 자신이 우주의 중심이 아니라 하나님의 피조세계라는 광대하고 상호 연결된 망의 작은 부분에 불과하다는 것을 알기 시작한다. 자연은 우리를 새롭고 자유로운 겸손으로 안내해 준다.

그러나 맥페이그는 그리스도인이 어떻게 자연을 사랑해야 하는가에 대해서도 그에 못지않은 관심을 갖는다. 여기에서 그녀는 단순한 논리를 따른다: 우리는 알지 못하는 것을 사랑할 수 없다. 그러므로 만약 우리가 자연을 사랑하려고 하면, 자연이 우리를 위해 무엇을 해줄 수 있는가를 추구하지 말고 자연을 자연의 방식으로 알려고 해야 한다. 우리가 일단 자연을 사랑하게 되면, 우리 인생에서 하나님의 부르심을 추구할 때 자연이 우리를 도와줄 것이라고 신뢰할 수 있게 된다. 우리는 웅장한 산의 모습이나 시선을 가득 채우는 대양의 장관이 필요한 것은 아니다. 자연의 아무리 작은 부분이라도, 어떤 "몸"이라도 가능하다. 우리는 작은 피조물이 지니고 있는 독특함과 특징 그리고 다름에 관심을 기울이고, 듣고, 배우고 존중할 수 있다. 그래서 한 피조물이 다른 피조물을 대한다는 마음으로 그것에게 다가갈 수 있다.[7] 이 이론적 근거가 "자연을 통해 분별에 접근하기" 실습을 뒷받침한다.

마이스터 에크하르트(Meister Eckhart)는 우리에게 다음을 상기시켜준다: "만약에 내가 송충이 같은 가장 작은 피조물일지라도 함께 충분한 시간을 보낸다면, 결코 설교를 준비할 필요가 없을 것이다. 모든 피조물은 정말 하나님으로 가득하다."[8] 그러나 우리 중 어떤 사람은 자연 안에서 자연을 통하여 하나님을 찾는 것을 편안하게 느끼기 위해서 허락과 실습이 필요할 수 있다. 이 점에서 현대 시인인 매리 올리버(Mary Oliver)가 우리에게 가르침을 준다.

기도하기
푸른 아이리스일 필요는 없다, 그것은
빈 창고의 풀일 수도 있다, 아니면 몇 개의
작은 돌일 수도, 단지
주의를 기울이라, 그런 후에 맞춰보라
몇 개의 단어를 함께, 그리고

그것들을 치장하지 마라, 이것은
경연(contest)이 아니라 문이다

감사를 향한, 그리고 침묵을 향한
그 안에서 다른 소리가 들려올 수도 있는.[9]

일단 우리가 있는 것을 있는 그대로 보고, 진실로 그것을 그 자체로 알고, 작은 풀잎에도 감사하는 데 익숙해진다면, 그것이 하나님에 대해 무엇을 드러내 보여줄 수 있는지를 묻기 시작할 수 있다.

다음 수련은 두 가지 방식으로 사용할 수 있다. 그 수련은 자연 안에서 자연을 통하여 하나님을 추구할 때 당신의 편안함이 깊어지도록 도와줄 수 있다. 또한 단순히 당신이 앞에 놓인 대상을 또 하나의 피조물로 보면서 그 앞에 현존하도록 안내했던 첫 번째 수련의 3단계를 더욱 확장시켜줄 수 있는 몇 가지 보충적인 제안들을 제시해준다.

실습: 자연의 계시[10]

이 기도는 당신이 상상력을 사용해서 자연의 한 물체와 대화를 나눠보도록 안내한다. 아무 것이나 그냥 손으로 집기 보다는 오히려 자연의 물체가 당신을 선택하게 해보라.

조약돌, 나뭇잎, 풀잎, 유리조각, 또는 다른 "외부의" 물체를 선택한다.

당신이 선택한 그 물체와 함께 조용히 앉는다.

그 물체에게 그 자신에 대하여, 그것이 갖고 있는 이야기에 대하여, 그것의 역사에 대하여 물어본다.
그것은 어디에 있었는가…
누가 그것을 만졌는가, 집었는가, 알아차리지 못한 채 스쳐 지나갔는가?
그것은 어디에서 태어났는가? 어떻게 거기에 오게 되었는가?
조용히 앉아서 대답을 기다린다.

그런 후에 그 물체의 내적 생활과 영성에 대하여 물어보라.
그 물체의 연약함, 그것의 부드러움, 그것의 밀도, 그리고 다른 사물들과의 관계에 관하여.
조용히 앉아서 대답을 기다린다.

그 물체가 당신에게 하고 싶어 하는 말이 무엇인가?
그 물체가 당신의 직관에 대하여 무슨 말을 하는가? 당신의 깊은 내면에 대하여 어떤 말을 하는가?

> 마지막으로, 혹시라도 그 물체가 당신에게 하나님에 관하여 무슨 말을 해주는 것이 있는가?

우리는 이와 같은 실습을 통해, 그리고 당신이 생각할 수 있는 다른 실습들과 함께 분별에서 자연이 기여할 수 있는 것을 받아들일 준비를 할 수 있다. 요지는 단순하다: 하나님은 모든 순간마다 창조물을 통하여 하나님 자신을 드러내신다. 우리가 속한 가장 넓은 환경, 즉 우리가 그것의 극히 작은 부분일 뿐인 자연 세계 안에서 우리의 위치를 의도적으로 인식하고 받아들일 때, 분별은 다른 성질을 갖게 된다.

그러나 샐리 맥페이그가 경고했듯 여기에는 위험이 따른다. 즉, 여기서는 하나님에 관한 계시를 제공한다는 명목이지만, 우리가 무언가를 얻기 위해 자연을 이용하는 것이 말 그대로 실용주의에 빠지고 말 수 있다는 것이다. 만일 우리가, 하나님을 드러내는 것까지 포함해서, 자연이 우리를 위해 해줄 수 있는 것 때문에 자연으로 간다면, 자연의 고유성을 존중하는 일은 실패하고 만다. 역설적으로, 자연을 그 자체로 본질적으로 가치 있는 어떤 대상으로서 존중한다면, 그 결과로 우리 자신과 하나님에 관해 다른 방식으로는 쉽게 배울 수 없는 것들을 배울 수 있게 된다. 철학자 시몬느 베이유(Simone Weil, 1909-1943)의 견해에 의하면, 세상이 불가해한 예술품으로 가득 차있다고 보는 것은 거룩한 현존을 알아차릴 수 있게 하는 민감성을 회복하도록 준비시켜준다. 우리가 세상을 소비하고 소유하는 것을 점점 그만둘 때, 세상의 고유한 아름다움은 빛을 발하기 시작한다. 왜냐하면 미(美)의 본성은 소비될 수 없는 것이기 때문이다. 자연은 상품화되지 않은 아름다움을 그대로 간직한 채 자연 그 너머를 가리킬 때에야, 비로소 가장 큰 감동을 주고, 가장 새로운 시각을 선물하며, 가장 깊은 반향을 일으키기 때문이다.[11]

자연은 정확하게 무엇인가?

비록 내가 마치 자연에 대한 보편적인 이해가 있기나 한 것처럼 말했지만, 자연이라는 낱말에 정의를 내리는 것은 매우 어려운 일이다. 자연은 저 멀리 계시는 하나님이 만든 작품이 아니다. 그것은 우리 마음대로 쓰는 별 것 아닌 자원이 아니다. 그것은 역사와 인간의 경험이 펼쳐지는 무대가 아니다. 특정한 시대 또는 특정한 신학 체계 안에서는 이런 관점들이 득세했었다. 자연은 그것으로부터 인간의 생명을 포함해서 모든 생명이 일어나는 그런 곳이다. 자연은 부서지기 쉽고 상호연관되어 있는 생태학적 통일체의 그물로서, 그 위에 모든 생명이 의존하고 있다. 자연의 능력과 허약함의 견지에서 볼 때, 겸손이야말로 자연을 대하는 적합한 자세이다.[12]

"자연"이라는 단어에 대해 지속되는 또 다른 혼란이 있는데, 그것은 인간을 포함하여 전체 자연 세계를 의미하기도 하고, 또한 인간은 자연 위에 있다고 여기면서 인간을 제외한 자연 세계를 의미하기도 한다는 것이다. 앞으로 살펴보겠지만, 창세기로 거슬러 올라가면 성경은 인간을 진실로 자연의 일부로 보는 것을 분명히 보증하고 있다. 현대의 과학-신학 대화와 생태신학은 우리에게 자연은 모든 물질적인 것들의 상호의존적 관계라는 개념을 받아들이도록 권하고 있다.[13]

니케아 신경은 자연을 "볼 수 있는 것과 볼 수 없는 모든 것"으로 언급한다. 토마스 아퀴나스가 채택한 이 정의는 자연 안에 있는 모든 영적 존재와 물질적 존재를 포함한다. 그러나 이 포괄적인 의미는 자연에 대한 우리의 상식을 넘어선다. 그보다 더 유용한 관점이 창세기 1장 1절에서 도출된다. "하나님이 하늘과 땅을 창조하셨다." 자연 또는 그것의 성경상의 동의어인 "땅"(the earth)은 우리의 현대 물리학, 화학, 지리학, 천문학, 생물학, 생태학, 그리고 천문학 같은 과학 분야에서 연구되는 모든 것을 포함한다. 샌트마이어는 이러한 "땅" 또는 "자연"에 대한 성경적 입장을 다음과 같이 요약한다. "하나님에 의해 창조되고, 유지되고, 완성되었으며, 별, 육지, 바다, 식물, 그리고 살아있는 모든 무리들과 같은 피조물들로 구성되는 영역으로, 정원 또는 건물처럼 인간이 창조성을 가지고 만든 물질적이고 생명력 있는 생산물과 더불어 몸을 가진 피조물로서의 인간을 포함한다."[14] 그러므로 자연은 창조 기사에서 "땅"으로 언급되는 모든 물질적이고 생명력 있는 실재로 구성된다. 자연은 과학에 의해 연구될 수 있으며, 성경적으로나 신학적으로 다양한 방식을 통해 해석되어 왔다. 우리는 이 해석 가운데서 우리의 분별 실습의 근거가 될 만한 많은 것들을 찾아낼 수 있다.

자연에 관하여 성경 전통이 가르쳐주는 것

우리가 자연에 대해 새로운 이해를 하려고 노력할 때에도, 그리스도인들은 창세기에서 땅을 정복하고 모든 살아있는 피조물을 다스리라는 명령을 문자적으로 해석함으로써 자연의 파괴와 상품화에 기여해온 책임에 직면해야만 한다. "다스리다"는 보통 모든 살아있는 존재들의 행복을 위한 관리로 이해하기 보다는 지배를 의미한다고 이해되었다. 여기서 적절한 질문은, 인간은 자연 "위에" 있는가 아니면 자연 "안에" 있는가 하는 것이다. 분명히 창세기는 자연 안에 속한 인간을 보여준다. 그들은 아담(adamah)이라는 이름이 암시하는 것처럼, "땅으로부터" 왔다. 동시에 인간은 하나님과의 인격적 교제에 들어갈 수 있다. 그리고 인간만이 첫 번째 창조 이야기에서 "하나님의 형상으로 창조되었다"고 일컬어진다. 땅에 속하였으며 동시에 땅을 초월한 존재인 인간에게 하나님은 독특한 책임을 부여하셨다: 그것은 인간과 다른 피조물 사이에 질서와 평화를 유지하는 책임이다. 하나님은 본래 인간들에게 동물이 아닌 것을 음식으로 주셨다. 이것은 하나님께서 인간으로 하여금 동물을 죽이지 못하게 하신 것을 의미한다. 인간은 이런 의미의 다스림, 곧 피조물들 사이의 평화를 유지하는 데 전적으로 실패했다. 그래서 노아의 시대에 하나님은 폭력이 만연한 것을 보시고 "인류를 만드신 것을 슬퍼하셨다." 노아 이후에, 인류는 하나님과 동물 사이에서 화평하게 하는 자 (peacemaker)의 역할을 그만두었다. 하나님은 동물을 인간에게 넘겨주셨고 인간은 자기를 보호하고 음식을 얻기 위해서 동물을 죽일 수 있게 되었다. 그러나 하나님의 편에서 이런 전략의 변화는 단지

하나님의 본래 의도는 동물을 절대로 죽이지 않는 것이었다는 사실을 강조할 뿐이다.[15]

그리스도인들은 또한 구약 성경은 역사 가운데 나타난 하나님의 행위를 기록한 것으로 여긴다. 그래서 자연은 하나님과 인간들이 행동하는 무대 이상의 것이 되지 못했다. 그러나 하나님과 인간과 자연 사이의 관계에 대한 다른 은유들 역시 동등하게 구약성경에 뿌리를 내리고 있으면서, 자연과 함께 자연 안에서 하나님과 인간을 이해하는 데 더 큰 근거를 제공한다. 구약성경을 관통하는 그러한 두 가지 은유들은 새 땅으로의 이주와 비옥함(fecundity)이다.

예를 들면, 신명기에서 땅, 즉 히브리인들이 이주해간 약속의 땅은 여호와만이 제공하실 수 있는 순수한 선물로 간주된다. 무상으로 받은 선물인 땅과 함께 거기에는 순전한 비옥함이 있다. 그곳은 "젖과 꿀이 흐른다."

> 네 하나님 여호와께서 너를 아름다운 땅에 이르게 하시나니 그곳은 골짜기든지 산지든지 시내와 분천과 샘이 흐르고 밀과 보리의 소산지요 포도와 무화과와 석류와 감람나무와 꿀의 소산지라 네가 먹을 것에 모자람이 없고 네게 아무 부족함이 없는 땅이며 그 땅의 돌은 철이요 산에서는 동을 캘 것이라 네가 먹어서 배부르고 네 하나님 여호와께서 옥토를 네게 주셨음으로 말미암아 그를 찬송하리라(신 8:7-10).

여호와께서 광야 가운데 있는 백성들을 하늘에서 내려오는 충분한 음식으로 먹이셨던 것처럼, 이제 그들과 그들의 자손을 더 안정되고 풍성하고 비옥한 땅의 선물을 통해 먹이실 것이다. 그들은 졸지도 주무시지도 않고 보호하시는 여호와의 시선 아래에서, 건강에 좋은 곡식들의 추수와 땅의 완전한 사계절 순환을 기대할 수 있게 되었다고 샌트마이어는 말한다. 그에 의하면 여호와에 관한 이런 관점은 한결 더 충격적인데 왜냐하면 그 관점이 자연계의 순환을 관장하는 지역신인 바알 숭배가 남왕국보다 훨씬 강했던 북왕국에 뿌리를 두고 있기 때문이다. 자연과 역사의 주님이신 여호와는 바알의 텃밭에서 바알을 물리쳐 이기셨다. 이 주님이 홍해에서 자기의 뜻을 장엄하게 이루셨고, 시내산을 비롯한 온 땅에서 크신 영광으로 자신을 나타내셨다.[16]

많은 시편들도 이와 같이 여호와의 우주적인 통치를 묘사하고 있다. 다른 시편들은 모든 피조물을 향한 하나님의 돌보심을 보여준다. 자연도 그 창조주와의 이 독특한 관계를 "이해하고" 여호와를 찬양한다:

해와 달아 그를 찬양하며
밝은 별들아 다 그를 찬양할지어다!
하늘의 하늘도 그를 찬양하며
하늘 위에 있는 물들도 그를 찬양할지어다!

너희 용들과 바다여
땅에서 여호와를 찬양하라!

불과 우박과 눈과 안개와
그의 말씀을 따르는 광풍이며
산들과 모든 작은 산과
과수와 모든 백향목이며
짐승과 모든 가축과
기는 것과 나는 새며(시 148:3-4, 7-10).

묵시문학은 신명기에서 자주 나오는 비옥함이라는 주제를 선택하여, 그 주제를 하나님이 그들에게 주신 안전한 땅에 대한 비전이 더 이상 구체적으로 실현불가능하다고 여겨지는 시기로 가져왔다. 묵시문학의 저자들은 제3이사야에서부터 시작하여 전적으로 새 하늘과 새 땅, 곧 여호와께서 모든 것을 새롭게 하실 새 날에 대한 여전히 큰 희망을 고양시키기 시작했다. 이 날에는, 우리의 몸조차도 풀처럼 무성해질 것이다(사 66:14). 예수님의 아빠(Abba)는 작은 참새가 언제 땅에 떨어질지도 아시며(마 10:29) 언제 모든 피조세계가 최종적인 완성에 도달할지도 아신다(마 24:36). 바울은 로마서 8장에서 새 하늘과 새 땅의 날을 기대하면서 이 주제를 완전히 성숙한 표현으로 서술한다.[17]

피조물이 고대하는 바는 하나님의 아들들이 나타나는 것이니 피조물이 허무한 데 굴복하는 것은 자기 뜻이 아니요 오직 굴복하게 하시는 이로 말미암음이라 그 바라는 것은 피조물도 썩어짐의 종노릇 한 데서 해방되어 하나님의 자녀들의 영광의 자유에 이르는 것이니라(롬 8:19-21).

비옥함이라는 주제는 골로새서와 에베소서에서 정점을 이룬다. 이 본문이 자리 잡고 있던 문화적 세계는 구원을 시간의 관점에서 보았던 묵시문학적 세계와는 매우 달랐다. 1세기 세계에 살았던 골로새 사람들과 에베소 사람들은 완성을 공간의 차원에서 보았다. 만물은 다양한 차원들이 땅으로부터 많은 "권세들"을 통과해서 가장 높은 하늘의 "천사들"에 이르기까지 우뚝 솟아오르면서 서로 중첩되어 있는 상태이다. 하늘과 땅의 연합 사이의 갈라진 틈은 거룩한 구원자가 그의 우주적인 구원의 능력으로 모든 것을 채움으로써 치유하실 것이다. 그 채움은 만물을 포함할 것이다. 이 편지들에서, 하늘과 땅을 하나로 만드는 하나님의 내재적 능력은 그리스도와 동일시된다.[18]

> 그는 보이지 아니하는 하나님의 형상이시요 모든 피조물보다 먼저 나신 이시니 만물이 그에게서 창조되되 하늘과 땅에서 보이는 것들과 보이지 않는 것들과 혹은 왕권들이나 주권들이나 통치자들이나 권세들이나 만물이 다 그로 말미암고 그를 위하여 창조되었고 또한 그가 만물보다먼저 계시고 만물이 그 안에 함께 섰느니라 그는 몸인 교회의 머리시라 그가 근본이시요 죽은 자들 가운데서 먼저 나신 이시니 이는 친히 만물의 으뜸이 되려 하심이요 아버지께서는 모든 충만으로 예수 안에 거하게 하시고 그의 십자가의 피로 화평을 이루사 만물 곧 땅에 있는 것들

이나 하늘에 있는 것들이 그로 말미암아 자기와 화목하게 되기를 기뻐하심이라(골 1:15-20).

기독교 신학이 말하는 자연

기독교 신학은 비록 종종 자연에 대해 양면적이었지만, 그것을 소홀히 하지는 않았다. 그 가운데 세 사람인, 이레네우스, 아우구스티누스 그리고 칼뱅 같은 이들은 각각 자기 나름대로 창조를 존중하는 신학을 표현했다.

그들 중 가장 앞선 시기의 사람은 이레네우스(Irenaeus, ca. 125-202)이다. 그의 신학은 기독교 공동체 안과 밖의 영지주의자들을 향해 답변하는 가운데 발전되었다. 영지주의자들은 자기들이 다른 보통 사람과 구별되는 특별한 지식, 즉 구원으로 안내하는 지식을 갖고 있다고 믿었다. 이레네우스는 영지주의자들이 창조주 하나님을 거부하는 것과, 또한 그들이 창조주 하나님을 대신하여 내세운 것, 즉 수동적이면서 세상을 완전히 떠난 신 개념에 굳건하게 반대했다. 이레네우스가 보기에, 성경은 자연을 하나님이 인류에게 주신 집이라고 설명한다. 하나님은 전체 피조세계를 존재하게 하셨고 그것을 마지막에 완성시키실 것이다. 이레네우스는 이 광대한 우주 역사의 중심에 성육신하신 말씀을 위치시킨다. 이 말씀은 하나님의 영과 함께 창조역사의 영원한 생명 원리인 영원한 로고스가 되시며, 또한 말씀이 육신이 되심으로써 피조세계가 창조의 거룩한 최종 목적을 향하여 나아가게 한다. 이레네우스의 글에는 좋은 땅으로의 이주라는 주제가 담겨 있다. 그 땅(land)은 모든 것의 창조주께서 새롭게 하신 땅(earth)이지, 육체를 벗은 영들을 위해 하늘(sky)에 마련해 놓은 어떤 하늘(heaven)이 아니다. 어느 날 모든 것들을 축복하실 그 하나님이 지금도 그것들을 축복하신다. 샌트마이어는 다음과 같이 결론을 내린다. "이레네우스의 신학은, 가장 깊은 의미에서, 창조역사라고 불릴 수 있는 것에 대한 주해이다."[19]

아우구스티누스는 타락과 원죄에 관한 글을 통해 영혼과 자연 사이를 위계적으로 구분하는 데 크게 기여했다고 널리 인정받고 있다. 그러나 아우구스티누스는 그의 인생의 중반기와 후반기에 창조 질서에 더욱 긍정적인 마음을 갖게 되었다. 그는 「신의 도성」(City of God)에서 새 땅으로의 이주라는 주제를 풍부하게 다룬다.[20] 아우구스티누스에게 피조물은 하나님의 선하심의 표현이다. 우리는 피조물을 통해 하나님과 하나님의 섭리를 관상할 수 있다. 이것은 분별의 중요한 기초와 도입 항목을 제공해 준다:

> 땅의 사랑스러움에 물어보라. 바다의 사랑스러움에 물어보라. 드넓은 창공의 사랑스러움에 물어보라. 하늘의 사랑스러움에 물어보라. 별들의 질서에 물어보라. 그 광선으로 낮의 빛을 만드는 태양에게 물어보라. 뒤따라오는 밤의 어두움을 진정시키는 달에게 물어보라. 바다에서 움직이는, 육지에서 체재하는, 공중에서 날아다니는 모든 생명체들에게 물어보라. 보이지 않는 영혼들에게, 지각이 있는 육체들에게 물어보라. 다스림을 받고 있으며 눈에 보이는 것들, 다스리고 있으며 보이지 않는 것들 — 이들에게 물어보라. 그러면 그들이 모든 것을 답해줄 것이다.

그렇다. 우리가 얼마나 사랑스러운지를 알라. 그들의 사랑스러움은 그들의 고백이다. 이 모든 사랑스러운 그러나 변하는 것들을 누가 만들었는가. 오직 변함없이 아름다우신 분(Beauty)뿐이다.[21]

이 인용문은 자연의 아름다움에 담겨 있는 계시적인 능력을 분명히 강조하고 있다. 그러나 자연의 폭력성에 대해 말하지 않는다. 아우구스티누스는 폭력이 타락의 결과가 아니라고 굳게 믿는다. 피조물은 전체적으로 타락한 것이 아니다. 피조물 중 인간의 죄성에 접촉된 부분만 타락한 것이다.
장 칼뱅은 더 나아가서, 죄로 말미암아 빚어진 무질서가 창조의 기본요소(elements of creation) 안으로 침입했다고 믿었다. 이 자연의 무질서는 현실이고 그것들은 역사 안의 무질서와 나란히 간다. 그러나 하나님은 피조물에 여전히 진실하시고 그것을 완전하게 하신다. 그러므로 피조물은 누리는 대상이 된다. 그것은 그리스도인들이 행동하고 연구하고 또 그들의 상당한 재능을 발휘할 합법적인 공간이 된다.[22] 더 나아가, 칼뱅은 우리가 자연을 관상하는 데서 하나님을 관상하는 데로 너무 빨리 움직여서는 안 된다고 주장했다. 대신 우리는 "오랫동안 그것을 고찰하고, 진지하고 신실하게 우리 마음으로 살피며, 반복해서 숙고해야 한다."[23]
비록 기독교 신학과 영성의 많은 부분이 하늘로 상승하는 영혼들에게 초점을 맞추고 자연세계는 인간이 활동하는 무대로 남겨둔 것이 사실이지만, 우리는, 이 세 인물들의 경우에서 보았듯이, 자연을 분별의 한 가지 도입 항목으로 간주할 수 있는 근거가 되는 자연에 대한 또 다른 성경적이고 신학적인 이해를 발견할 수 있다.

공동-창조자로 창조된 인간

분별에서 자연을 이용하려는 우리의 여정은 또 하나의 정류장을 거친다. 우리는 어떻게 인간의 창조성을 하나님의 창조성에 비추어 생각해 볼 수 있을까? 하나님만이 유일하게 창조를 일으키시는 분인가, 아니면 우리도 창조성을 발휘하는가? 우리가 분별을 통해 진행하는 행동들이 사실은 하나님의 세상을 향한 창조적인 계획의 연속선상에 있다고 믿을 수 있도록 하나님의 창조성과 인간의 창조성의 관계를 이해하는 길이 있을까? 문화생물학자 필립 헤프너(Philip Hefner)는 우리가 2장에서 먼저 설명한 이미지를 확대시켜서, 인간을 "창조된 공동-창조자"(created co-creators)라고 말한다.[24] 이 이미지는 한 편으로 인간이 창조주인 하나님께 의존하고 있는 것과—인간은 완전한 피조물이다—다른 한 편으로, 인간이 자유 의지를 지니고 있다는 것—인간은 자기 주변 환경 안에 완전히 다른 것을 만듦으로써 자기만의 환경을 조성한다—사이에 있는 긴장을 나타낸다. 우리가 어떻게 이 창조의 능력을 사용할 것인가, 그리고 어떻게 우리의 창조주와 뜻을 같이 하여 창조할 것인가 하는 것이야말로 분별이 목표로 하는 바로 그것이다. 우리는 피조물이면서 동시에 하나님의 계속적인 창조 사역 안에서 하나님과 함께 일하는 동역자이다.

우리는 이제 분별을 위한 일곱 개의 도입 항목들을 모두 살펴보았다. 그 중에서 세 개 또는 네 개의 도입 항목들을 가지고 기도한 후에 임시결정을 내리는 일을 시작하는 것도 가능하다. 만약 다른 도입 항목들을 실천했을 때도 계속해서 똑같은 결정을 내리게 된다면, 당신은 이미 확증의 과정을 시작한 것이다. 마지막 장에 마련된 수련은 당신이 분별 과정 가운데 확증이라는 중요한 측면을 정식으로 다룰 수 있도록 도울 것이다.

11. 임시 결정 확증하기

Confirming One's Tentative Decision

　신중하게 기도하는 가운데 분별 주제를 설정하는 것으로 시작했던 분별 여정이 마침내 종착지에 가까워지고 있다. 결정을 내려야 하는 상황 앞에서 당신은 하나님의 부르심을 따르기 위한 영적 자유함을 구하는 기도를 꾸준히 해왔다. 당신은 좋은 결정을 내리기 위해 필요한 정보를 모았고, 일곱 개의 도입 항목 중에서 당신의 성격과 당신이 분별하려고 하는 주제의 종류를 고려하면서 가장 유용한 것 몇 개를 선택했다. 당신은 기도하는 가운데 이 도입 항목들을 통해 드러나는 것을 살펴보았고 마침내 임시 결정을 구성했다.

　이제 분별 단계에서 두 가지가 남았다: 확증 구하기와 과정 평가하기다. 이번 장은 이 두 가지 과제로 당신을 안내할 것이다. 우리는 확증이 무엇을 의미하는지, 시금석이 무엇이며 그 시금석의 바탕이 되는 성경과 영적 전통이 무엇인지, 그리고 확증에서 성령의 열매들이 어떤 역할을 하는지를 배우게 된다. 네 가지 수련은 확증을 위한 기도로 시작하는데 이것이 이번 장의 핵심이다. 두 번째 수련은 분별과정을 되돌아보고 평가하는데, 이것이 분별의 마지막 단계이다. 세 번째 수련은 당신이 분별한 결정을 기도하면서 실행하도록 돕는다. 마지막 수련인 의식 성찰(Awareness Examen)은 이 책의 첫 번째 수련을 다시 떠올리게 함으로써 당신을 일상 속의 분별들 사이로 데려간다.

실습: 분별된 결정에 하나님의 확증 받기

당신의 결정을 마무리 짓기 전에, 결정의 중요도에 따라 합리적인 적당한 시간을 정하고 기다리라(예를 들면, 하룻밤, 한 주간, 한 달. 그 결정이 더욱 중요할수록, 더 긴 시간을 갖는다). 이 시간 동안 기도하는 마음으로 다음에 나오는 수련을 한 번 또는 여러 번 사용해서, 당신의 임시 결정을 돌아보고 검증해 본다. 당신이 하나님 앞에서 그 임시 결정을 고찰할 때, 그것이 계속해서 올바른 결정이라고 여겨지거나, 이 순간에 그것이 최선이라고 경험된다면, 그 임시 결정은 "확증" 되는 것이다.

1. 우리는 이 결정을 수단으로 하나님을 따르는 것을 추구하고 있으므로, 하나님의 부르심이 이 결정 안에서 작용할 때 하나님의 부르심을 따르겠다는 당신의 갈망을 기억하고 새롭게 다짐하라. 성급하게 다음 단계로 넘어가지 말고, 영적 자유함을 구하는 이 기도를

하라.

2. 영성일지에 분별과 관련해서 기록한 모든 내용을 기도하는 마음으로 다시 읽어보라. 이 과정의 마지막 단계에서 그것을 돌아볼 때 무엇이 두드러지는가?

3. 다음의 질문들을 숙고해 보라. 이 질문은 당신의 결정을 풍부한 분별 전통을 통해 얻은 지혜 앞에 내려놓는 데 도움이 되는 표지판 기능을 한다. 단지 하나의 지표만 사용하지 말고 여러 개의 긍정적인 지표를 통해 확증을 구하라.

    그 결정이 계속해서 흔들림 없이 변함없는 자리를 잡고 있는가?

    이 결과를 진심으로 원하는가?

    영적위로가 계속 유지되는가?

    그 결정이 성경의 증거와 일치하는가?

    당신의 결정이 당신의 개인적 헌신, 예를 들면 가족에 대한 헌신을 더 많이 그리고 더 굳건하게 해주는가?

당신을 잘 아는 다른 사람들도 당신의 결정을 확증해 주는가?

다른 "성령의 열매"(갈 5:22)가 당신의 삶에 나타나는가?

당신은 계속 진행시켜 나갈 에너지와 필요한 용기를 가지고 있는가?

4. 만약 기도와 묵상을 통해 당신의 결정에 새로운 물음이나 의심이 일어난다면, 분별 과정의 가장 앞부분으로 돌아가서 분별 전체 과정 또는 일부분을 되풀이해 본다. 만약 반복하는 가운데 그 결정을 붙잡고 나아가는 것에 대한 확실함이 서지 않는다면, 이 결정은 이 순간 당신을 향한 하나님의 부르심이 아닌 것으로 여기고 내려놓는다.

5. 그 시금석들(표지들)이 긍정적으로 나온다면, 결정을 마무리 짓고 하나님께 감사드린다.

마지막 단계

이제 당신은 들어가는 글에서 언급한 어떤 교인처럼 분별이 뉴에이지가 만들어낸 것이 아닌지 의심을 품는 사람에게 "아니오!"라고 말할 수 있게 되었다. 분별은 신비스러운 지식도 아니고 마술이나 뉴에이지를 절충한 것도 아니다. 그것은 성경과 영성 전통에 나오는 깊은 신앙을 가진 옛 선조들과 함께 기도하면서 하나님을 추구하는 것이다. 분별은 또한 누구나 행하는 결정 내리기와 완전히 다른 세계도 아니다. 분별에 대해 아무것도 모르는 기업의 최고경영자들도 결정을 내려야 하는 주제들을 가지고 있고, 필요한 사실, 정보 그리고 계획들을 수집하며, 적합한 사람들의 의견을 구하고, 모든 것의 무게를 달아보고, 그런 후에 결정을 내린다. 그들은 결정을 이행한 후에 결정을 평가하고 결과에 따라서 필요하면 결정을 수정한다. 우리의 분별 과정은 이 모든 단계들을 포함한다. 분별은 좋은 결정을 내리기 위한 보편적인 지혜를 받아들이고 활용한다.

그러나 그 경영자들은 아마도 결정 내리기를 잠재적인 영성 실습으로 보지 않을 것이다. 그들 대부분은 결정을 내리는 데 하나님의 부르심을 추구하지도, 영적 자유함을 위해 기도하지도, 결정을 마무리 짓기 전에 확증을 구하지도 않는다. 재계의 리더들은 최종결과가 그들이 분석하고 결정하고 수행하는 기술과 속도의 영향을 받는다는 것을 재빨리 배운다. 그들이 결정에서 이행으로 더 신속하게 움직일수록, 그 결정은 더 성공적인 것처럼 될 것이다. 그러나 분별에서는 그 반대다. 임시 결정을 내리는 것과 실제 결정 사이에는 확증이라고 불리는 과정, 즉 분별의 중요한 특징들 중 하나가 자리 잡는다. 이냐시오 로욜라는 다시 한번 이에 관한 본을 보여준다: "선택을 할 때, 그 선택을 하는 사람은 하나님 앞에 부지런히 기도하러 가야 하며, 그 선택을 그 분께 올려드리고, 그것이 그 분을 위한 더욱 큰 섬김과 찬양이 된다면 그 거룩한 군주께서 그것을 받으시고 확증해 주시기를 구해야 한다."[1]

이 인용문의 출처인 「영신수련」은 이냐시오가 말한, 우리가 진실한 기도 안에서 가져가는 그 결정을 하나님이 "확증"하실 것이라는 말이 무슨 의미인지 자세히 설명해 주지 않는다. 그러나 다행히 이냐시오의 일기 중 한 부분이 전해져서 이냐시오가 확증과 관련해서 어떤 실습을 했는지 보여준다. 당시에 그는 분별을 통해 예수회는 가난의 맹세를 수행하기 위한 실천방안으로 고정수입원을 갖지 말아야 한다는 임시 선택에 도달해 있었다. 그 일기는 이냐시오가 이 결정에 대한 확증을 받으려고 할 당시를 기록하고 있다. 그리고 며칠에 걸쳐, 그는 이 선택과 이 선택의 구성부분들 그리고 잠재적인 결과들을 돌아보면서 그렇게 하는 동안 그의 내면에 무슨 일이 일어나는지 주목한다. 그는 위로와 실망이라는 내적 지표를 사용하고, 일정 기간 동안 어떤 변화가 일어나는지를 관찰하면서, 계속적인 위로가 일어나는 때를 기다린다. 우리가 보기에 그는 이미 한 차례 이상 결론을 내릴 준비가 되었지만, 다시 그 문제를 되씹는다. 마침내 이냐시오는 완벽한 확실성은 불가능하며, 끊임없는 위로는 일어나지 않는다는 것을 깨달았다. 다시 말해서, 사실상 그는 하나님이 펼쳐 가시는 방법보다는 그가 선호하는 방식으로 하나님의 확증을 얻으려고 했던 것이다. 그는 자기가 확증을 내리는 것을 미루었던 이유가 하나님의 확증을 얻기 위해서라기 보다는 확증을 얻으려는 자신의 필요에 의한 것이었음을 깨닫고는 즉시 분별을 마무리지었다.[2]

이냐시오의 일기 한 토막은 분별 가운데 이 중요한 부분을 이해하는 데 중요한 도움을 준다. 우리는 그의 경험으로부터, 확증이란 우리의 분별을 하나님께 올려드려 그분이 받으시고 승인해 주시도록 기도하는 기간이라는 것뿐만 아니라, 이 기도의 결과로 우리에게 오는 것은 우리의 결정에 대하여 단지 상대적인 확실성만 제공해 줄 것이라는 점도 알게 된다. 이냐시오는 이 특별한 경험을 통하여, 우리에게 필요한 것은 합리적인 시간 동안 기다리며 기도하는 가운데 결정의 복잡성과 우리가 낼 수 있는 시간의 양을 고려하는 것뿐임을 가르쳐준다. 이냐시오를 연구하는 마이클 아이븐스(Michael Ivens)는 이렇게 말한다. "우리가 확증을 구하는 기도를 드리는 이유는 하나님의 뜻이 우리에게 주어질 때 그 뜻을 행하겠다는 결심을 새롭게 하고, 성급한 결론을 내리려는 경향을 막기 위한 것이다 … 확증이란 단순히 우리의 결정에 이의를 제기하는 것이 아무 것도 없는 상태일 수 있다."[3]

우리는 또한 이냐시오가 자신의 임시 결정을 평가하기 위해 비교를 사용하는 것을 알 수 있다. 그는 성령은 실망보다는 위로의 뒤에 있을 가능성이 많다고 가정하면서, 자신이 경험한 위로와 실망에 비추어서 임시결정을 거듭 접촉한다. 위로와 실망의 경험이 변화될 때, 하나님이 어떻게 부르시는지에 대한 그의 명확한 느낌도 변한다. 그러나 위로와 실망만이 우리가 성령의 암시를 따르는지 여부를 아는 데 도움이 되도록 전통이 제공하는 유일한 지혜는 아니다. 우리는 9장에서 이 전통 지혜의 다른 부분을 이미 배웠다: 오리겐은 우리가 행동해야 한다는 강박관념을 느낀다면 그것을 의심해 봐야 한다고 가르쳐 주었다. 왜냐하면 성령은 내적 자유함이 자라가는 데서 발견되기 때문이다. 아타나시우스는 성령은 부드럽고 조용하게 다가오면서, 힘을 불러일으키고, 생각을 가라앉히며, 기쁨과 안정감을 준다고 가르쳐 주었다.

나는 이런 지혜의 조각들을 "시금석"이라고 부른다. 왜냐하면 우리가 지향하는 것이 하나님이 우리를 부르시는 방향인가에 대한 느낌을 얻고자 할 때, 우리의 경험을 그 시금석에 문질러 보아 알 수 있기 때문이다. 확증이란 우리의 임시 결정을 전통의 지혜와 비교해 볼 때, 즉 문질러 볼 때 얼마나 괜찮은지를 알기 위해 기도 가운데 그 결정을 붙들고 살펴보는 것이다. 만약 시금석들 중 다수가 성령이 진실로 우리가 내린 결정 안에 있다고 가리키고, 또한 어떤 시금석도 중요한 경고를 발하지 않는다면, 그 결정을 진행할 때 하나님께서 우리와 함께 해주실 것이라는 확신을 가지고 앞으로 나아갈 수 있다. 앞의 수련에서 당신이 숙고해 보았던 질문들은 이 성경적이고 전통적인 시금석들 가운데 가장 중요한 것을 당신에게 소개해 준다.

전통 속의 시금석들

이냐시오는 위로의 경험을 하나님이 우리의 결정을 확증하신다는 강력한 표시로 사용하는 경향이 있었다. 그러나 그는 또한 우리에게 이성을 사용하도록 권면하면서, "이 잠정적인 결정이 하나님의 더 큰 영광을 위한 것인가?"라는 질문을 던지도록 조언했다. 우리는 전통에서 어떤 다른 시금석을 찾을 수 있을까? 상당히 많다는 것을 알 수 있다.

마태복음의 산상설교 끝부분과 함께 시작해 보자. 마태복음이 기록한 예수님은 이스라엘 역사의 초창기 때부터 나온 질문, 즉 "거짓 예언자들과 참 예언자들을 어떻게 분별하는가"라는 질문을 대하면서 이렇게 기준을 제시한다: "그들의 열매로 그들을 알 것이다"(마 7:16). 즉 예언자의 삶의 열매가 그의 예언을 판단하는 데 사용될 수 있다는 의미이다. 우리는 이 본문을 시금석으로 사용해서, 우리 자신의 삶과 또한 다른 사람의 삶에 나타나는 열매를 볼 수 있다. 그 열매는 우리가 분별하는 동안에 맺히기도 하고 결정의 결과로서 일어날 것이라 예상되기도 한다. 이 열매는 우리가 하나님께 더 가까이 가고 있음을 보여주는가?

바울은 갈라디아서에서 더 큰 도움을 우리에게 준다. 그는 5장을 시작하면서 자유 안에 살라는 설교를 다음과 같은 내용으로 시작한다. "그리스도께서 우리를 자유롭게 하려고 자유를 주셨다"(갈 5:1). 우리는 이 자유라는 시금석을 사용함으로써, 오리겐이 그렇게 해야 한다고 믿었듯이, 우리가 제시하는 결정이 영적 자유함에서 흘러 오며 그것을 더 증가시키는가를 따져볼 수 있다. 성령이 어떻게 나타나는가에 대해 설명하면서, 바울은 두 가지 목록을 제시한다. 그는 "육체"의 열매를 묘사한 후에 성령의 열매 목록을 제공한다. "오직 성령의 열매는 사랑과 희락과 화평과 오래 참음과 자비와 양선과 충성과 온유와 절제니 이같은 것을 금지할 법이 없느니라"(갈 5:22-23).

여기서 동사가 단수인 것에 주목하라. 성령의 열매는 … 이다(is). 성령의 열매는 사랑이다. 우리는 또한 바울의 사랑의 찬가인 고린도전서 13장에서 사랑이 중심에 있다는 것을 안다. 성령의 열매는 기쁨이다. 피에르 테이야르 드 샤르댕(Pierre Teilhard de Chardin)은 이렇게 말했다. "기쁨은 우리 안에 있는 하나님의 생명의 확실한 표지이다." 성령의 열매는 평화, 즉 샬롬(shalom)이다. 이 목록은 대표적인 것들을 다룬다. 바울은 예를 들어 용기와 같은 다른 덕목들도 얼마든지 포함시킬 수 있었다. 우리가 5장에서 만났던 퀘이커 교도들은 확증을 구할 때, 바울이 말한 잘 알려진 목록뿐만 아니라 맑은 정신, 고요함, 강함, 일치, 은혜, 그리고 좋은 질서와 같은 열매들도 함께 찾았다.

그러나, 조심하라. 왜냐하면 바울의 목록에 나온 덕들도 위조될 수 있기 때문이다. 당신이 느끼는 평화는 실제로 성령을 증거하는 샬롬인가 아니면 거짓되고 천박한 모방인가? 어쩌면 그것은 그저 어떤 결정을 내린 후에 오는 안도감일 수도 있다. 당신의 인내는 성령의 인내인가 아니면 사실은 인내로 가장한 무감각인가? 성령의 열매도 다른 모든 시금석과 마찬가지로 분별되어야 한다. 우리는 바울이 사용한 단수 동사로부터 힌트를 얻어서 여러 가지, 아니 대부분의 덕목들이 동시에 증가되기를 기대해야 한다. 성령의 행위가 만들어 내는 잔물결 같은 덕목들에 붙이는 다양한 이름들을 한데 모아서 바라볼 때, 어떤 하나의 것만 구체화하거나 잘못 진단하는 것을 피할 수 있다. 우리는 더욱 사랑하고 또한 더욱 기뻐하고 또한 더욱 자비하고 또한 더욱 온유한가?

마태 역시 팔복의 가르침에서 또 하나의 시금석을 제공한다. 그는 마음이 가난한 사람, 애통한 사람, 온유한 사람, 의에 주리고 목마른 사람, 긍휼히 여기는 사람, 마음이 청결한 사람, 화평하게 하는 사람, 그리고 의로 인하여 핍박을 받는 사람 등이 복이 있다고 말한다. 이것들 역시 성령의 생명이 자라가는 것을 보여주는 표지들이다. 그래서 우리는 우리가 결정한 것의 결과로서 이런 것들이 커지면 그 결정을 하나님의 부르심이라고 믿으며 안심할 수 있다.

요한복음에 나오는 몇 가지 시금석들은 위대한 청교도 신학자인 조나단 에드워즈의 눈을 통해서 뒤에 다루려고 한다. 우선은, 사도들의 행전이 기여하는 것들을 보자. 우리는 사도행전에서 성령의 능력이 공동체 안에 일치와 풍성한 열매를 가져오는 것을 본다. 그 도(the Way)를 따르는 새 무리들은 그들의 소유를 나누고, 그들 가운데 가장 궁핍한 사람들을 돌보며, 복음을 전하고, 성찬과 기도를 실천했다. 우리의 분별의 결과로 비슷한 행위들이 나타나거나 증가하는가?

성경의 저자들을 반영하고 종합한 초기 교부들의 작품에는 분별과 관련된 자료가 풍부하다. 우리는 이 시대의 작품들로부터 오리겐과 아타나시우스가 남긴 자료에 덧붙여서 몇 가지 중요한 시금석들을 발췌할 수 있다. 2세기에, 리용의 이레네우스(Irenaeus of Lyons)는 다음과 같은 유명한 말을 했다. "하나님의 영광은 충만하게 사는 인간이다."[4] 우리가 분별해서 내린 결정들은 더 많은 생명을 가져오는가? 우리의 깊은 갈망은 우리를 이런 결정들로 향하도록 인도하는가? 요한 카시아누스(Joannes Cassianus, 360-435)는 겸손과 열린 마음을 성령이 역사하는 특징이라고 말했다.[5] 우리는 분별 과정을 통하여 참된 겸손과 진정한 열림이 증가되었는가?

우리의 간략할 수밖에 없는 역사 개관은 이제 퀘이커 교도로 넘어간다. 퀘이커의 지혜에 따르면, 만약 우리가 부름 받은 것이 어느 정도 그리스도와 함께하는 고난을 가져온다면 우리가 우리 자신의 뜻을 행하고 있다고 말할 수 없을 것이다. 그들은 개인의 분별이 자기기만에 빠지는 것을 방지하기 위한 수단으로 그 분별을 더 큰 공동체로 가져가서 반응과 보증을 받는 훌륭한 모범을 제공한다. 퀘이커의 창설자인 조지 폭스(George Fox)에게 가장 중요한 것은 "안에 계신 하나님"이라는 원리인데, 그 원리로부터 나오는 것은 맑은 정신, 평화, 고요함, 조용함 그리고 강함 등이다. 퀘이커들은 이것을 "내적 평화의 현존"[6]이라고 요약해서 말한다. 퀘이커의 지혜는 우리의 임시 결정에 조금이라도 명료함을 주는가? 우리를 잘 아는 사람들이 우리의 임시 결정을 확증해 주는가? 우리는 내적 평화의 현존을 경험하는가?

아마도 분별과 관련해서 가장 중요한 근대 개혁주의 진영의 소리는 틀림없이 조나단 에드워즈일 것이다. 에드워즈는 「하나님의 영의 역사를 구별하는 표지」(Distinguishing Marks of a Work of the Spirit)에서 우리 삶에 나타나는 확실한 표지들의 존재가 성령의 구원하는 역사를 인식할 수 있도록 도와준다고 제안한다. 요한일서에 근거한 이 "신뢰할 만한 표지들"은 다음과 같다:

1. 그 결정이 예수님과 그분에 관한 복음서의 진리에 대한 존경심을 불러일으킨다(요일 4:2-3).
2. 우리의 영이 사탄의 왕국을 이롭게 하는 것과 반대로 작용한다 (요일 4:1-5).
3. 그 결정이 성경에 대한 더 큰 관심을 불러일으키며 그들을 성경의 진리와 거룩함에 더욱 굳게 자리 잡게 한다(요일 4:6).

4. 그 결정이 진리의 영으로 작용하면서, 사람들을 진리로 이끌며 그들이 참된 것들에 대해 확신을 갖게 한다(요일 4:6).
5. 그 결정이 우리 마음에 사랑하려는 동기와 이끌림이 가득하게 하고, 평화와 선한 의지의 영을 줌으로써 하나님과 다른 사람들에 대한 사랑이 나타나게 한다. 그리고 그 결정이 밖을 향한 친절한 행동을 촉발시킨다(요일 4:7, 12-13).[7]

그러므로 우리는 이 지혜를 바탕으로 우리의 임시 결정을 점검해 볼 수 있다: 예수님과 복음의 진리에 대한 우리의 사랑이 자라가고 있는가? 성경에 대한 존중심은? 진리에 대한 사랑은? 우리는 더 큰 선의와 평화를 우리 삶에 드러내고 있는가?

에드워즈의 식별에 관한 두 번째 논저, 「신앙적 정서」(Religious Affections)에서, 우리는 다른 한 무더기의 시금석들을 발견한다. 그러나 여기에서 그는 하나님의 구원하는 역사를 드러내는 개인의 내적 표지에 관심을 가진다. 그는 그러한 열두 가지 표지를 제시한다: 그것은 거룩하고 초자연적인 원천이다; 하나님과 하나님의 방법들에 그 자체로 이끌림; 거룩함의 미를 봄; 영적인 것들에 대한 새로운 지식; 깊게 자리한 확신; 겸손; 본성의 참된 변화; 그리스도를 닮은 영; 부드러워진 마음과 영의 온유함; 균형; 하나님을 향한 갈망; 그리고 기독교적 실천들의 증가.[8] 에드워즈의 표지들은 우리에게 더 많은 시금석을 제공한다: 우리는 하나님과 하나님의 방법들에 더욱 이끌리는가? 그 이끌림은 결과적으로 우리의 삶이 더 균형 잡히도록 하는가? 그것은 하나님을 향한 갈망이나 겸손 또는 옳은 것에 대한 깊은 확신을 드러내고 있는가? 이런 내적 감각들이 실제로 기독교적인 실천의 증가로 이어지는가? 그런 표지들이 나타난다면 우리가 내린 결정은 하나님께로 우리를 이끌고 있는 것이다.

전통을 적절하게 사용하기

이 간략한 개관은 오랜 전통에는 우리가 분별의 열매를 판단할 때 도움이 될 많은 지혜들이 담겨져 있음을 보여준다. 우리의 조상들은 자신의 하나님 경험을 성찰함으로써 이런 지혜를 하나씩 찾아냈다. 그들은 그들이 배운 것을 그 당시의 사람들이 이해할 수 있는 언어로 표현하였다. 그러나 이 모든 지혜는 부분적이고, 조건적이며, 우리와는 매우 다른 사람들과 공동체들에 전해진 것임을 명심해야 한다. 그것은 다른 시대와 다른 장소에서는 다른 말로 표현될 수 있었을 것이다. 당신 자신의 하나님 경험에도 시금석, 즉 하나님이 현존하시고 활동하신다는 확신을 제공하며 그 현재의 경험을 문질러서 비교해 볼 수 있는 순간들이 있는가? 하나님은 당신이 속한 특정 신앙 공동체 안에서는 어떻게 활동해 오셨는가? 그 사실은 현재 당신의 결정 안에서 활동하시는 하나님의 방법에 관하여 무엇을 가르쳐 주는가?

또한 기독교 전통은 시금석을 사용하는 방법에 대한 지혜를 축적해 왔다. 모든 시금석이 하나의 분별법 안에 다 들어있는 것은 아니다. 어떤 시금석은 서로 충돌하기도 한다. 우리는 긍정적인 표시들이 다수를 이루고 부정적인 표시들이 최소인 시금석을 찾지만, 충돌을 일으키는 것처럼 보이는 시금석들도 면밀하게 주의를 기울여야 한다. 예를 들어, "분별된 결정에 대해 하나님의 확증을 받기"라는 실습 안에 나오는 시금석들 중 하나는 열매 맺는 결정은 우리가 전에 했던 헌신을 더욱 강화시켜줄 것임을 암시한다. 물론 하나님께서 우리를 이전의 헌신으로부터 빠져 나오라고 부르시는 경우를 상상해 볼 수도 있다. 만약 당신이 현재 이런 경우에 해당하는 것처럼 보인다면, 다른 표지들이 당신이 이 중요한 표지를 무시할 수 있다는 것을 암시하기에 충분할 정도로 강력하다는 것을 두 배로 확신해도 좋다. 예를 들면, 하나님께서 지금 당신이 헌신하고 있는 것에서 빠져나와 어떤 새로운 헌신으로 부르고 계시다는 것에 다른 표지들도 동의하는가?

만약 당신이 주의 깊게 결정사항을 분별하고 기도하고 확증을 받고 그것을 이행했는데도 그 결과가 좋지 않게 드러난다면, 당신의 분별은 실패하거나 잘못된 것인가? 반드시 그런 것은 아니다. 왜냐하면 결정과 분별은 같지 않기 때문이다. 분별은 결정해야 하는 상황에서 하나님을 추구하는 것이다. 우리가 앞에서 예로 든 한 CEO는 결정을 내리는 데는 좋은 능력을 가졌지만 분별 능력은 부족할 수 있다. 분별하기와 결정내리기는 구별되는 것이기 때문에, 당신의 결정내리기는 잘못되거나 한계가 있을 수 있다. 그러나 그럼에도 불구하고 당신은 최선을 다해 하나님의 부르심을 찾을 것이다. 어쩌면 당신은 중요한 정보를 빠뜨렸거나 당신의 결론을 잘못된 전제 위에 놓았을 수도 있다. 그리고 당신이 알지 못하는 사이에 상황이 바뀌었을 수도 있고, 당신의 결정을 틀어지게 하는 일련의 사건들 속에서 다른 사람의 결정이 작동했을 수도 있다. 만약 당신이 신실하게

하나님의 부르심을 추구했다면, 아직은 완전하지 못한 결정의 결과
들을 수정하려고 하는 가운데 하나님께서 당신과 함께 하실 것을 신
뢰할 수 있다.

그러나 그것보다 더 좋은 소식이 있다! 이사야가 우리에게 말하
기를, 비록 우리가 하나님을 거역하여 등을 돌린다고 할지라도 하나
님은 결국 우리를 인도하실 것이며 우리에게 위로를 주실 것이라고
한다.

> 그의 탐심의 죄악으로 말미암아 내가 노하여
> 그를 쳤으며 또 내 얼굴을 가리고 노하였으나
> 그가 아직도 패역하여 자기 마음의 길로 걸어가도다
> 내가 그의 길을 보았은즉 그를 고쳐줄 것이라
> 그를 인도하며 그와 그를 슬퍼하는 자들에게
> 위로를 다시 얻게 하리라 (사 57:17-18).

그러나 만약 하나님이 좋은 결정과 나쁜 결정 모두를 통해 우리
와 함께 하신다면, 왜 분별이라는 힘든 과정을 거치는가? 그 이유는,
분별은 우리에게 일어나는 모든 것을 통해서 우리의 일상 한 가운데
계신 하나님을 추구하는 실습이기 때문이다. 결정내리기는 가장 인
간적인 행위들 중 하나이다. 결정은 우리가 우리를 빚어가는 매우
의미있는 것이므로, 우리는 결정을 내리는 바로 그 행위 안에서 하
나님을 추구해서는 안 된단 말인가? 결정을 내려야 하는 상황보다
더 집중해야 하는 영성 실습은 무엇이겠는가?

분별하기를 통해 분별 배우기

그럼에도 불구하고 우리는 좋은 결정을 내리고 싶고 우리의 분별에서 더 솜씨 있고 신뢰할 만한 사람이 되고 싶어 한다. 분별 과정의 마지막 단계, 즉 되돌아보기는 모든 잘된 결정 내리기의 요소들을 공유하며 그렇게 할 수 있도록 우리를 도와준다. 비록 우리가 지난 과정에서 약점을 발견하거나 우리의 반응에서 더욱 열린 마음을 갖지 못했다고 할지라도, 앞으로 하게 될 분별을 위해 값으로 매기기 힘든 지식을 얻을 수 있다.

실습: 분별 과정을 되돌아보고 평가하기

1. 사물을 더 명확하게 보고, 하나님을 더 가까이 따르고, 하나님을 더 친밀하게 사랑할 수 있도록 하나님께 은총을 구한다.

2. 당신이 거쳐 온 분별의 전 과정을 돌아본다. 먼저, 당신이 다양한 과정들을 통해 어떻게 진보했는지를 알아본다. 만약 당신이 생략한 단계들이 있다면 그것은 무엇인가? 만약 이 단계들을 포함시켰다면 당신의 분별에 어떤 차이가 생겼겠는가? 이제 단계들이 어떻게 서로 상호작용했는지 연속성을 찾아보며 살펴보라.

3. 분별할 때 당신의 내적인 상태가 어떠했는지를 떠올려보라: 하

> 나님의 부르심을 따르겠다는 당신의 갈망이 분별과정을 이끌어가
> 도록 허락했는가, 아니면 당신이 가고 싶은 곳으로 하나님이 따라
> 오기를 바라는 경향이 있었는가? 특별히 열매가 많이 맺히고 위로
> 로 가득한 순간들이 있었는가? 만약 길을 벗어났다고 느껴지는 부
> 분이 있다면, 다음 분별을 더 성실히 행할 수 있기 위해서, 그 경험
> 으로부터 지금 배울 수 있는 것은 무엇인가?
>
> 4. 이제 당신의 결정이 낳은 열매들을 돌아보라. 반복적으로 일어
> 난 것은 무엇인가? 그 결정의 어떤 부분을 조정하거나 고칠 필요가
> 있는가? 그 결정대로 행할 때, 어떤 은총들을 경험했는가?
>
> 5. 하나님께서 당신과 함께 해주신 것에 대해 감사를 드린다.

이냐시오 로욜라가 이 실습의 발원지이다. 이냐시오는 분별하는 사람에게 악마가 식별과정을 방해하고 식별을 하지 못하게 할 수 있는 매우 미묘한 방법들에 대해 알려주는 "영의 분별을 위한 규칙"(Rules for Discernment of Spirits) 두 번째 조합에서 이렇게 말한다:

> 인간 본성의 원수가 지닌 정체가 드러나고, 그 사악한 목적이 알
> 려지면, 유혹을 받았던 사람은 나중에, 자기가 가졌던 좋은 생각
> 들의 시작과 진행을 살펴보는 것이 도움이 되는데, 자신이 전에

지녔던 부드러움과 영적인 기쁨을 원수가 어떻게 차츰 잃게 하고 마침내 그 사악한 의도를 따르게 했는지를 살펴본다. 이는 명백하게 알려진 이런 경험을 통하여 장차 그의 상투적인 속임수에 넘어가지 않도록 하려는 것이다.[9]

이냐시오에 의하면, 우리는 우리가 행하는 분별에 대해 알 수 있고 우리가 유혹에 굴복했을 때조차 우리가 유혹 당하는 방식에 대하여 알 수 있다. 이 "거꾸로로 하는 분별", 즉 돌아보기와 무슨 일이 일어났는지 알아보기는 비록 우리가 분별에 실패했다 할지라도 아무 것도 버릴 필요가 없다는 것을 의미한다.

되돌아보기(review)에는 두 가지 수준이 있다는 것에 유념하라. 첫 번째는 이냐시오가 제안한 대로 과정 그 자체에 관심을 가진다. 두 번째는 확증의 과정을 계속하는데, 이번에는 두 가지 새로운 차원을 덧붙인다. 결정은 내려졌고 실행되었다. 이 상황은 더 이상 가정이 아니다. 결정내리기와 실행하기는 새로운 역학관계를 만들어 낸다. 실행하기는 다른 사람으로부터 반응을 이끌어낸다. 우리는 사실 새로운 분별 상황에 있는 것이다. 이 새로운 분별 상황이 본래의 결정을 수정하거나 고쳐야 한다고 말하는가? 아니면 나타나고 있는 열매를 볼 때, 본래의 결정을 더 확증해 주는가?

중요한 주의사항: 잘 분별된 결정은 가볍게 혹은 쉽게 수정되어서는 안 된다. 오직 다시 분별을 행할 때만 수정될 수 있다. 왜 그런가? 어떤 경로의 실천이든지 반드시 저항은 있기 때문이다. 때때로 우리는 우리가 결정한 것들에 대해 처음에는 좋아서 사놓고 나중에

후회하는 "소비자의 후회"를 경험하기도 하며, 실천에 옮기려고 할 때는 겁을 먹는다. 때로는 다른 사람들이 우리를 반대 방향으로 가게 하려고 우리의 결정에 대해 벌을 내리기도 한다. 만약 영적 스승들이 신뢰할 만하다면, 우리는 결정의 와중에, 특히 중요한 결정일 때는 그런 격렬한 반대가 있을 것을 예상해야만 한다.[10]

우리는 결정의 실행을 스스로 준비할 수 있다. 특히나 내적으로 또는 외적으로 우리의 결정이 저항을 불러일으키는 것 같을 때는 더욱 그렇다. 다음의 수련이 당신이 결정한 것을 실행하기 전에 도움이 되는 것들을 기도하고 준비할 수 있도록 도와줄 것이다.

실습: 결정의 실행을 준비하기

1. 당신의 결정을 둘러싼 실제적인 것들을 수행하는 데 필요한 하나님의 지혜를 구한다.

2. 당신이 방금 내린 결정을 살펴본다. 다음의 질문들을 해 본다:

— 나의 결정은 구분된 단계들로 나눌 수 있는가? 만약 그렇다면, 적합한 순서를 정한다.
— 결정을 실행하기에 앞서 이 결정을 미리 알려줘야 할 사람이 있는가? 만약 그렇다면, 그렇게 하는 최선의 방법은 무엇인가?

- 그 결정을 수행할 때 나 말고 누가 관여할 것인가? 어떻게 그들을 이 역할로 초청할 것인가?
- 만약 그들 중 어떤 사람이 나와 함께 일을 하지 않겠다고 한다면 어떻게 할 것인가?

3. 누가 계속해서 당신을 지지해줄 것인가?

4. 만약 이 실제적인 것들에 관해 돌아보고 기도하는 것이 어떤 두려움이나 저항을 불러일으킨다면, 그 두려움을 당신이 결정을 내릴 때 올라왔던 영적 자유함의 경험과 비교해서 무게를 달아보라. 영적으로 자유로웠던 그 지점에서 행동을 할 수 있게 해달라고 은총을 구하라.

당신의 분별 과정은 이제 완성되었다. 분별을 통해 얻은 결과들을 바탕으로 행동하기 시작할 때, 당신은 이제 새로운 상황에서 그것을 하게 되는 것이다. 그 새로운 상황은 새로운 질문, 새로운 정보, 영적 자유함을 구하는 새로운 기도, 그리고 그 순간 그 질문에 대해 하나님의 부르심을 듣기 위한 더 많은 기다림을 요구한다. 당신이 이 순환 과정을 반복할 때, 일상 속에서 당신에게 다가오는 하나님의 음성을 더욱 잘 경청할 수 있게 될 것이다. 이제 당신은 분별의 사람이 되는 것이다.

이제 우리가 처음 시작했던 "의식 성찰"과 함께 끝맺는다. 당신은 규칙적인 성찰 실습을 통해 다변하는 일상의 활동들 속에서 하나님의 초청에 "예"라고 말하는 기회를 얻게 된다. 앞으로 당신의 행동과 그 행동이 어떻게 다른 사람들에게 영향을 주는지가 점점 더 분명해지고, 모든 것 안에서 하나님을 더 잘 발견할 수 있게 되고, 매일, 심지어는 매 시간 증가되는 영적 자유함에 의지해서 행동하는 것을 배우게 될 것이다. 여러 해 동안 성찰 기도를 해온 사람의 말을 들어보라:

> 성찰은 마치 짧은 피정 같아요. 그것은 내게 무엇이 중요한지 기억하게 해주었어요. 그것은 내가 우선순위를 재조정할 수 있게 해주었어요. 나는 성찰을 통해 중요한 것들을 기억하게 됩니다. 내가 사랑받을 만하다는 것, 하나님이 나를 사랑하신다는 것, 하나님이 나를 사랑하셔서 창조하셨다는 것 등을요. 나는 왜 내가 여기에 있는지 그 온전한 목적을 기억해요. 하나님과 나 자신 그리고 다른 사람들의 행복을 위해서지요. 그러면 나는 하루를 지내면서 이 깨달음을 바탕으로 행동할 수 있어요.[11]

우리가 행한 분별의 효과를 이것보다 더 완전하게 우리의 삶에서 수행할 수 있는 방법은 없다. 더 공식적인 분별 과정들이 진행되는 동안 "의식 성찰"은 마치 당신이 매일 당신의 분별을 호흡하듯, 당신의 분별 능력이 계속해서 살아있고 성장하도록 도울 것이다.

의식 성찰[12]

의식 성찰(Awareness Examen)에는 여러 가지 형식이 있다. 여기 있는 것은 1장에 나온 것과 용어나 방법이 다르다. 어떤 형식이든지 당신에게 가장 도움이 되는 것을 사용하라. 이 영성 수련은 대개 밤에 하루를 돌아보며 행해지지만, 하나님과 함께 삶을 돌아보기 위해 어느 시간대나 또는 어느 활동 중에도 이것을 사용할 수 있다.

1. 천천히 침잠하라. 하나님께서 당신을 사랑으로 바라보시는 것을 인식하면서 기도를 준비하라.

2. 오늘 하나님께서 당신에게 주신 선물이 무엇인지 알아차리라. 그것으로 인해 하나님께 감사를 드리라.

3. 이 성찰 시간이 특별한 은총과 계시의 시간이 되게 해달라고 하나님께 청하라.

4. 하나님과 함께 하루를 돌아보라. 하루가 진행되면서 있었던 당신의 마음의 움직임과 생각 그리고 선택들을 바라보라. 하나님께 속한 것은 어떤 것인가? 그렇지 않은 것은 어떤 것인가? 이 둘을 통해 하나님께서 당신에게 무슨 말씀을 하기를 원하시는가?

5. 실수한 것이나 빠뜨린 것에 대한 용서, 그리고 그 결과로부터의 치유를 하나님께 구하라.

6. 다음 날을 미리 내다보면서, 어떻게 하면 당신의 인생을 향한 하나님의 갈망을 따라서 그 날을 살아갈지 하나님과 함께 구체적으로 계획을 짜도록 하라.

마지막 말들

당신은 지금까지 "결정 내리기"라는 상황에서 행하는 분별의 특징들에 대해 배웠다. 그래서 당신은 다양한 도입 항목들을 살펴보았고, 또한 내가 바라건대, 도입 항목에 따라 분별을 위한 기도가 어떻게 달라질 수 있는지를 알아차렸을 것이다. 또한 나는 하나님께서 당신을 어떻게 더 깊은 관계와 제자도로 초청하시는지를 발견했기를 바란다.

마지막으로, 나는 당신이 이 과정을 당신 자신의 것으로 삼기를 바란다. 이를 위해 몇 가지 안내 사항들이 도움이 될 것이다:

1. 이 과정을 자신의 결정내리기 방법으로 개인화(personalize)하라. 당신이 선호하는 의사 결정 방법을 사용하여 이 과정을 시작하되, 매우 다른 자료를 사용하거나 당신이 가장 덜 선호하는 과정을 사용하는 도입 항목을 통하여 그것을 보충하라. 그리고 그 어느 것을 통해서도 하나님은 일하신다는 것을 인식하라. 두 가지 모두를

행한다면, 당신의 능력을 더 쌓을 수 있고, 당신이 선호하는 결정 내리기 방식에서 오는 전형적인 맹점을 피할 수 있다. 더욱이 당신은 당신의 빛나는 기능들뿐만 아니라 가장 선호하지 않는 기능들 안으로도 하나님을 초청할 수 있다.

2. 당신의 분별을 당신 앞에 있는 결정의 크기에 맞게 개인화하라. 중요한 결정을 내릴 때는 많은 또는 모든 도입 항목들을 사용하라. 소소한 결정을 내릴 때는, 훨씬 더 단순하게 결정에 이르라. 여기에서는 상식이 매우 유용하다!

3. 당신의 분별을 당신이 사용할 수 있는 시간에 맞게 개인화하라. 결정이 클수록, 분별과 확증을 위해 더 긴 시간을 갖는 것이 이상적이다. 작은 결정일수록, 짧은 시간이면 된다. 당신이 분별에 더 익숙해질수록, 그것이 하나의 영적 습관이 될수록, 분별을 위해 필요한 시간은 짧아질 것이다. 이냐시오는 항상 분별했다고 한다. 그래서 어떤 때는 주어진 상황에서 무엇이 하나님을 더 기쁘시게 할지 감을 잡는 데 짧은 순간이면 충분했다고 한다. 그러나 안심하라. 만약 당신이 분별 과정의 모든 부분을 완전히 수행할 시간이 없다면, 할 수 있는 만큼 최선을 다하고, 결정을 내리고, 하나님이 당신과 함께 하신다는 확신 안에서 정진하라.

4. 당신의 분별을 당신의 삶의 상황에 맞게 개인화하라. 이것은 하나님 앞에서 당신의 삶이다. 하나님은 당신의 삶에 깊숙이 참여하기를 원하신다. 하나님은 당신이 분별하는 사람이 되기를 원하신다. 그대로 이루어지기를 바란다.

미주

서론

1. Marjorie J. Thompson, *Sour Feast: An Invitation to the Christian Spiritual Life* (Louisville, KY: Westminster John Knox Press, 1995), x.

2. 다음에서 인용. Walter Burghardt, "Contemplation," *Church* 5 (Winter 1989): 14-18.

1장

1. 이탤릭체로 된 부분은 워싱턴 주 시애틀의 「일상 속의 영신수련」(the Spiritual Exercises in Everyday Life)에서 사용되는 "매일 성찰"(Daily Check-in)을 적용한 것이다.

2. 비슷한 실습들이 다음과 같이 불리우기도 한다: Conscious Examen and Examination of Consciousness.

3. Timothy M. Gallapher, OMV, *The Examen Prayer: Ignatian Wisdom for Our Lives Today* (New York: Crossroad, 2006), 36.

4. 다음의 발표에서 인용: John Wronski, "The Ignatian Examen," PowerPoint presentation for SP4155 Spiritual Exercises in Context, Graduate Theological Union, Spring 2003.

5. David Longsdale, *Listening to the Music of the Spirit: The Art of Discernment* (Notre Dame, IN: Ave Maria Press, 1993), 47.

6. Luke T. Johnson, *Scripture and Discernment: Decision-Making in the Church* (Nashville: Abingdon, 1996), 110.

7. John Mueller, *Faithful Listening: Discernment in Everyday Life* (Kansas City: Sheed and Ward, 1996), 2.

8. Ibid.

9. Longsdale, *Listening*, 51.

10. Ibid., 59.

11. Ibid., 65.

12. Gordon T. Smith, *Listening to God in Times of Choice: The Art of Discerning God's Will* (Downers Grove, IL: InterVarsity Press, 1997), 26-41.

13. Ignatius of Loyola, *Spiritual Exercises*, trans. George E. Ganss, in *Ignatius of Loyola: The Spiritual Exercises and Selected Works*, ed. George E. Ganss (New York: Paulist Press, 1991), no. 23.

14. Jacques Guillet, "Sacred Scripture," in *Discernment of Spirits*, trans. Innocentia Richards of the essay "Discernement des Esprits," from *Dictionnaire de Spiritualité ascetique et mystique* (Collegeville, MN: Liturgical Press, 1957), 17-24.

15. Ibid., 36.

16. Johnson, *Scripture and Discernment*, 62-64.

17. Guillet, "Sacred Scripture," 48-53.

18. Johnson, *Scripture and Discernment*, 78.

19. 예루살렘 회합에 이르기까지 이전에 해왔던 식별들을 포함해서 이 식별과정의 풍부한 토론을 이해하기 위해서는 다음을 참고하라; ibid., chap. 5.

20. Ignatius of Loyola, *Spiritual Exercises*, no. 236.

21. Ibid., no. 235.

2장

1. John Calvin, *Institutes of the Christian Religion* 1.1.1; ed. John T. McNeill, trans. Ford Lewis Battles, LCC (Philadelphia: Westminster Press, 1960).

2. Ignatius of Loyola, *Spiritual Exercises*, no. 104.

3. Janet Ruffing, *Spiritual Direction: Beyond the Beginning* (New York: Paulist Press, 2000), 12.

4. Philip Sheldrake, *Befriending Our Desires* (Notre Dame, IN: Ave Maria Press, 1994), 14.

5. Thomas Merton, *New Seeds of Contemplation* (London: Burns and Oates, 1961), 37.

6. Frederick Buechner, *Wishful Thinking: A Theological ABC* (New York: Harper & Row, 1973), 95. 뷔크너는 이 잘 알려진 인용문을 다음과 같이 소개한다: "대체로 [우리의 소명이 무엇인지] 찾기 위한 좋은 규칙은 이것이다. 하나님이 우리를 부르시는 때는 대체로

다음과 같은 경우이다: (a) 우리가 반드시 해야 할 필요가 있는 일 그리고 (b) 세상이 가장 필요로 하는 일. 만약 우리가 하는 일이 정말 재미있다면, 아마도 필수요건 (a)를 만족시킨 것이다. 그러나 만약 우리가 하는 일이 텔레비전의 탈취제 광고의 원고를 쓰는 일이라면, 필수요건 (b)를 충족시키지 못한 셈이다. 다른 한편으로, 우리의 일이 나환우 마을에서 의사가 되는 것이라면 그 경우는 아마도 필수요건 (b)를 만족시킨다. 그러나 우리가 대부분의 시간 동안 그 일을 하느라 지루해지고 침체에 빠진다면, 우리는 (a)를 간과한 셈이고 아마도 우리의 환자들에게도 별 도움을 주지 못할 것이다.

7. Ruffing, *Spiritual Direction*, 15.

8. Ann Ulanov and Barry Ulanov, *Primary Speech: A Psychology of Prayer* (Atlanta: John Knox Press, 1982), 20.

9. Thomas Ryan, *Four Steps to Spiritual Freedom* (New York: Paulist Press, 2003), 243.

10. Pierre Wolff, *Discernment: The Art of Choosing Well* (Liguori, MO: Triumph Books, 1993), 68.

11. Ben Campbell Johnson, *Discerning God's Will* (Louisville, KY: Westminster/John Knox Press, 1990), 19.

12. Beatrice Bruteau, *The Grand Option: Personal Transformation and a New Creation* (Notre Dame, IN: University of Notre Dame Press, 2001), 47, 140.

13. Ignatius of Loyola, *Autobiography*, trans. Parmananda Davarkar, in *Ignatius of Loyola: Spiritual Exercises and Selected Works*, ed. George E. Ganss (New York: Paulist Press, 1991), no. 14.

14. Ignatius of Loyola, *Spiritual Exercises*, no. 23.

15. Ibid.

16. Ryan, *Four Steps*, 1-15.

17. Bruteau, *Grand Option*, 61.

18. E. Edward Kine가, "Eliciting Great Desires: Their Place in the Spirituality of the Society of Jesus," *Studies in the Spirituality of Jesuits* 16 (November 1984), 1-15.

19. See *Spiritual Exercises*, no. 23. Paraphrase by Sister Karen Doyle, cited in Ryan, Four Steps, 192.

4장

1. Miroslav Volf, *The End of Memory: Remembering Rightly in a Violent World* (Grand Rapids: Eerdmans, 2006), 25. 볼프는 우리의 기억이 불가피하게 파편적이라고 말한다. 우리의 제한된 관점 때문에 (우리는 오직 우리가 선 곳에서만 볼 수 있다), 우리는 한 번에 한 가지 관점만 볼 수 있다. 만약 우리가 동일한 사건에 대한 다른 사람들의 관점을 모을 수 있다면, 그리고 우리가 특정한 사건이 발생했던 역사의 흐름을 재구성할 수 있다면 우리의 기억은 향상될 수 있다. 그 사건과 그 사건의 등장인물들은 그 기억이 초점을 맞추고 있는 그 순간 이전과 이후에 그들만의 역사를 각각 지니고 있다 (50).

2. Graham Lindegger and Susan Rakoczy, "One Training Issue: The Psychological Competence of Spiritual Directors," *Presence* 3 (May 1997): 22.

3. 볼프(Volf)는 *The End of Memory*에서 기억을 사용하는 데 있어서의 어려움과 책임에 대하여, 기억하는 사람과 선으로 악을 이겨야 한다는 도덕적 책임 두 가지 모두의 통합성을 보존하는 방식으로, 포괄적으로 다룬다.

4. 이 개념은 Reinhard Koselleck의 것이다: Volf, *End of Memory*, 101.

5. Joan D. Chittister, *Scarred by Struggle, Transformed by Hope* (Grand Rapids: Eerdmans, 2003), 102.

6. John Bunyan, *Grace Abounding*, ed. John Stachniewski with Anita Racheco (Oxford: Oxford University Press, 1998), 4-5 (cited in Mark McIntosh, *Discernment and Truth: The Spirituality and Theology of Knowledge* [New York: Crossroad, 2004], 162).

7. 식별을 위한 자유함의 순간과 시금석에 대한 자료를 위해서는 다음을 보라; William Barry, SJ, *Letting God Come Close: An Approach to the Ignatian Spiritual Exercises* (Chicago: Loyola Press, 2001), 149-57.

5장

1. Ben Campbell Johnson, *Discerning God's Will* (Louisville, KY: Westminster/John Knox Press, 1990), 69.

2. 다음에서 인용; Oneira, "Dream Wisdom," http://koti.mbnet.fi/oneira.htm (accessed on July 25, 2005).

3. George M. Sauvage, "Intuition," in *The Catholic Encyclopedia*, online edition, 2003, transcribed by Tomas Hancil; cited at www.newadvent.org/cathen/08082b.htm (accessed

on July 25, 2005).

4. 반대의 양극단이 있는 네 개의 기본적인 스케일을 사용해서 개인의 선호도를 측정하는 도구이다: (1) extraversion/introversion, (2) sensate/intuitive, (3) thinking/feeling, and (4) judging/perceiving. 이 선호도들을 다양하게 조합하면 16 가지의 성격 유형이 나온다. 이 16 가지 안에서도 광범위한 변수들이 존재한다.

5. Paul D. Tieger and Barbara Barron-Tieger, "The Principles of Personality Type," in *The Art of Speed-Reading People*, chap. 1, cited at www.twbookmark.com/books/63/0316845183/ chapter_excerpt10245.html (accessed on July 26, 2005).

6. Sauvage, "Intuition."

7. Thomas Merton, *New Seeds of Contemplation* (New York: New Directions, 1961), 267.

8. Ignatius of Loyola, *Autobiography*, 80-81.

9. Michael Sheeran, *Beyond Majority Rule: Voteless Decisions in the Religious Society of Friends* (Philadelphia: Philadelphia Yearly Meeting, 1983); Barry Crosno, The Quaker Dharma, "Intuition and Leadings," http://thequakerdharma.blogspot.com/2005/03/intuition-leadings.html (accessed on July 26, 2005).

10. Douglas V. Steere, ed., *Quaker Spirituality: Selected Writings* (New York: Paulist Press, 1984), 171.

11. 파커 팔머(Parker Palmer)는 새로운 직장을 선택하는 문제에 대해서 식별 위원회 모임을 할 때 다음의 질문이 가장 도움이 되었다고 늘 말한다; "이 각각의 직장들은 어떤 색깔과 관련이 있는가, 왜 그런가?" 다음의 글을 보라; "The Clearness Committee: A Way of Discernment," *Weavings* (July/August 1988): 37-40.

12. 식별위원회의 과정 설명에 대해서는 다음을 보라; Palmer, "The Clearness Committee"; Susanne Farnhand et al., *Listening Hearts: Discerning Call in Community*, rev. ed. (Harrisburg, PA: Morehouse, 1994), appendix 1: Guidelines for Discernment Groups; and Patricia Loring, "Spiritual Discernment," Pendle Hill Pamphlet (Wallingford, PA: Pendle Hill, 1992), no. 305.

6장

1. Stephanie Paulsell, *Honoring the Body: Meditations on a Christian Practice* (San

Francisco: Jossey-Bass, 2002), 22-23.

2. Ibid., 15.

3. Ibid., 31.

4. 다음의 책의 1판에서 적용했다; John Endres and Elizabeth Liebert, *Praying the Psalms: Resources for Personal and Communal Prayer* (New York/Mahwah, NJ: Paulist Press, 2001), 180-82.

5. Eugene Gendlin, *Focusing: Second Edition with New, Revised Instructions* (New York: Bantam, 1981).

6. Peter A. Campbell and Edwin M. McMahon, *BioSpirituality: Focusing as a Way to Grow*, 2nd expanded ed. (Chicago: Loyola University Press, 1997).

7. Gendlin, *Focusing*, 10.

8. 이 적용은 Gendlin, *Focusing*, 177-78을 기반으로 했고, 다음의 2003년 온라인 버전에서 수정한 것이다; http://www.focusing.org/partnership/partner_info/short-forms.html. 이 사이트는 또한 세 명의 다른 초점맞추기(focusing) 전문가들에 의해 개발된 버전들을 포함하고 있다. The Focusing Institute (초점맞추기 연구소)는 여러 개의 버전들을 다운로드해서 여러분에게 가장 유용한 것을 선택할 것을 추천한다.

9. Stephen Mitchel, ed., *The Enlightened Heart* (New York: Harper & Row, 1988), 38-39, 다음에서 인용함; Jane Vennard, *Praying with Body and Soul: A Way to Intimacy with God* (Minneapolis: Augsburg, 1998), 120-21.

7장

1. Johnson, *Discerning God's Will*, 81-85.

2. Peter Levitt, quoted by Andrew Beath in *Consciousness in Action: The Power of Beauty, Love, and Courage in a Violent Time* (New York: Lantern Books, 2005), 122.

3. Ray Hart, *Unfinished Man and the Imagination* (New York: Herder and Herder, 1968), 242; cited in Katherine Dyckman, Mary Garvin, and Elizabeth Liebert, *The Spiritual Exercise Reclaimed: Uncovering Liberating Possibilities for Women* (New York/Mahwah, NJ: Paulist Press, 2001), 122-23.

4. Dyckman, Garvin, and Liebert, *Spiritual Exercises Reclaimed*, 122-23.

5. E. Glenn Hinson, "The Progression of Grace: A Re-Reading of *The Pilgrim's*

Progress," *Spiritus* 3, no. 2 (fall 2003): 257.

6. Deborah Smith Douglas, "To See with the Eyes of the Heart," *Weavings* 12, no. 1 (January/February 1997): 19-20.

7. Beath, *Consciousness in Action*, 84.

8. Johnson, *Discerning God's Will*, 89-92.

9. Elizabeth-Anne Vanek, *Image Guidance: A Tool for Spiritual Direction* (New York/Mahwah, NJ: Paulist Press, 1992), 25-27.

10. 다음에서 적용함; ibid., 27-28.

11. Ibid., 25-27.

12. Wendy Wright, "Living into the Image: Thoughts on Religious Imagination and the Imagery of Tradition," *Weavings* 12, no. 1 (January/February 1997): 6-8.

13. 이냐시오 자신의 회심 이야기는 다양한 제목이 붙여졌다: *Acts, Reminiscences, and Autobiography* 등이 가장 많이 쓰인다. 이 부분의 이야기는 문단 번호 5-8에 나온다. 다양한 영어 번역본이 있다; 예를 들어, Joseph Munitiz and Philip Endean, trans and eds., *Saint Ignatius of Loyola: Personal Writings* (New York: Penguin Books, 1996).

14. 다음을 보라; Ignatius of Loyola, *Spiritual Exercises*, nos. 184-88.

8장

1. Ignatius of Loyola, *Spiritual Exercises*, no. 181.

2. Mark A. McIntosh, *Discernment and Truth: The Spirituality and Theology of Knowledge* (New York: Crossroad, 1994), 1-3.

3. Ibid., 217, 233.

4. Gordon Mursell, *English Spirituality: From Earliest Times to 1700* (London: SPCK; Louisville, KY: Westminster John Knox Press, 2001), 337.

5. McIntosh, *Discernment and Truth*, 12-23.

6. Evan Howard, *The Affirming Touch of God* (Lanham, MD: University Press of America, 2000), 102.

7. Jonathan Edwards, *The Religious Affections* (Carlisle, PA: The Banner of Truth Trust, 1961), 49-50.

8. Ibid., 192-93.

9장

1. 나는 "느낌"(feelings)과 "감정"(emotions)을 일상회화에서처럼 동의어로 사용한다. 그 두 가지를 구분하는 것도 가능하다. 예를 들어, 다음을 보라; Antonio R. Damasis, "Emotion in the Perspective of an Integrated Nervous System," *Brain Research Review* 26 (1998): 83-86. 다마시스(Damasis)에 의하면 대뇌번연계(limbic system)는 동물이나 사람이나 기본적으로 같기 때문에, 우리는 감정이 인간에게만 국한되는 것은 아니라고 결론내려야 한다. 그런 후에 그는 이 결론을 감정의 무의식과 느낌의 의식을 구분하기 위해 사용한다. 다음에서 인용했다; Nancy J. Wiens, "Discernment and Nature: Exploring Their Relationship through Christian Spirituality and the Natural Sciences" (PhD dissertation, Graduate Theological Union, 2007), 206n70.

2. Kathleen Fischer, "Working with Emotions in Spiritual Direction: Seven Guiding Principles," *Presence: An International Journal of Spiritual Direction* 12, no. 3 (September 2006): 26-35.

3. Ibid., 26-27.

4. McIntosh, *Discernment and Truth*, 93.

5. Ibid., 94.

6. Ignatius of Loyola, *Spiritual Exercises*, no. 335.

7. Wolff, *Discernment*, 25.

8. Edwards, *Religious Affections*, 23.

9. Gerald McDermott, *Seeing God: Twelve Signs of True Spirituality* (Downers Grove, IL: InterVarsity Press, 1995), 31-33.

10. Edwards, *Religious Affections*, 23, 50.

11. Jules Toner, *A Commentary on Saint Ignatius' Rules for the Discernment of Spirits* (St. Louis: Institute of Jesuit Sources, 1982): 94-144. Cf. Ignatius of Loyola, *Spiritual Exercises*, nos. 316-17.

12. 위로(consolation)와 실망(desolation)에 대한 더 깊이 있고 자세한 설명을 위해서는 다음을 보라; Timothy M. Gallapher, OMV, *The Discernment of Spirits: An Ignatian Guide for Everyday Living* (New York: Crossroad, 2005), esp. chaps. 3 and 4.

13. Ignatius of Loyola, *Spiritual Exercises*, no. 333.

10장

1. Sallie McFageu, "Should a Christian Love Nature?" *The Spire (Vanderbilt University Divinity School and Oberlin Graduate School of Theology)* 15, no. 3(spring-summer 1993): 1, 11-12.

2. H. Paul Santmire, *The Travail of Nature: The Ambiguous Ecological Promise of Christian Theology* (Minneapolis: Fortress Press, 1985), 9.

3. Mark I. Wallace, *Finding God in the Singing River: Christianity, Spirit and Nature* (Minneapolis: Fortress Press, 2005). 나는 월러스가 제안한 내용에 전적으로 동의하지는 않는다. 그럼에도 기독교의 성경적이고 신학적인 내용을 미국 인디언, 신이교도와 결합하려 시도하고, 또 기독교와 자연의 관계와 관련해 창조적인 상상력을 발휘했던 그의 시도는 적극 읽어볼 만하다.

4. Beatrice Bruteau, *God's Ecstasy: The Creation of a Self-Creating World* (New York: Crossroad, 1997).

5. McFague, "Should a Christian Love Nature?" 1.

6. Wallace, *Finding God*, 45, 이탤릭체는 그의 의도임.

7. McFague, "Should a Christian Love Nature?" 3.

8. Susan Brooks Thistlethwait and Mary Potter Engle, eds., *Lift Every Voice* (San Francisco: HarperSanFrancisco, 1990), 3에서 인용함.

9. Mary Oliver, *Thirst* (Boston: Beacon Press, 2006), 37.

10. Maria Harris, *Women and Teaching: Themes for a Spirituality of Pedagogy* (New York: Paulist Press, 1988), 41-42를 수정함.

11. McIntosh, *Discernment and Truth*, 206.

12. Robert John Russell, "Contemplation: A Scientific Concept," *Continuum* (December 1990): 135-53.

13. 자연과학, 신학, 그리고 분별 실천 사이에서의 연결점에 대해 연구중인 현대 영성학자 낸시 윈스는 계속되는 이러한 혼란을 말끔히 해소할 한 가지 방법을 제안한다. 그녀는 인간을 포함한 모든 피조물을 언급할 때는 대문자 "Nature"를 사용하고, 인간을 제외한 모든 피조물을 언급할 때는 소문자 "nature"를 사용한다. "Discernment and Nature: Exploring Their Relationship through Christian Spirituality and the Natural Sciences" (PhD dissertation, Graduat Theological Union, April 2007), 1-2n1을 보라. 나는 이 책에서 이런 방

식을 사용하지는 않았으나, 나머지 다른 피조물에 대한 인간의 "상태"와 관련하여 때때로 매우 결정적인 특징을 표현하는 한 가지 방법이라고 본다.

14. Santmire, *Travail*, 11-12.

15. Annette Schellenberg, " '…and in the Image of God He created them… ': P's concept of Man in Historical and Theological Perspective," San Francisco Theological Seminary, February 6, 2007, manuscript.

16. Santmire, *Travail*, 191, 194.

17. Ibid., 201-2, 201에서 인용.

18. Ibid., 203-6.

19. Ibid., 35-49, 35에서 인용.

20. Ibid., 56. 예를 들면, Augustine, *City of God*, 22:24를 보라.

21. Augustine, Sermons, 241:2, Santmire, *Travail*, 66-67에서 언급.

22. Susan E. Schreiner, *The Theatre of His Glory: Nature and the Natural Order in the Thought of John Calvin* (Grand Rapids: Baker Books, 1991), 121.

23. Calvin, *Institutes*, 1.14.21.

24. Philip Hefner, *The Human Factor: Evolution, Culture and Religion* (Mineapolis: Fortress Press, 1993), 147. 낸시 윈스는 인간이 공동 창조자로 창조되었다는 헤프너의 개념을 나에게 소개해 주었다. 그녀는 분별에서 자연이 차지하는 위치를 재정립한 영적 인류학을 이 이미지를 사용해 요약했다. Wiens, "Discernment and Nature," 244-45를 보라.

11장

1. Ignatius of Loyola, *Spiritual Exercises*, no. 183. 나는 "elección"을 "choice"로 번역했다. 하지만 많은 번역가들은 단순하게 이와 비슷한 "election"이란 단어를 사용한다. 그렇게 되면 "election"은 다소 전문적인 의미를 지니게 되며, 어쩌면 이 부분에서의 정확한 의미를 모호하게 만들 수 있다.

2. Ignatius of Loyola, "Selections from *The Spiritual Diary*," in George Ganss, ed., *Ignatius of Loyola: Spiritual Exercises and Selected Works* (New York: Paulist Press, 1991), 238-70.

3. Michael Ivens, SJ, *Understanding the Spiritual Exercises: Text and Commentary: A Handbook for Retreat Directors* (Herefordshire, England: Gracewing, 1998), 141.

4. *Adversus Haereses*, 14.20.7: "하나님의 영광은 생명이 있는 인간이며, 인간의 생명은 하나님을 바라보는 것에서 나온다. 창조물을 통해 드러나는 하나님의 현현이 이 땅의 모든 생명체에게 생명을 준다면, 말씀을 통해 임하는 성부 하나님의 계시는 더더욱 그러하며, 하나님을 바라보는 자들에게 생명을 준다; New Advent, http://www.newadvent.org/fathers/0103420.htm에서 번역함(2007년 2월 19일에 들어감).

5. Gustave Bardy, "The Patristic Period," in "Discernment of Spirits," 다음 글에서 번역함. "Discernement des Esprits" from *the Dictionnaire de Spiritualité Ascetique et Mystique*, vol. 111, cols. 1222-91, trans. Innocencia Richards (Collegeville, Mn: liturgical Press, 1957), 60.

6. Michael Sheeran, *Beyond Majority Rule: Voteless Diecisions in the Religious Society of Friends* (Philadelphia: Philadelphia Yearly Meeting, 1983), 24-28.

7. Christian Classics Ethereal Library, http://www.ccel.org/ccel/edwards/works2.vii.htm (2007년 2월 20에 들어감).

8. 이것은 에드워즈의 훨씬 긴 제목을 변용한 것으로 McDermott, *Seeing God*, 232-33에서 차용함.

9. Ignatius of Loyola, *Spiritual Exercises*, no. 334.

10. 이러한 저항에 관한 오래된 이야기는 C. S. Lewis의 *Screwtape Letters*를 보라. 이런 저항이 일으킨 소동을 이냐시오가 어떻게 대응했는지에 관해서는 Gallagher, *Discernment of Spirits*, 특별히 1과 2장을 보라.

11. Gallagher, *Examen Prayer*, 160에서 인용.

12. ibid., 25에서 발췌.